Initiative Classroom

自主课堂
理论探索与实践 50 例

大夏书系·有效教学

刘桂旺　安海霞　邱坤彬 ◎ 主编

华东师范大学出版社
ECNUP
全国百佳图书出版单位

图书在版编目（CIP）数据

自主课堂：理论探索与实践50例/刘桂旺，安海霞，邱坤彬主编.—上海：华东师范大学出版社，2020

ISBN 978-7-5760-0277-5

Ⅰ.①自… Ⅱ.①刘…②安…③邱… Ⅲ.①课堂教学—教案（教育） Ⅳ.① G424.21

中国版本图书馆 CIP 数据核字（2020）第 053199 号

大夏书系·有效教学

自主课堂：理论探索与实践50例

主　　编	刘桂旺　安海霞　邱坤彬
策划编辑	任红瑚
责任编辑	万丽丽
责任校对	殷艳红　杨　坤
封面设计	淡晓库
出版发行	华东师范大学出版社
社　　址	上海市中山北路3663号　邮编　200062
网　　址	www.ecnupress.com.cn
电　　话	021-60821666　行政传真　021-62572105
客服电话	021-62865537
邮购电话	021-62869887　地址　上海市中山北路3663号华东师范大学校内先锋路口
网　　店	http://hdsdcbs.tmall.com
印 刷 者	北京密兴印刷有限公司
开　　本	787×1092　16开
插　　页	1
印　　张	21.5
字　　数	480千字
版　　次	2020年5月第一版
印　　次	2021年9月第三次
印　　数	6 001-8 000
书　　号	ISBN 978-7-5760-0277-5
定　　价	59.80元
出 版 人	王　焰

（如发现本版图书有印订质量问题，请寄回本社市场部调换或电话021-62865537联系）

编 委 会

编委会主任： 张梅玲
编委会副主任： 吴正宪　张立军　钱守旺　王文丽

主　编： 刘桂旺　安海霞　邱坤彬
编　委（排名不分先后）：

杨　芳	崔淑仙	凌乾川	陈春红	王　斌	刘晓群	崔小青
陈宗荣	袁宝红	曾海玲	吕桂红	许　芳	张　洁	刘光辉
董爱华	孔　磊	郑国庆	孙艳鹏	邓映红	冯婷婷	陈　帆
李　妍	彭　菲	尹艳艳	王　兵	王　莹	肖晓琳	李　灵
达小卫	刘雅清	商文伟	吴　萍	李会晨	郭金勇	李雅楠
金　莺	韩　欣	史　屹	黄中荣	王　艳	周　轶	陈晓川

在一起 做自己

赠全国自主教育联盟
二〇一九年五月　　朱永新书

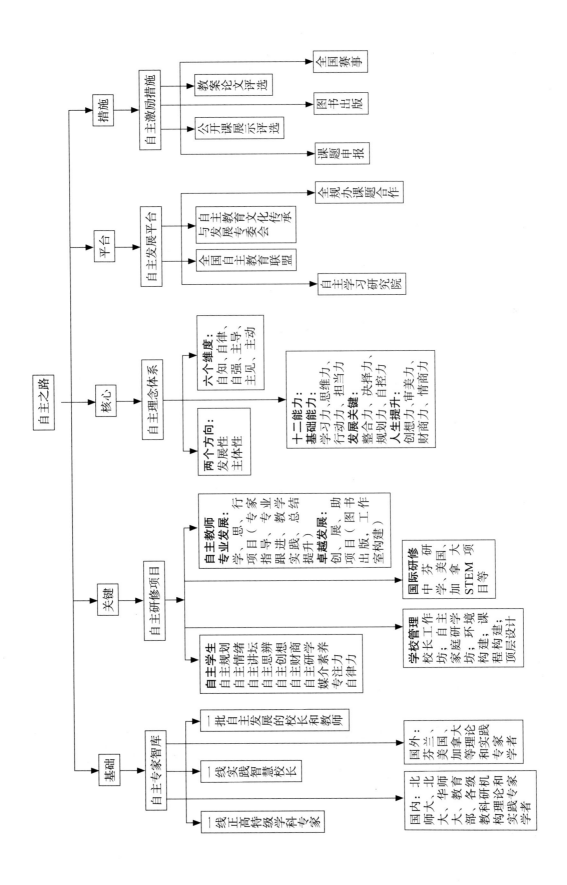

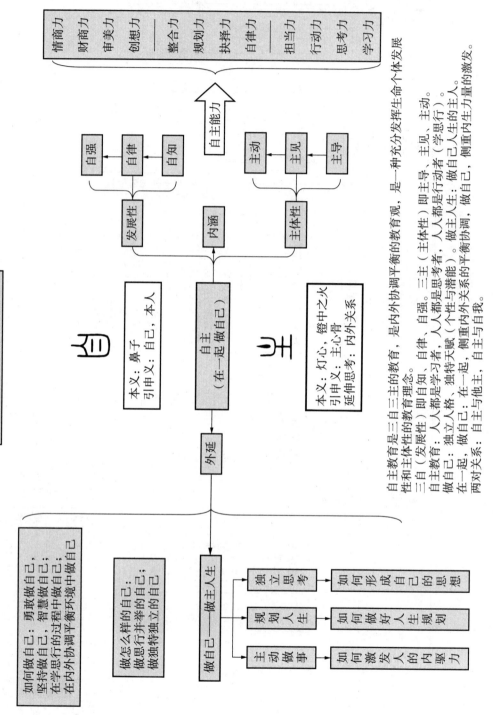

Contents 目 录

代序　梦与路 …………………………………………………………………… 001
前言　在一起，做自己 ………………………………………………………… 003
导言　自主教育，教学改革的呼唤 …………………………………………… 005

第一部分　理论篇

自主教育综述 …………………………………………………………………… 002
自主学习 ………………………………………………………………………… 007
"三自三主"在教育实践中的落实 …………………………………………… 014
自主课堂 ………………………………………………………………………… 027

第二部分　实践篇

数学篇

在自主课堂中激活学生的思维 ………………………………………………… 052
"真假"之争，促进学生思维发展
　　——《真分数与假分数》 ………………………………………………… 058
电子书包助力，感悟模型思想
　　——以《鸽巢原理》为例 ………………………………………………… 063
让数学思维在自主学习中展翅翱翔 …………………………………………… 069
循序渐进提高学生的数据分析能力 …………………………………………… 074

探究中的自主课堂
　　——《年月日》教学片段 ·· 080
运动的眼光看几何图形
　　——以《几何图形复习课》为例 ·· 085
借自主课堂培养低年级学生的数学思维品质 ·································· 091
自主探究，引领课堂 ·· 095
插上自主的翅膀，走向深度学习
　　——《乘法的简便运算（练习）》教学实践与思考 ····················· 101
借助数学活动促学生自主探究 ·· 106
猜着猜着，就对了！ ·· 114

语文篇

从分享零散知识到建构系统思维
　　——整本书阅读分享课《夏洛的网》教学评析与重构 ·················· 118
自主，让课堂灵动 ·· 123
让学生在课堂上"动"起来 ··· 129
越思越清晰，越辨越明白
　　——借助思辨课程培养学生的言语思维能力 ···························· 135
思辨中的自主课堂
　　——《真理诞生于一百个问号之后》 ······································ 140

英语篇

借助 Story Map 促学生自主阅读
　　——以外研社版英语四年级上册 What happened to your head?
　　　　和四年级下册 He shouted, "Wolf, wolf!" 为例 ··················· 143
用自主英语课堂对低年段学生进行正确人际交往观的渗透
　　——以 A girl and three bears 为例 ·· 152
在实践中探索多种途径，引导小学高年级学生自主进行英语复习 ········· 157

综合学科篇

利用电子书包及微课推动自主课堂研究
　　——以《公民的基本权利》为例 ·· 163

关注自闭症儿童，做自主参与的志愿者
　　——以社会服务"温暖'来自星星的你'"主题活动为例 ……………… 169
让音乐之花在孩子心中美美地绽放 …………………………………………… 173
自主学习型信息技术课堂建构初探 …………………………………………… 177
如何创建小学信息技术自主课堂 ……………………………………………… 183
滴水穿石，金石可镂
　　——阅读习惯从点滴抓起 …………………………………………………… 189
自主演绎精彩，成长与发展同行 ……………………………………………… 194

自主课堂专家课例精选篇

问题驱动，增强学生数据分析能力
　　——《〈复式折线统计图〉——谁选上场踢点球》课堂实录 ………… 199
一堂别开生面的数学课 ………………………………………………………… 204
爱国诗两首：《示儿》和《题临安邸》教学实录 ……………………………… 207
《明锣移山》教学实录 …………………………………………………………… 213

学校发展篇

让孩子在实践活动中实现生命的自由舒展
　　——以成都玉林中学附属小学综合实践活动课程建设为例 ………… 217
开展主题融合教育戏剧研究，深化课程教育实践 …………………………… 224
多元合作促进教师教研组自主发展
　　——以成都高新新源学校语文学科实训基地建设为例 ………………… 230
促进学生品格自主发展的路径研究 …………………………………………… 235
让常态课堂更加"实·慧" ……………………………………………………… 241
以自主为引领，推进学校的课程建设 ………………………………………… 247
构建质量分析平台，变革课堂形态 …………………………………………… 254
学校课程一体化建设与自主课堂实践 ………………………………………… 258
改进在日常，自主促超越 ……………………………………………………… 263
教育即指引 ……………………………………………………………………… 269
一路阳光，一路绽放
　　——成都高新新源学校"向阳花课程"的建设与实施 ………………… 276

第三部分　学生自主课堂样例篇

"好问题坊"之文化解密 ····· 284
"好问题坊"之宇宙探秘 ····· 291
"好问题坊"之生活思考 ····· 298
"好问题坊"之社会现象 ····· 305
"自主讲坛"之专注与效率 ····· 312
"自主讲坛"之综合学法（上） ····· 314
"自主讲坛"之综合学法（下） ····· 318
"自主讲坛"之小小错题本 ····· 321

后　记 ····· 325

代序 梦与路

这是一个筑梦和圆梦的时代。理想的教育之梦，需要人们行走在教育改革这条平凡又不平凡、简单又不简单的道路上。精彩人生一定是奋斗出来的。为了圆理想的教育梦，自主教育文化传承与发展专业委员会、自主教育联盟和自主学习研究院，找到了自主教育之路。这是一条符合未来国际教育的发展之路，也是落实我国实现教育现代化和学生核心素养培养的必由之路。人的自立、自觉、自新是人的自然性，个体的成长之路是任何人都不能代替的，学生的学习过程是主动的构建过程。

在自主教育理念的指引下，自主教育联盟500多所联盟校的校长和师生们已经踏踏实实地在这条自主教育之路上奋斗了九个年头。《自主课堂：理论探索与实践50例》就是九年来自主教育研究工作者辛勤工作和思考的成果展示。我读后，从内心敬佩自主教育研究工作者、联盟校师生们的务实作风，赞赏他们前沿性的思考和创新性的实践。作为一名从事儿童教育心理学研究的工作者，我真诚地感谢大家所付出的辛勤劳动。

自主教育联盟提出了"互助、分享、创新、发展"八字方针，共同经历了九年的探索，提出了自主课堂构建理念和构建原则，提倡学习者的主体性、发展性，尊重学习者的差异性、多样性，围绕生命成长、思维发展、深度学习，展开师生共建共创共享共长的学习共同体的自主课堂模式。在自主教育理念的指导下，我们提出依据"思、实、活、创、和"五字原则构建自主课堂的范式，激发学生的自主思维，推动教师的专业成长，以期在课堂教学中真正做到教学相长。自主课堂，改变教学方式，注重启发式、互动式、探究式教学，引导学生主动思考、积极提问、自主探究，符合党和国家的教育方针与精神。

国际教育发展的趋势首先聚焦于未来人才的必备品格和关键能力。2016年9月，我国发布的《中国学生发展核心素养》明确指出，中国学生发展核心素养，以科学性、时代性和民族性为基本原则，以培养"全面发展的人"为核心，分为文化基础、自主发展、社会参与三个方面。世界教育创新峰会（WISE）与北京师范大学中国教育创新研究院在《面向未来：21世纪核心素养教育的全球经验》报告中提出七大素养，即沟通与合作、创造性与问题解决、信息素养、自我认识与自我调控、批判性思维、学会学习与终身学习、公民责任与社会参与。对未来人才这七大素养的培养，我们应以人的自主发展为原则，抓住课程、课堂、教师、家长四个主要因素，尤其是课堂因素，促进师生在原有水平上得到充分和谐的发展，以达到自我教育的目的。

自主教育文化传承与发展专业委员会、自主教育联盟、自主学习研究院及自主教育联盟校、各地自主教育共同体的同仁们，肩负着中国教育改革和发展的重任，需砥砺前行，为中华民族伟大复兴培养更多杰出的人才，为中国教育事业的发展贡献力量。

让我们用微笑来迎接每一天，认真对待每一件事，让我们遵照自主教育联盟"互助、分享、创新、发展"的八字方针，自信、智慧、踏实地继续在自主教育这条探索之路上奋勇前进！

张梅玲

中国科学院心理研究所

2020 年 3 月 2 日

前言
在一起，做自己

苏霍姆林斯基在《把整个心灵献给孩子》中指出，"教育——这首先是人学"。什么是人学？《人学词典》告诉我们，人学是通过反思人自身，通过思维边界来反求诸己进而重新认识内外的一种学问。人学，面向个体和世界，反思自我并提升自身。它关注人的心灵世界，追寻生命的意义与自我价值的实现，要为个体找到最适合的存在方式。

从哲学上讲，人的本质在其现实性上是一切社会关系的总和，表现为存在性和关联性。人的社会价值和自我价值充分体现了人在其所处社会中的独特地位，表现为差异性，这正是自主教育理念的关键——注重自主思维的培养，尊重学生思维的差异性。

人是一种存在的可能性，是在人自身的活动中不断生成的，具有自主性和创造性。毛泽东在《心之力》中写道："世界、宇宙乃至万物皆为思维心力所驱使。博古观今，尤知人类之所以为世间万物之灵长，实为天地间心力最致力于进化者也。"这里的思维心力，充分体现了人在环境中的自主性和创造性。人的活动与实践本性决定了人会通过有意识、有目的的自主创造性而不断自我否定、自我实现、自我超越，因此，人是不断发展的，不断认识世界，改造世界，推动世界的发展。然而，在不断发展的过程中，人总是在具体的历史与现实空间中活动并受到历史与现实条件的制约，因此具有历史性和现实性。此外，人作为一种存在的可能性，本身就包含着差异性，因此，人与人之间存在独特的不可替代的思维差异性。

自主教育从生命个体的内在成长与发展出发，关注个体思维意识的培养，尊重个体的思维差异，激发个体思维指导下的行为主动性。"自"指自我、内在（指向内），分为三个维度，即自知、自律、自强，这是生命成长的纵向过程；"主"指主体性，也有三个维度，即主导、主见、主动，这是生命发展的横向过程；人的自我规定，就是自主的主导、自知和自律的体现。从人的历史性和现实性以及差异性分析，每个人在一定历史条件和现实环境中的不断发展都会受到各种因素的影响，保持每个人的差异性就是在以自己为主体的前提下，在充分了解、认识自己的条件下，根据自己的主见意识（思维力），并在自律条件的作用下，主动实现生命成长，达到自强及实现自由的目的。

康德指出，教育的目的是使人成为人。M·巴枯林认为："一个人只有当他尊重、当他热爱所有的人性与自由时，同时当他自己的个性、他自己的自由与人性同样受到所有人的尊重、热爱、支持时，他才能真正成为一个人。"这里说的"热爱所有的人性与自由"和"受到所有人的尊重、热爱、支持"在当今多元化和个性化的社会环境中是不可能的。因此，在一个相对的环境中，我们要接受彼此的不同，尊重相互的差异，做更好的自己，同时帮助他人成为更好的自己。

"在一起"，就是人在一定社会历史条件下不可能孤立存在，始终受周围环境的影响，即人的存在性和关联性（社会性）。这充分体现了个体在生命成长与实践过程中的历史性和现实性，个体在周围环境影响下不断发展，同时保持自己的差异性，注重个体在成长与发展中差异性思维意识的养成，体现人的社会价值和自我价值，即"做自己"。

"在一起，做自己"，是从人的发展方面对自主的深刻阐释！

首先，做自己，需要自我认知，发现自己。实际上，人们在很多情况下都是通过别人和外部媒介对自己进行评价，受外界因素的影响而给自己贴一个好的或坏的标签。自主教育强调，真正的自我认知和自我发现要通过自主思考并联系外界因素，基于自己的内在思维判断，不断持续地认知和发现自己。

其次，做自己，需要发现自己的特质，发掘自己的潜能。特质是基于个体的思维差异性，而不是故意装出与众不同的样子。自主教育就是要尊重个体的思维差异性，培养个体的自主思维能力，从而发掘出自己最大的潜能。自主教育指出，做自己就是利用先天优势、后天环境，通过努力主宰人生，呈现独一无二的自己。

再次，做自己，需要找回真我。"真我"源自佛教用语，要像佛那样具有八大自在之我，才是真我。真我就是真正的自己。真正的人生过程，就是一个从社会环境中复杂的我、虚假的我、想象中的我到内在的我，慢慢地找到一个真正的自我的过程。其实就是自我的本质回归。

最后，做自己，是一个不断自我否定、持续自主发展的过程。每个个体在发展过程中都是在持续不断地、辩证地自我认知，自我超越，在出现问题时自我否定，在取得成绩时自我接纳，其实质就是个体自主发展的过程。

"在一起，做自己"，就是在一定环境下，自我认知、自我否定、自主发展的全过程。

刘桂旺

中国屈原学会自主教育文化传承与发展专业委员会

导言
自主教育，教学改革的呼唤

这是一个伟大的变革时代，技术的发展正推动着社会生活经历前所未有的变化。从信息技术到大数据，从网络到人工智能，再到量子技术，信息、数据、新的概念和技术充斥着我们生活的方方面面。然而，社会的发展归根结底是人的发展，即人的思维进步，思维进步推动社会变革，而人的思维进步充分反映出一代又一代人受教育程度这一核心指标的不断提高。因此，社会越发展，教育的被重视程度就越高。

教育过程开始于一个人的出生并持续终身，对人产生持久而深远的影响。因此，教育不仅决定个人的未来，而且决定一个国家、一个社会乃至一个民族的未来。2019年2月，中共中央、国务院印发的《中国教育现代化2035》指出，到2035年，总体实现教育现代化，迈入教育强国行列，推动我国成为学习大国、人力资源强国和人才强国，并提出八大理念，即更加注重以德为先，更加注重全面发展，更加注重面向人人，更加注重终身学习，更加注重因材施教，更加注重知行合一，更加注重融合发展，更加注重共建共享，为未来15年的中国教育发展指明了方向。

从终身学习的角度而言，早在十多年前，国家就提出了构建终身学习体系和构建终身学习型社会的设想，全国著名终身教育专家、华东师范大学吴遵民教授指出，终身学习的核心是确定学习的主体性问题，即如何激发学习主体（即学习者）的自主学习意愿和动力。

学习型社会就其形式来说，是要创造一个全民学习和终身学习的社会。就其实质来说，就是一个"以学习求发展的社会"，其具体内涵包括：以个体的学习来追求个体的发展，以组织的学习来追求组织的发展，以国家的学习来促进国家的发展，以终身的学习来追求终身的发展，以灵活的学习来追求多样的发展，归根结底，以自主的学习来追求内在的发展。

2018年5月28日，习近平总书记在中国科学院第十九次院士大会、中国工程院第十四次院士大会上强调，要实现建成社会主义现代化强国的伟大目标，实现中华民族伟大复兴的中国梦，我们必须具有强大的科技实力和创新能力。在谈到技术自主创新时，习近平总书记明确指出，自力更生是中华民族自立于世界民族之林的奋斗基点，自主创新是我们攀登世界科技高峰的必由之路。关键核心技术是要不来、买不来、讨不来的，自主与创新是实现中华民族伟大复兴的根本驱动力。科技发展，教育先行，创新之道，唯在得人。得人之要，必广其途以储之。要营造良好创新环境，加快形成有利于人才成长的培养机制、有利于人尽其才的使用机制、有利于竞相成长各展其能的激励机制、有利于各类人才脱颖而出的竞争机制，培植好人才成长的沃土，让人才根系更加发达，一茬接一茬茁壮成长。自主创新人才的培养已迫在眉睫。我们必须培养出一批又一批具有自主创新能力的人才，才能实现关键核心技术自主可控，把创新主动权、发展主动权牢牢掌握在自己手中。

因此，在自主理念下，在"教"与"学"这对关系中，学习者的主体地位就凸显出来了。面对当前的国内教育现状和国际形势，我们的教育必须转变思想，必须关注学习者自主能力的培养，通过思维挖掘、问题意识的激发，提高学习者自主学习、自主管理、自主创新等能力。

学习，从本质上讲，就是自主的行为。学习，是指通过阅读、听讲、思考、研究、实践等途径获得知识或技能的过程。它分为狭义与广义两种：狭义的学习是通过阅读、听讲、研究、观察、理解、探索、实验、实践等手段获得知识或技能的过程，是一种使个体可以得到持续变化（知识和技能，方法与过程，情感与价值的改善和升华）的行为方式；广义的学习是人在生活过程中，通过获得经验而产生的行为或行为潜能的相对持久的行为方式。实际上，学习者获得的过程，必然是自主获得的过程，如果没有学习者主动获得的意愿和动机，真正的学习就不会产生。

从认知角度讲，认知学习的过程是通过研究人的认知过程来探索学习规律的过程。它包括人是学习的主体，会主动学习；人类获取信息的过程是感知、注意、记忆、理解、问题解决的信息交换过程；人们对外界信息的感知、注意、理解是有选择性的。因此，人的认知过程就是人自主学习的过程，也就是对人所获取信息的主动构建过程。

自主学习是人的自主思维发展的具体体现，是人发展的重要能力，是个人、社会、国家和民族发展和不断创新的基础能力。自主教育理念已深入教育一线近十年，经过全国自主教育专家学者、学校师生多年的努力实践，已在全国各地落地生根，蓬勃发展，推动了中国基础教育改革的发展。

课堂作为教育的主阵地，已经成为中国基础教育改革的"深水区"。教育部部长陈宝生在《人民日报》撰文称，坚持内涵发展，加快教育由量的增长向质的提升转变。把质量作为教育的生命线，坚持回归常识、回归本分、回归初心、回归梦想。深化基础教育人才培养模式改革，掀起"课堂革命"，努力培养学生的创新精神和实践能力。优化课堂教学方式，注重启发式、互动式、探究式教学，引导学生主动思考、积极提问、自主探究，已成为新时代课堂改革的方案。

本书在中国现行基础教育方针和改革方向的指导下，以自主教育理念、自主学习方法和国家课程标准为导向，聚焦教育的课堂主阵地，研究自主课堂构建，基于学科核心素养，促进师生自主思维发展，提高师生的自主学习、自主管理、自主创新等能力。

自主教育，月映万川，理一分殊。我们对全国践行自主教育的教育工作者付出的努力，深表感谢。同时，自主教育是不断发展和完善的教育理念，自主学习方法与策略层出不穷，自主课堂的模态也各具特色，本书难免存在不完整、不完善或不当之处，真诚地恳请教育同仁对本书提出意见和建议，对本书内容给予批评指正，也对为本书出版做出努力、提供帮助和支持的所有教育界朋友表示诚挚的谢意。

刘桂旺

中国屈原学会自主教育文化传承与发展专业委员会

2020年3月1日

第一部分

理论篇

自主教育综述

任何教育发展到最后都是自主教育,任何学习的过程从本质上讲都是自主学习的过程。自主教育是一种充分发挥生命个体发展性和主体性的教育理念,从个体生命成长与发展出发,关注个体生命在成长与发展过程中思维意识的培养,尊重个体的思维差异性,激发个体思维指导下的行为主动性。自主教育是"三自三主"的教育,以自知为基础,以自律为机制,以自强为目标,在有主见的前提下主动主导自己的人生。

自主指个体主动思考、独立判断,在自我认知的基础上,形成自己的特色、风格、个性,以自我为主体,激发内在潜能与动力,整合外在积极因素,以自律为机制,规划自己,发展自己,按照自己的发展路径,追求自强自立的过程与状态或理念与习惯。自主包含六个维度,即自强、自律、自知、主动、主见、主导,如图1所示:

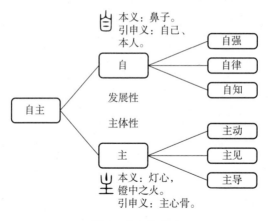

图 1　自主六维度

一、教育的主体性

在教育中,教与学的主体性问题,一直是教育专家、学者以及广大教育工作者关注和研究的问题。教育主体性问题的讨论就其本质而言就是教与学的主体性问题的讨论。

古希腊思想家、哲学家苏格拉底认为,学生学习知识,不是他传授给学生,而是他把学生心中的真知唤醒并挖掘出来。欧洲文艺复兴时期的西班牙人文主义者、教育家维夫斯在《知识的传授》中指出,教育和生活是一体的,在人的一生中,对于智慧的追求永无终结,知识和德行是教育的目的,一切学问都是为了公众的幸福。道家学派创始人老子提出"不言之教"的教育思想,提倡在教与学的过程中,教师少说话,避免教师过多干预受教育者独立、主动、自由的发展。老子的教育思想重视人性的自然发展，强调发挥受教育者的主体性和自觉性。教师在课堂上少讲，给予适当的启示和引导，尽可能让位或放手给学生，学生能够学有所得。这与孟子的"自得说"相对应，"君子深造之以道，欲其自得之也。自得之，则居之安；居之安，则资之深；资之深，则取之左右逢其原。故君子欲其自得之也"。其意是说，君子要达到高深的造诣，进入精深的境界，必须采取正确的方法（"以道"），从而获得有自我体验、自我感悟的知识。只有自我体验、自我感悟的知识，才能够掌握牢固、积累深厚，运用起来才能随心所欲。

随着社会发展和文明程度的不断提高，无数的教育思想和智慧之花涌现出来。"生活即教育"是陶行知生活教育理论的核心，"生活即教育"的基本含义有三：第一，"生活即教育"是人类社会原来就有的，自有人类生活产生便有生活教育，生活教育随着人类生活的变化而变化。第二，"生活即教育"与人类社会现实中的种种生活是相对应的，生活教育就是在生活中受教育，教育在种种生活中进行。第三，"生活即教育"是一种终身教育，与人生共始终。

张天保在《主体性教育》中指出，主体性教育是指根据社会发展的需要和教育现代化的要求，教育者通过启发、引导受教育者内在的教育需求，创设和谐、宽松、民主的教育环境，有目的、有计划地组织、规范各种教育活动，从而把他们培养成为独立自主、自觉能动、积极创造地进行认识和实践活动的社会主体。一句话，主体性教育是一种培育和发展受教育者的主体性的社会实践活动。

学生作为一个成熟和发展中的个体，他的主体性需要通过多种途径得以培养和发展。而教育作为学生生活的一个极为重要的组成部分，作为一种有目的、有计划、有组织的培养人的社会实践活动，是通过促进人的社会化和个性化来展开的。而人的社会化和个性化的过程，就是人的主体性素质的不断培育与展现的过程，其结果便是使个体由自然人逐步成为社会生活的主体。只有这样的人才能主动、积极地参与社会生活，并为社会进步做出贡献。从这个意义上讲，教育在本质上是对个体主体性的培养过程，是一种主体性教育。

自主教育，即"三自三主"理念基于以上教育理念，进一步阐释了学习者主体性的问题。

二、自主教育的发展性

自主教育聚焦人的生命成长和发展。2016年发布的《中国学生发展核心素养》明确指出，自主性是人作为主体的根本属性。自主发展，重在强调能有效管理自己的学习和生活，认识和发现自我价值，发掘自身潜力，有效应对复杂多变的环境，发展成为有明确人生方向、有生活品质的人。自主发展，聚焦学生学会学习和健康生活两大素养。学会学习主要是学生在学习意识形成、学习方式方法选择、学习进程评估与调控等方面的综合表现，具体包括乐学善学、勤于反思、信息意识等基本要点。健康生活，主要是学生在认识自我、发展身心、规划人生等方面的综合表现，具体包括珍爱生命、健全人格、自我管理等基本要点。

自主教育从人的发展纵向过程来讲，自知是基础，自律是机制，自强是目标，体现为发展性。

三、自主教育的融合性

自主教育坚持独立个体相对自由发展的理念，尊重学习者的思维差异性，同时，自主教育倡导"在一起，做自己"，充分体现个体在发展过程中的主体性和融合。

融合，汉语词典释义为相合在一起。融合，本质上是可融的，均匀一体的，浑然天成的。比如，水、酒精和其他营养成分，经过自然的酝酿过程，才有美酒飘香。水与油只能称作混合，无法相融。融合需顺势而为，才能浑然一体。天地之间，万物皆为融合共生，也有天人合一之说法，融合性体现在自然、社会、政治、经济、学校、家庭等各个方面。

就自主教育的融合性，我们围绕教育环境的作用和教育的主体性展开讨论。

（一）环境融合

人是环境中的人，每个人不可避免地与所处环境产生联系并融入其中。

自然环境是人生存的最基本条件，更是我们的精神家园。人与大自然原本是一体的，融合的，即所谓天人合一。我们需要认识自然，遵从自然规律，保护自然环境，在一定条件下改造自然，造福人类。所以，人与自然环境的融合也是自然的。违背自然规律的做法会受到自然环境的惩罚。

社会环境是人类发展的产物，极其复杂，但也有其内在的规律，人类社会的发展与更替也是按照一定的规律进行的。因此，人只有融入所在的社会环境，将自身的发展需求与社会发展规律统一，才能体现人的自我价值。

自主教育强调，人不可避免地受社会环境的影响，无时无刻不融合在社会环境中，学习者在社会环境中的融合，从小到大，表现在学习者学习过程中的小组、班级、学校社团、学校环境、家庭环境、社会团体乃至国家和世界大环境中的融合，与所处环境中的人一起发现问题，分析问题，解决问题，相互交流和探讨，推动每个人与社会共同发展。

我们要有自我发展意识，自我悦纳，了解自我思维和心理环境的特点，充分利用自身特点和当前大环境，将两者有机融合，努力掌控自己的发展，这是推动人的发展的重要理念。哲学上讲，内因是事物发展的决定因素。我们要了解自己的思维能力和影响自己行为的心理承受力，了解当前环境，实现自我融合，自身与社会融合，思行一致，做思行并举的自主人。

自主教育"学思行"，就是将学习者在学习过程中的学习、思考和行动有机地融合在一起。自主的学习，就是学习者主动吸纳知识，认识事物的过程；思考就是学习者对所学知识和事物的深度认知和反思，从而获得新知识，发现新事物的过程；而行动，就是在所学知识和认知基础上，经过深度思考后加以行动实践，通过实际行动验证所学知识和认知，从而实现创新的过程。"学思行"，三者环环相扣，周而复始，相互融合，这是自主发展的必经之路。

（二）资源融合

从教育管理角度而言，资源是维系教育的根本保证，与前面所说的环境融合类似，要维系教育体系的正常健康运行，各种资源的协调与利用至关重要。要提高教育体系的运行效率，必须提高资源的利用率水平。

人尽其才，物尽其用，不仅如此，现代教育还需要将育人环境相关的社会资源关联起来。当下网络技术资源的普及为现代教育助力，提高了教育教学效率。有条件的教育组织通过区域或社区人才优势资源，将一些专业人才资源引入学校，提高了教育组织的教学水平与质量。

教育组织作为社会环境中的一个节点，要与其他资源节点建立连接，形成一个资源互动网络，才有助于教育方方面面的顺利开展，这样，整个社会的教育体系才充满活力。

自主教育在资源融合中体现在教育组织与各个节点之间连接的主动性和内驱力上，如果这些资源网络构建成功但不主动激发互相连接，那么这样的网络形同虚设。教育组织作为网络中的个体，不管是学校个体还是个人，都需要有内在的寻求发展的意愿和动机。

（三）教和育的融合

教育是育人的学问，需要注重学习者的生命成长规律，教育中的"教"是一方面，"育"是更重要的一方面。目前，我们的教育普遍在"教"这方面花了很大精力，成绩也比较显著，只强调教师在教育中的教授，学习者必然处于被动接受的状态。而"育"，即培育，就是要尊重学习者的主体地位和生命成长规律，强调学习者的主体地位，即自主教育的主体性，就是说学生是教育的主体。因此，在教育这个问题上，"教"和"育"要相辅相成，两个方面必须融合在一起，让学生、教师成为教育发展的双主体，正如《礼记·学记》中所说："是故；学然后知不足；教然后知困。知不足然后能自反也。知困然后能自强也；故曰教学相长也。"

自主教育既强调学生的主体地位，又强调教师的主体地位，在这种双主体模式下，师生教学相长，才能有效地培养出符合时代需求和面向未来的人才，从而推动社会发展。

（四）学校整体育人体系与学科体系融合

学校是有计划、有组织地进行系统的教育活动的组织机构。学校教育是由专职人员和专门机构承担的有目的、有系统、有组织的，以影响受教育者的身心发展为直接目标的社会活动。

学校整体育人体系的融合体现在系统性上，从人的发展上来说，我们需要培养德、智、体、美、劳五个方面全面发展的人。2018年，习近平总书记在全国教育大会上强调要全面贯彻党的"五育"并举的教育方针。《中国学生发展核心素养》框架也提出三大方面，即文化基础、自主发展、社会参与。不论是五个方面还是三个方面，每个方面都不能孤立、单独进行，必须将这几个方面融合起来，才能培养出全面发展的人。

从学科体系而言，学科是相对独立的知识体系。学科的形成是这样的：人类的活动产生经验，经验的积累和消化形成认识，认识通过思考、归纳、理解、抽象而上升为知识，知识在经过运用并得到验证后进一步发展到科学层面上形成知识体系，处于不断发展和演进的知识体系根据某些共性特征进行划分。随着社会和科学技术的不断发展，新生事物不断涌现，人们对知识的认识和掌握程度也不断增多，现今学校的学科教育不能跟上时代需求，知识往往是割裂的。

美国学者大卫·W·奥尔所著的《大地在心》指出，教育应肩负着改变地球生态使得人和自然完美融合的重任，而现实中，教育中理论和实践的割裂使得学生们丧失了对自然的感觉。如果把一种学科化的模板刻在学生的脑海之中，学生会真的认为世界就是按照那些课程的学科、子学科划分而分割开来的，学生会逐渐相信，数学和生态学就是分隔开的，经济学和物理学互不相干。

学科理论容易因为学科割裂而掩盖自然的真实面目，使得学生不知道如何进行整体思维、如何找到自然界事物和现象之间的关系。如果知识学习的过程和知识的结论是割裂的，那么，我们的专业知识则变成了没有实际意义的简单的知识堆砌，缺乏知识的融合性。

学科的自主融合已提上日程，现如今，教育改革如火如荼，很多学校根据自己的现有资源，积极主动地开展课程改革，开发融合性课程体系，提高学生的问题解决能力。因为学生在他们所处的环境中遇到的任何问题，都不是孤立的一种学科知识能处理和解释清楚的，可能涵盖多个学科，需要多种方法和渠道才能解决。为了培养学生全面的自主思维能力，推动学生自主发展，很多学校开展项目学习课程、STEM课程等。项目学习，就是帮助学生在处理项目的过程中，学习、分析和解决项目所涉及的各种知识和问题，提高学生学习知识和处理问题的综合能力；STEM是科学（Science）、技术（Technology）、工程（Engineering）和数学（Mathematics）英语首字母的缩写，是将多种学科融合在一起，旨在提高学生的综合素养。这充分体现了学校学科系统的融合，为培养全面发展的人而努力。

学校育人体系和学科体系的融合，从学生的发展角度出发，充分体现了教育中学生的主体地位，这正是自主教育的核心所在。

自主学习

一、自主认知构建模型

自主认知是怎么产生的呢？

认知学习理论指出，认知学习的过程是通过研究人的认知过程来探索学习规律的过程。它包括人是学习的主体，主动学习；人类获取信息的过程是感知、注意、记忆、理解、问题解决的信息交换过程；人们对外界信息的感知、注意、理解是有选择性的，选择性是自主性的具体体现。因此，人的认知过程就是人自主学习的过程，也就是对人所获取信息的主动构建过程。

人的信息都是通过人的感受器官获取的，包括看到的、听到的和感知到的信息，进入大脑的即时记忆。由于人生活在社会和自然环境中，因此每时每刻都会感知到大量的信息，但能引起大脑关注的只有一小部分。

比如沿途看见的某些景物，遇到的某些事物，会在你的脑海中留下印象，这些景物和事物仅仅是人所能够感受的一小部分。这就是大脑即时记忆的选择性，即选择性记忆，根据人的需求进行选择，人在社会和自然环境（包括学习生活）中，将专注于自己所选择的东西，比如学生在课堂中学习知识，职员在工作中学习操作流程，都是有意识地提示和强化记忆，这类信息将进入人的暂时记忆中。当然，还会有非选择性的情况，比如你在旅行途中无意识感觉到某种事物或某个人的面孔，当时自己都没发觉，过后才隐约记得遇到什么事情或某个人的面孔，仔细想想便慢慢清晰起来，这种无意识感觉到的事情也将进入你的暂时记忆中。

对于选择性记忆进入暂时记忆中的信息，通过人的主动思维加工，对信息进行结构化处理，按时间顺序进入一个"信息堆"中，对于无意识下非选择性记忆的信息，称作植入印象（经过结构化或非结构化处理），也将进入"信息堆"中。

"堆"源于计算机领域的一个术语"堆栈"，堆栈是个特殊的存储区，主要功能是暂时存放数据，在计算机处理信息堆时，按照"先进先出"的机制来完成，信息堆仍属于不稳定的存储区域，有一定的空间大小，当摄入的信息按时间顺序填满这个空间后，新进入的信息就会把最先进入的信息挤出去。

类似地，人将暂时记忆中的信息放入这个信息堆的过程基本上也与"先进先出"的机制一样，每个人大脑的这个"信息堆"的空间也是有一定的大小的，人每天从早到晚接收的信息量非常大，记下的信息仅仅是其中一部分，比如早上摄取的信息到中午或下午可能就忘记了。

那么，如何将"信息堆"中的信息存储到稳定记忆中呢？除了前面讲的外界刺激、控制、提醒之外，信息的整合和分析至关重要。这就是主动构建过程，这个过程就是对初步结构化或非结构化的信息进行进一步分析，主动提取或利用稳定记忆中现有的资源，或通过行为实践和操作，整合分析，固化新的知识、经验和技能。这一过程完全由自己完成，外人无法干预。主动构建后的知识、经验和技能将进入稳定记忆中。

对于非选择性而获取的信息，通过对植入印象的结构化或非结构化处理，经过主动构建，也将成为稳定的知识、经验和技能，进入稳定记忆中。

然而，每个人稳定记忆中的知识、经验和技能由于选择性和主动构建能力与方式的不同而千差万别，有的注重逻辑推理类，有的聚焦实践操作技能类，有的则擅长信息本身的复制，比如死记硬背。即使有这些差异，但由于人脑的强大功能，摄入的稳定记忆内容也是海量的，如何利用和处理这些海量信息才是关键的一个环节。

每个人的稳定记忆内容中都有各自不同的信息体系，有的人对这些内容没有梳理，结构混乱，体现为思路混乱，条理不清，毫无逻辑，不能快速高效地重现事物认知；有的人会主动对这些内容分门别类，体现为思路清晰，条理清楚，能够高效地重现事物认知；而有的人，对这些内容进行再次思维加工和优化，对事物进行更深层认知，周而复始，螺旋上升。这就是基于所积累资源的主动思维的呈现，当然，我们更强调对原有资源的思维再加工和优化，这就是我们所说的创新，自主创新是不能由别人替代的。

选择、思维加工、主动构建、思维再加工和优化构建的过程，都是人内在的自主行为，别人只能通过提示、强化、刺激、激发手段来辅助引发主动构建过程，因此，从获取的信息内部构建自己的知识、经验和技能等的过程以及认知重现和创新必定是自主的过程，自主学习的过程也是如此。

自主学习的过程是自主的，那么，外在的提示、强化、刺激、激发等辅助手段的作用是什么？如何提高自主认知和学习的效率呢？

我们知道，在大脑从外界感知信息时，很大程度上依赖选择性感知。此外，在对信息进行结构化处理的过程中，外界的提示、引导、启发能够大大提高信息结构化的效率。因此，外界的介入在提高自主认知效率方面具有很大的推动作用。这个"外界的介入"就是教育，1976年，联合国教科文组织在《国际教育标准分类》中将其定义为"教育是有组织、有目的地传授知识的工作"。1997年修改为"教育是能够导致学习的交流活动"，而这种学习的交流活动，从学校角度讲，就是课堂教学。

对于如何发挥外界介入的作用，从中小学课堂角度来讲，自主学习研究院在自主课堂构建方面提出了"思、实、活、创、和"五字原则，旨在聚焦课堂中培养学生的自主认知和学习能力。自主认知模型见图1。

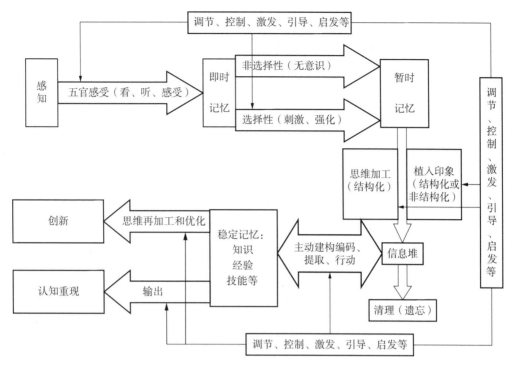

图 1 自主认知模型图

二、新时代下机器学习与人的自主学习

最近几十年来,随着计算机技术的飞速发展,机器学习的进步令人惊叹。

最初,人们利用计算机的计算速度快和出错率低的特点,设计参数式控制的强监督学习机制,以人为输入为主,存储到特定关系的数据库,设计符合特定需求的算法,利用数据库运算技术,快速准确输出答案,现行的查询、搜索引擎和语言应用就是利用这种机制,我们称之为强监督学习,这大大提高了相关行业的工作效率。

随着计算机运算能力的快速提高,计算机技术应用领域的不断扩大,计算机数据处理量成几何式增长,人工智能应用进入计算机的日常应用中,这种技术通过先进的人工计算机神经网络架构和复杂的人工智能算法(单体人工智能算法和群体人工智能算法),实现有目的的机器学习,我们称之为弱监督学习。这种机器学习一方面由人为控制,一方面由机器自主完成。目前比较常见的应用是功能性机器人,比如扫地机、生命探测机器人、电商产品关联广告应用程序等,但功能相对单一。

弱监督机器学习的更高一个阶段就是自主学习,利用现在强大的硬件计算能力、数据云计算架构和智能算法,打破计算领域和地域界限,机器得以开展深度的自主学习,其优势就是人类无法媲及的运算能力,能把一项应用做到极致。DeepMind 公司的阿尔法狗就是典型的应用,这是机器深度学习网络(CNN)与蒙特卡罗搜索树(MCTS)结合的胜利，是人类智慧的进步。

机器学习的终极目标是自适应学习，即能够自动根据环境因素自动做出决策和行动，这是人工智能专家研究的未来发展方向。

这几种学习是随着技术的发展而不断增强的，由最初的算法驱动到如今的人工智能学习。其发展见图2。

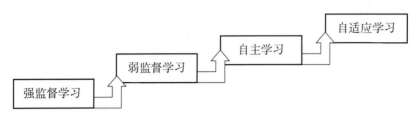

图2 机器学习方式的发展

根据元认知理论，从本质上讲，人的学习就是自主的，自主贯穿于各种学习方式之中。不论是强监督学习、弱监督学习还是自适应学习，均有自主学习的交集。

人生来就是一个学习体，具备感受器官和大脑，具有输入信息、分析和存储信息以及输出信息的功能，并且这些功能完全由大脑这个指挥中心控制，具有很强的自主学习能力。任何一个人在任何环境影响下均能自主学习到很多东西，这就是自适应学习，是人的本能。

而人在学校和家庭教育中，更多涉及的是强监督学习或弱监督学习，在学校和家庭中，有老师和家长的讲解、启发、指导和辅导，也有自己的主动学习，而学习的效果，完全取决于人的自主学习的意愿和动机。

当前教育界提倡的深度学习，也是自主学习的呈现形式。要进行深度学习，关键在于学习者要有主动去学习的内在意愿和动机，并能够将之付诸实施。只有在不断的学习和实践中，才能逐渐找到适合自己的学习方法，不断积累自己的才智。学习是终身的，不同的阶段有不同的责任和义务，学生阶段除了学习必要的课程，还可以发展兴趣爱好，走入社会参加工作的人为了家庭幸福和自我职业发展及价值实现，也需要不断学习。

在学习过程中，选择尤为重要，选择将确定学习的方向和人生的发展方向，比如学生阶段的课程选择，专业选择以及工作之后的职业选择，都与学习选择密切相关，而选择本身就是自主的行为。另外，对于自己所选择的发展目标，实现过程通常都不会那么一帆风顺，每个人在发展过程中或多或少都会遇到一些困难和挑战，只有保持持之以恒的决心，才有可能实现自己的目标，而决心也是源自内心。因此，整个学习的过程就是自主学习的过程。

我们借助一个中国的古典图案——三鱼同首图来呈现这四种学习方式的关系（见图3）。

学习真正发生并有所创新，必须由人内在的强烈学习意愿和动机驱使，不论哪种学习方式，不管是强监督下的启发和引导，生活环境中的知识获取，以及兴趣爱好使然的学习行为，要在学习上有所得，核心均是源自自主的学习意愿和实践。自主的学习意愿就是学习发生和创新的核心，就是学习机制的"大脑"，三鱼同首图正形象准确地呈现了这四种学习关系。

不过，人的自主学习也需要借鉴机器学习的方式和思路。虽然机器学习是通过人利用计算机的计算原理和算法设计出来的，但其学习效率远超人的学习，至少，这些算法的设计都是顶尖的计算机科学家经过无数次实验逐步优化设计出来的，其合理性和效率性值得我们借鉴，其学习资源的利用途径也值得我们学习。

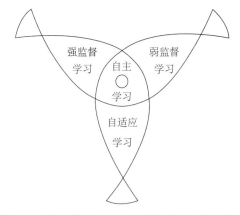

图3　三鱼同首图——人的四种学习方式的关系

（一）学—思—行

学而不思则罔，思而不学则殆；学思不行则虚，学思笃行则实。

学—思—行是人自主发展的重要方法和途径，学习积累知识和经验，通过思维进行分析和反思以指导行动，积极的且方向正确的行动改变人生。学—思—行为人的自主发展构建了立体化模型。具体见图4。

学——学习，是人自主发展和成长的基础，人的成长和发展过程就是不断学习的过程，在学习型社会中，人无时无刻不在学习，不断地积累知识和经验。

思——思考、反思，是人在发展和成长过程中不断修正自己，对所学知识进行深入分析和思考，对积累的经验不断反思，做出正确的判断和选择。我们提倡每个人都对自己的行动进行反思，特别要求每个人在行动中进行反思，提高反思效率。古人云：行有不得者，皆反求诸己。这是指导行动的关键。

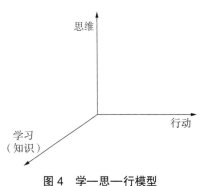

图4　学—思—行模型

行——行动，即思想意识实践和执行，通过行动改变结果，促进人的自主发展。

自主教育将学—思—行以策略化的形式应用于教育实践的第一线，面向师生，聚焦课堂，师生共同学习。教师在相关专家的引领下，以学生为中心，理论与实践相结合，开展教育教学研究，构建自主课堂，并在实践中不断进行自我反思，自我改进，打造自己的自主课堂，提高自己的教育和学科教学素养，形成自己的教育教学风格，促进教师职业发展。学生在学习的过程中，积累知识，自我认知，独立思考，提高自己的学习能力、思辨能力和逻辑分析能力，并将所学知识和自己的想法及见解付诸日常的学习与生活中加以实现，以实际行动推动自我发展。

（二）自主学习与创新

学习，是指通过阅读、听讲、思考、研究、实践等途径获得知识或技能的过程。学习力是人生命成长过程中最基本的能力。随着社会经济和科学技术的发展，学习被赋予了更多更深层的含义。2019年2月国家发布《中国教育现代化2035》，其十大战略任务中，明确指出构建服务全民的终身学习体系，终身学习体系构建提上日程。

自古以来，就有"活到老学到老"的说法。与传统不同的是，新时代下，学习资源极大丰富，学习方法和途径极为便捷，随着学习环境不断完善，学习资源的可获得性大大提高，因此，学习的层次，从原来的认知、理解、运用/应用，必然发展为认知、理解、运用/应用和创新。创新已成为新时代下推动个体、团体、国家和社会发展的重要动力。长期以来，在中国教育发展的过程中，创新人才的培养一直是我们追求的目标，钱学森之问，华为技术突破国外技术限制，充分说明，在新时代下，要谋求发展，唯有创新。

要创新，创新者是核心，那么什么样的人才是创新者呢？

第一，创新者需要具有独立人格和独立自由之精神，勇于面对挑战。没有独立自由的精神，畏惧权威，唯命是从，永远只是跟随者或追随者。

第二，创新并不是一蹴而就的事情，创新是一个长期积累，由量变引起质变的过程，因此，创新者在学习和工作过程中，除了有自己的独立思想和思考能力外，还需要具备一颗平常心，带着功利心去创新必将患得患失，束缚思想和手脚，将一无所成。

第三，创新者需要有安全感。这包括创新者自身内在的安全感和环境给予的安全感，内心不强大的人总是战战兢兢、畏手畏脚，不敢越雷池一步，不安全的环境也无法让创新者放松思想，大展拳脚。

第四，创新者应该是内心强大、自信、坚毅并且踏实的人，而不是浮躁、急于求成的人。创新之路从来都不是一帆风顺的，唯有自信、坚毅及强大的内心，才能取得创新成果。

创新者应具备诸如上述特质，那么如何才能培养出创新者呢？从本质上讲，这是一个伪命题。

创新者不是"培养"出来的，按照一定模式"培养"出来的绝不是创新者，创新者的出现必有两个因素决定：一是孕育创新的土壤，即环境，二是个体内在思维发展的诉求。正如笛卡尔所说，生产形态的改变和人对自然的实际支配，是思维方法改变的结果。

通常而言，说到创新者的"培养"环境，无非是社会环境、教育环境和家庭环境。健全、自由、公正的社会、教育和家庭环境是人成长和发展的外部条件与保障，全国乃至全世界都在为营造这样的环境而不懈努力，就国内而言，构建全民的终身学习体系以提高到国家战略高度，不断推进教育改革以及家庭教育的普及，无不为人的成长和发展营造良好的环境而努力。而个体内在思维发展的诉求的激发，才是核心所在，要创新，必自主，无自主，则无所谓创新。

创新工场创始人李开复对创新者曾有这样的解读：创新者，首先要对所学知识有好奇心，有追根问底、质疑的精神；其次，创新者在工作中需要有批判性思维，不断地进行批判式思考，即从不同角度考虑问题，换位思考，进行思想上的革命和自我革命；再次，就是要跳出固定思维的条条框框进行思考，跳出个人的舒适区，接受挑战，打破常规。而这一切，均源自个体内在的思维力量。

个体内在思维发展源于学习。自主学习有别于传统的知识灌输型学习，是基于自主教育（三自三主）理念基础上的学习方式，贯穿于人的成长和发展的整个过程，从自主的发展性（自知、自律和自强）和自主的主体性（主导、主见、主动），无不与创新者的特质紧密联系。

独立人格、独立思考与主见，本质上是统一的。独立人格是指人的独立性、自主性、创造性。独立人格是自主性比较强，有独立意识的一种人格，表现为习惯独立思考，独立实践，控制情绪的能力较强，有较强的理性能力，注意维护自己参与决策的权利，社会参与程度较高。自主教育的主见，是本体的独立思考与见解，是主体的见解，是主体的核心和灵魂，是主心骨，是个体发展的方向标。在发展的过程中时时处处主动思考、独立判断，确定人生发展的方向和路径，兼顾环境与个体内在的结合。

创新者要有平常心和安全感。平常心，作为心理学概念，表现为对自己做任何事的成功和失败的态度，既积极主动，尽力而为，又顺其自然，从容淡定。安全感是渴望稳定、安全的心理需求，包括个人内在精神需求和外在环境的安全要求。这也是"三自三主"中在自知（自我认知和环境认知）基础上，了解自己的前提下，积极主动主导事物的发展，发挥自己最大潜能的同时又要遵循事物发展的规律。

创新者自强自立、自信坚毅的品质是获得创新成果的保证，自主教育中的自律自强，积极主动的发展诉求正与之相吻合。

因此，在自主教育理念指导下的自主学习，是学习者个体内在学习动力和意愿驱动下慎思明辨，深度学习，以期思维发展，创新求变，是在传统学习基础上进行创新的学习方式，是基于个体成长和发展需要，源于个体内在思维发展诉求而主动进行的学习行为。

"三自三主"在教育实践中的落实

自主教育是一种充分发挥生命个体发展性和主体性的教育理念,即"三自三主"的教育理念。

自主的两个方向、六个维度及具体阐释如图1所示:

自(发展性):自知、自律、自强;

主(主体性):主导、主见、主动。

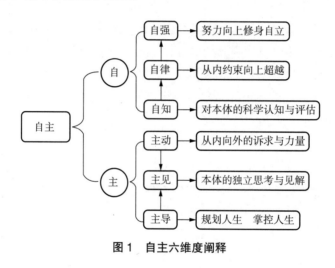

图1　自主六维度阐释

下面对"三自三主"在教育教学中的落实进行说明。

一、发展性

正如前面"自主教育综述"部分所述,自主性是人作为主体的根本属性。自主发展,从人的发展纵向过程而言,自知是基础,自律是机制,自强是目标。

(一)自知

从"自"即人的发展性方面来说,自知是对本体的科学认知与评估,是人成长发展的基石,不论个体还是团体,都是在对自我这个主体本身、环境、时代、背景等方面综合了解的基础上更好地去谋求发展。人一生下来,对外界的认知可谓一无所知,随着人的身心和智力发展,对外界事物充满好奇,对自我和外界的认知不断增多,在此基础上,通过家庭、社会环境和学校的影响与教育,特别是家长和教师的发现、引导和指导性反馈,以及同伴和同学相互之间的反馈,使人对自我和外界的认知逐渐丰富,从而逐渐认识自我,进行自我定位。

大部分人都是通过来自外界的反馈逐渐知道自己擅长什么，自己的性格属于什么类型，有什么不足的地方等等，然后根据自己的性格和特点，扬长避短，选择自己喜欢做的事情，规划自己的发展方向。

实际上，学生在学校学习和课堂教学活动中，逐渐会展现自己的优势，比如，逐渐发现自己字写得工整，图画得漂亮，舞跳得优美，球打得好，人缘好，喜欢与小朋友一起玩等等，然后根据自己的特点选择适合自己的社团活动或课程，以促进自我的发展。

在课堂中，长期以来，特别是在班级化教学模式下，以知识灌输性的填鸭式教学方式为主，严重影响了学生的自主发展。由于每个人学习能力和思维的差异，接受知识的能力和效率也不一样，因此，在现代的自主课堂中，教师们需要充分关注每个学生，了解学生的知识学习、理解和构建能力，进行分层和个性化教学，对学有余力的学生提供挑战的机会，对学困生要耐心引导，确保每个学生每堂课均有收获。

芬兰教育质量名列世界前茅，芬兰基础教育关注每个人的自主发展，有世界上最严格的教师准入制度，教师在实施课堂教学过程中，时刻关注学生的能力和特点，进行分层教学、个性化指导及针对性的引导和激发，确保每个学生按自己的学习进度获取知识，提高能力。我国的一些学校也尝试根据学生的兴趣爱好和学习进度，让学生自己选择走班学习，选择社团或实践活动。

在评价（反馈）方面，学校应该建立完善的评价（反馈）体系，让评价（反馈）进入课堂和学生开展的每项活动中，开足适合学生发展的课程，让学生根据自己的意愿和选择自主学习。另外，教师应该给予学生客观但富有激励性的指导性评价（反馈），增强学生的自信心，同时也需要帮助学生客观地了解自己，这样，学生在日常的课堂生活和活动中，通过教师评价（反馈）、生生评价（反馈）、家长评价（反馈）和自我评价（反馈），逐渐了解自己的优点和不足，为自己规划未来发展提供依据。

这样，在学习和成长过程中，学生在教师和家长的引导下，不断发现自己的长处、特点和不足，强化自己的优点，发挥自己的优势，正视自己，不断完善自己，悦纳自我，包容自己的不足。

（二）自律

自律，从内约束向上超越，是人发展过程中的机制，是在成长和发展之路上不断用制度、道德意识和方法引导、支持、鼓励主体成长与发展的过程。

德国著名思想家康德指出，自律就是道德意志受制于道德主体的理性命令，是人的理性为自己立法，将被动的外在强制变为自主的内在意志。孔子的"克己复礼"也是强调自律的主张。

自主教育中，自律包含以下几个方面：

认同事实（Acceptance），这包括所处环境中的制度和道德意识、责任担当。

意志力（Willpower），达成人生不同阶段目标的动力。

面对困难（Hard Work），发展过程中面对困难的勇气。

勤奋（Industry），人实现目标的品质。

坚持不懈（Persistence），人实现目标的保证。

这五个方面的英文首字母组合起来，就是 A Whip（鞭子），就是一种鞭笞，人的发展就是需要这个自律的鞭子持续鞭笞着我们不断前行。

人的发展过程中，对于以上五个方面，也是不断认识、不断发展的，在认同事实方面，人对于所处环境中的制度和道德意识、责任担当，不是生来就知道的，特别是人从接触社会开始，不同的环境，不同的规则和道德意识都是不断学习、积累并加以适应的；对于意志力、面对困难、勤奋和坚持不懈的精神，也是在人的发展过程中逐渐培养形成的品质，具有发展性。

当然，说到自律，与之相伴的便是他律，不论从广义角度还是狭义角度，自律和他律都是对立的，同时又是统一的。由于人的社会特性和个体思维的差异性，人的发展，总会受到外界环境制约，同时接纳外界制约因素并利用人的主观能动性改造世界，因此，人是在自律与他律的矛盾对立统一发展过程中发展的，具有发展性。

而对于如何在小学教育中培养学生的自律意识，则需要根据学生的生理和心理年龄，分段进行自律意识的培养。一般情况下，学前儿童关注简单的规则意识培养，幼儿园开展的儿童游戏课程在激发儿童认知世界的兴趣的同时，注重培养孩子的规则意识，每一种游戏均有一定的规则，还需要培养孩子简单的自理能力，比如自己吃饭，管理好自己的物品等；对于低学段学生，应确立明确的规则和纪律意识，养成自我管理的习惯，从自我日常学习和生活开始，明确学习任务，比如，管理好自己的书包，上课认真听讲，不影响他人，上课不迟到，不早退，遵守学生守则等等；对于中学段学生，应养成好的学习习惯，遵守学校各项规章制度和日常的社会规则，强化学生的自立能力；对于高学段学生，培养其社会意识和责任感，使命感和担当力，修己利他。总之，自律重在立德，以增强学生的责任感，培养思行并举、修己利他的自主人。

网络上对自律有这样的解读：自律本身是反人性的，而世人都渴望自由。可只有当你自律了，你才能获得真正意义上的自由。

总之，自律是终身的功课，从小做起，贯穿一生，有句话说得好，真正自律的人就是戴着"镣铐"和"枷锁"跳出完美舞蹈的人。

（三）自强

自强，努力向上，修身自立，是人成长和发展所追求的目标和价值实现，每个个体的自强凝聚成自我人生价值的实现，激发个体更大潜能的发挥。

从个人发展角度来说，自强聚焦于促进个体更大潜能的发挥及自我价值的实现，其本质也是教育的核心。孩子的内心世界就像一个装满宝藏的盒子，这个盒子里面有智慧、理性、品格、美感、直觉等生命的能量，我们将这些统称为潜能，教育的目的就是要唤醒并最大限度地激发人的潜能，实现自我的人生价值。

在自主课堂中，教师首先要创设一个让学生感觉安全、轻松的学习环境，根据马斯洛需求理论，安全是任何人从事任何行为的最基本需求。然后，树立学生开展学习和活动的自信心，帮助每一个学生以最佳的状态投入学习和活动当中，以最佳的思维状态投入自主、合作、探究式学习活动中，从而激发学生的学习能力和行为能力。此外，在课堂中，我们还需培养学生明辨明觉的能力，即自主思辨能力，帮助每个学生在成长过程中依靠自己的智慧，用严谨的科学态度探索"真"，用严格的道德标准践行"善"，用崇高的理想追求"美"，在"真、善、美"的探求中，谋求自主发展，赢得未来。最后，让学生确立成就伟大人生和价值目标的愿景，激发学生内在自主学习的潜力。

《易经》指出："取法乎上，仅得其中；取法乎中，仅得其下；取法乎下，无所得矣。"我们必须让学生树立远大的理想和目标，然后努力实现每个人自强自立的目标。

二、主体性

现代教育中，从人的内在发展和面向未来的发展方向看，人以主动的精神促进主体按自身的特点发展，体现为主体性。如前面"自主教育综述"部分所述，主体性教育是一种培育和发展受教育者的主体性的社会实践活动，教育在本质上是对个体主体性的培养过程。

（一）主导

主导，指思维主导和行为主导，都是主体性的内在体现，是主体发展的本位，是内外因素促进的对象。在基础教育阶段，孩子的成长过程中，每个孩子都有主动完成某些行为的本能。

德国著名幼儿教育学家福禄贝尔认为，孩子与生俱来就有四种本能：第一种为活动的本能，即一种行为创造的本能；第二种为认识的本能，即认知和揭示万物的本能；第三种为艺术的本能，即进行艺术欣赏与创作的本能；第四种为宗教的本能，是前三种本能的归宿。基于这四种本能，孩子在活动、认知、体验和创作过程中均会有自我主导的意愿。

如何尊重和引导孩子的主导行为，成为当今中国教育面临的重要问题。传统和现今的大部分中国中小学生，教师包办知识的传授和控制教学活动，家长包揽学生生活的一切，压制了学生应有的自我主导的内在冲动，剥夺了学生主动行为、认知、体验以及创作的权利。所以，我们经常能听到"等孩子长大成人之后……"这样的话语，著名学者周国平对此提出严厉的批评，"长大成人"把儿童看作"一个未来的存在"，这种提法本身就荒唐透顶，仿佛在长大之前儿童不是人似的！人在成长过程中，每一个阶段都是人生的重要组成部分，每个阶段均有其独特的精彩和意义。应该让每个学生，在家长和教师的正确指引下，在学习和生活中主导自己的认知、体验和创造行为，保护好孩子对世界的那份好奇心和想象力，激发孩子对未知世界探索的动力。

美国作为一个"基础教育做得并不出色"的国家，却拥有世界一流的大学教育。美国学校教育是一个观察、发现、思考、辩论、体验和领悟的过程，学生在此过程中，逐步掌握了发现问题、提出问题、思考问题、寻找资料、得出结论的技巧和知识。虽然他们学习的内容可能不够深不够难，也不够广，但只要是学生自己领悟的知识点，不仅终生难忘，而且往往能够举一反三。比如，美国中小学学校学生阅读能力的培养，进行主题性阅读，均由学生自己选择喜欢看的书，阅读、发现问题、分析问题、写读书报告，然后回到学校与同学分享，充分体现了学生在学习过程中的主导性，极大提高了教与学的效率。

在发挥学生主导性方面，中国的很多学校积极探索，成效显著。在课堂中，学生在教师的指导下，自主选择学习内容、活动形式和问题解决办法，确保学生对学习和活动的主导地位。北京市海淀区中关村一小的100多个社团课程，仅由一两个教师统筹管理，每个社团均由学生自行设计并开展活动，充分展示了学生的自主管理能力和主导性。北京市朝阳区呼家楼中心小学的PDC（Project Drive Creat，项目驱动生成）课程，也是在充分尊重学生主导地位的前提下开展的，每个项目的设计、实施和总结均由学生主导完成。国内也有很多学校在班级自主管理方面效果突出，确保了学生在班级管理中的主导地位。

（二）主见

主见，本体的独立思考与见解，是主体的见解，是主体的核心和灵魂，是主心骨，是个体发展的方向标。在发展的过程中时时处处主动思考、独立判断，确定人生发展的方向和路径，兼顾环境与个体内在的结合。

在自主教育中，主见分为三个层次：

第一层，主见，就是主心骨，是人所处大环境中的时代潮流。老子《道德经》中说，"执大象，天下往"，这个主见，实际上就是"大象"，即"道"。每个人在特定的大环境中，必须认清时代发展潮流，才能确保人生发展不偏离正道。

第二层，在任何环境下，不论是社会的发展还是个人的发展，都需要创新和奋斗精神，创新是推动个体和社会发展的动力，奋斗是驱动个体和社会发展的内在精神驱动力。

第三层，是有主见，不盲从，敢于质疑，勇于提出自己的见解和看法，拥有发现问题、分析问题、解决问题的能力。核心在于培养学生独立思考的能力和问题意识，加强学生知识探索的精神和问题解决能力。

在日常学习、工作和生活中，人们每天会接收大量的信息，尤其当今这个数据信息时代，通信技术便捷，获取信息的途径众多，信息流巨大，大量信息真假难辨，碎片化的信息充斥着每个人的大脑。如何从这些海量信息中获取对自己有用的信息，已成为我们面临的一大难题。在辨别信息和对数据深入挖掘的过程中，独立思考，敢于质疑就显得至关重要，从所获取信息中理出思路，并进行深入分析，提出自己的见解和看法，这就是主见的核心所在，也是确保自主发展的核心要素。

对于第一层、第二层主见的含义，我们应在学校日常教学生活特别是德育课中加强学生家国情怀和爱国主义教育，把学生培养成为爱党爱国的新时代社会主义建设者和接班人。以此为基础，加强其他学科核心素养的培养。在自主课堂中，主见主要体现在"思"字上，自主课堂以"思"为核心，培养学生独立思考、敢于质疑的能力。教师需要为学生创设可以引发思考的空间，提出与知识相关的开放性且有思考和探讨价值的问题，以问题为导向，激发学生深入思考。教师要善于抓住课堂的生成，以此为契机，引导并激发学生深度思考，帮助学生在思考和探究中发现问题、分析问题，提出自己解决问题的方法。

（三）主动

主动，从内向外的诉求与力量，是主体内在精神的外显表现，是主体内在诉求的行动落实。主动聚焦于思维主动和行为主动，思维主动旨在激活人的思维活力，培养思维从小处着手，向纵深发展。行为主动是思维活力的表现，体现为成长型思维的激发和积极的行动落实。

由于人受外界刺激和引导等因素或内在因素的驱动，均会产生思维活动，而思维活动的深度发展即呈现为思维活力。思维的主动必然引起人的行为主动，表现为积极的行动落实。

在教学过程中，从本质上讲，"学"是学生的主动思维和行为，对知识的学习、分析与理解、应用与创新，均是学生的主体内在精神的外显表现。激发和引导则是教师的主要任务，如果片面强调教师在教育中的主体作用，或过于强调教师在教学过程的主导作用，正如著名教育家陶行知的"强按鸡头不吃米"的故事那样，将适得其反。现行教育环境下的考试量化也严重影响学生思维和创新能力的发展，肯尼·罗宾森爵士曾经指出，高风险的考试以及与之相关的各种内容标准的大幅度提升正在压榨孩子们的创造力。

思维活力的激发，着重在于成长型思维的培养及打破固定型思维模式。

◎ 固定型思维与成长型思维

如果我们认为自己的智力和能力是一成不变的，而整个世界就是由一个个为了考查我们的智商和能力的测试组成的，我们拥有的就是"固定型思维模式"。固定型思维的人往往害怕失败，担心自己看起来不那么聪明、比较笨，而拒绝接受挑战、面对困难，由此他们的发展潜力会受到限制。

而如果我们认为所有的事情都离不开个人的努力，这个世界上充满了那些帮助我们学习、成长的有趣挑战，我们拥有的就是"成长型思维模式"。那些成功的人的思维模式就属于成长型。他们相信通过自己的努力可以改变智商和能力，相信自己的潜力是未知的，困难和失败只是帮助自己进步的挑战，他们对学习充满热情……

当人每一次突破自己的"舒适区"去学习新知识、迎接新挑战，大脑中的神经元会形成新的、强有力的联结，长久下去，他们变得越来越聪明。

《自然》杂志刊登的一项研究首次通过数学模型确认了生态挑战是人类脑容量增大的主要驱动力，否定了之前很多进化学家推测的一种可能，即人类社会的复杂性导致了人脑容量的增加。肖考夫和菲利普斯曾经对思维可塑性有过这样的表述：学习过程涉及感觉输入或动作之后，神经突触间连接强度会发生改变。大脑内部的突触、神经元之间的连接可以由于学习和经验的影响建立新的连接，从而影响个体的行为。神经元之间连接增多，神经密度变强，大脑容量自然就上来了。

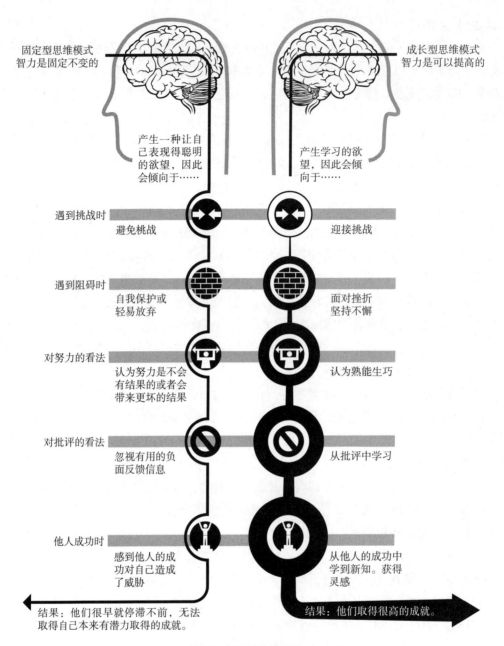

图 2　成长型思维理论

（摘自腾讯一丹奖获得者美国斯坦福大学教授卡罗尔·德韦克的成长型思维理论）

成长型思维不但决定了孩子面对困难和挑战的态度，还将通过激发更活跃的大脑活动来提高孩子的智商。

在日常教学中，思维活力的发掘和成长型思维的养成是提升学生自主能力的重要内容。在课堂中，以问题为导向，激发学生主动思考，独立思考，帮助学生从等、靠、要的"舒适区"中走出来，自己主动去发现问题、分析问题和解决问题，勇于面对困难，深入探究，不怕失败，并从失败中汲取经验，深度发掘自己的思维深度，拓展思维宽度，提高思维高度，落实学科核心素养的培养。

自主能力通识课程之"好问题坊"就是为培养学生思辨能力专门设计的课程，该课程坚持以人为本，以生命成长为目标，培养学生的思维创新能力和自主学习能力，落实学生面向未来并全面发展所需核心素养的培养。

◎ **突破思维舒适区**

舒适区，一般是指人的心理舒适区，是指人所表现的心理状态和习惯性的行为模式。人处于舒适区中，感觉舒服、放松、稳定，能够把控自己所做的事情，有安全感。在一定程度上，舒适区有助于人精神状态的自我调节，对稳定情绪有很大的作用，单纯的行为和思维效率比较高。这对于长期从事固定行为的人有一定的帮助，因为长期养成的习惯性行为和思维模式不会出现差错，比如生产线上的操作人员，简单重复固定的几步操作，不需要有什么行为和思维改变，一旦改变这种行为和思维模式，反倒会让他们感到不安、焦虑甚至恐慌。但是，在这个瞬息万变的世界，尤其是现代科技日益发展的今天，新生事物日新月异，长期处于舒适区的人则会明显跟不上这个时代发展的脚步，对现状呈现自我满足的状态，不思进取，固步自封，其主要表现为精神和思维的惰性，对新事物不感兴趣，思想保守，久而久之，将与环境脱节，感到迷茫与无助。这种舒适的固定型行为和思维模式在现实中也要付出沉重的代价。

例如，在小学数学课堂中，对于小数除法教学，大部分教师和学生都是按能够整除的算式开展教学活动，比如，$3.69 \div 3=?$、$7.68 \div 2=?$ 等，学生在熟练运用乘法口诀机械地进行计算，看上去没有任何问题，但实际上老师并没有给出更深层理解小数除法的算式或应用情境，让学生在这种舒适的思维下机械地开展计算，并不能获得知识学习的提升和深度理解。中小学课堂中普遍存在这种情况。如果老师给出比如"小明花10块钱买了8支笔，问每支笔多少钱"这样的应用情境，这样就产生了 $10 \div 8$ 看上去并不是小数除法的"知识冲突"，对学生的思维产生挑战，引发学生深度思考，实际上，这本质上就是小数除法知识更深层的认知。

再比如，为了提高学生的写作水平和观察其体验生活的能力，语文老师让班里的学生每天坚持写日记。班里有一个学生，第一天在日记本中这样写道："今天没啥事。"第二天在日记本中这样写道："今天没啥事。"老师检查学生写的日记，发现了这个学生写的，耐心指导他，说："要写好日记，需要仔细观察自己的日常生活，在日常生活中发现有意义的事情并把它记下来，这样也有助于提高你的写作能力。"第三天，这个学生在日记本中这样写道："经过仔细观察，今天还是没啥事。"

这是一种极端但在现实中存在的思维惰性案例，特别是在学困生中常见此类现象，如何激发这类学生的思维积极性，帮助这类学生突破其思维舒适区，成为广大一线教师面临的巨大挑战。

在不断变化的现实世界中，个体要想有所发展，跟上时代发展步伐，必须走出自己的舒适区，认清时代发展趋势，主动寻求适合自己发展的途径，谋求自主发展路径。

图 3 思维四区域

学生从"舒适区"到"适应区",打破那种安全、安逸、舒适、可控的思维状态,会感到不自信、没主意,处于惧怕挑战和变化的心理状态。经过一个不确定性状态阶段的适应过程后,进入到"学习区",面对大量的未知事物、问题、困难和挑战,逐渐尝试提出质疑,进行思考,慢慢接受新事物和新技能,学会与人沟通和交流,这是开启自主发展的重要环节。随着知识、技能和人际关系的不断积累,逐渐向"成长区"过渡,这是支持个体成长发展的重要阶段,处于成长区的学生善于独立思考,喜欢变化和挑战,有主见,有梦想,追求自我价值实现。这整个过程,其实质就是人和思维成长和发展的过程。中国的基础教育改革如火如荼,传统的以教师讲授为主的课堂模式已经不能满足新时代教育的发展需求,全国基础教育工作者应该顺应社会发展潮流,突破原有的"舒适区",不断学习,迎接课堂革命的挑战,走由经验型教师向学术研究型教师再向智慧型教师的发展线路,完成教师新时代下立德树人,培养社会主义接班人的光荣使命。

在新时代下,要培养学生发展核心素养,培养全面发展的人,除了知识的传授,更重要的是改变传统的填鸭式教学模式,打破学生"等、靠、要"的思维定式,培养学生的质疑能力、问题意识,提高学生独立思考、自主思维的能力,激发学生内在的潜能,促进学生自主发展。

◎ **提高思辨能力**

思辨,即思考辨析,是一种思考方式。思辨源于《中庸》的"博学之,审问之,慎思之,明辨之,笃行之"。独立思考、明辨明觉是思辨的精髓。人对事物的辨析,取决于人心、人意、人情甚至是人性,辨析从人的起心动念和心性本体上辨起,起心动念和心性本体是人对事物辨析的依据。

明辨，多止于智慧，知识的精神领域是主观的领域，但在现实中，明辨更要关注客观领域，尤其是实践方面。"明"不仅仅要在心里，辨也不仅仅停留在口头，更重要的是体现在行动上，落实到工作和日常生活中。如果仅仅是在心里，则知行就成为两张皮，而仅仅辨在口头，则言行不一致。因此，思辨，不仅仅是明辨，还需明觉，即知而行之，智而行之，觉而行之，这才是思辨的最高境界。

在日常的教学生活中，如何培养学生的思辨能力呢？

根据前面所述，人对事物的辨析，取决于人心、人意、人情甚至是人性，从哲学角度讲，这是人对事物的主观判断，是对事物的认知过程。对于小孩而言，外界的事物都是新的，其成长过程也就是对事物的认知过程，任何事物进入其脑海中，首先要经过其主观的思维判断，比如毛茸茸的小狗、小猫等，给他的第一感觉就是可爱，因此喜欢；而对于在野外遇到的青蛙，鼓眼睛大肚皮，样子不好看，因此就产生排斥心理，这都符合儿童正常的认知规律。随着对事物更深入的了解，家长、教师和同伴的引导与补充，以及接触大量相关资料，再加上亲身实践和探索，孩子对事物的认识和理解就会产生一些变化，比如毛茸茸的小狗、小猫虽然可爱，但可能会带来某些传播性疾病，传染给孩子和家人；鼓眼睛大肚皮的青蛙样子虽然不好看，但它在消灭农作物害虫方面贡献巨大，属于一种益虫。孩子了解到这些，可能就会对小狗、小猫由喜爱变为敬而远之，由对青蛙的排斥变为爱护。这就是通过客观思维认知事物的过程。从主观到客观，权衡利弊，将主观思维与客观思维相结合，得出最终的态度和观点。比如有些孩子就可能得出以下结论：我喜欢小狗、小猫，它们很活泼可爱，但我不想养它们，因为它们可能给我和家人带来疾病。我不太喜欢青蛙的样子，但青蛙是一种益虫，能为田野里的农作物消灭一部分害虫，提高农作物产量，我们应该保护它。这就是人对事物辨析的一般规律，也是浅层的思辨。

对于深层的思辨，需要更深入的思考，对事物的既定判断进行质疑，寻找更多的可能性，这就涉及人的内心意愿、思考方式、思维维度等等。

著名央视主持人白岩松曾经说过：我做节目的特点是，别人的工作结束时，我们的工作才刚开始，我们要在别人提供的资讯的基础上做出评论。但我从来不会为此焦虑，因为已经习惯了逼迫自己去寻找第二个、第三个答案。2018年，白岩松应GES2018未来教育大会之邀做主题发言，在谈论中国的教育要培养德、智、体、美、劳全面发展的人时，对于"体"的阐述，从思辨角度而言，堪称是完美的案例。

体：重点不在体，而在育

北大的蔡元培伟大在哪儿？我觉得两点，首先，他到了北大当校长之后就提出了"更全面的人"这样一个教育理念，与百年之后十九大提出全面的人是遥相呼应的；其次，他为北大引进了第二个很重要的变革，那就是体育。

为什么老一辈的和被我们敬仰的教育家都把体育放在了格外重要的地位？是不是在我们所有教育者当中都把体当作了健康的概念，而忘掉了体育的"育"字？

据我了解的数字，现代的孩子生活发生了非常积极的变化，但是在很多身体指标上居然不如我们这一代人,不如我们这一批在饥饿当中成长的少年。

前几天我在跟一个学校沟通,我说我们那个时候每一个男生做标准的引体向上做十个是标配。他感到非常惊讶,现在没有几个孩子能做超过十个标准的过了下巴的引体向上。

但是这还不是最重要的。我觉得不仅仅是健康的指标,更重要的是体育给了孩子什么?

2012年,伦敦奥运会的主题为"激励一代人"。在奥运会即将结束的时候有记者问伦敦奥组委的人,"你们理解体育是怎样激励一代人的?"伦敦奥组委负责人说,首先体育教会孩子们如何在规则的约束下去赢。接下来他说了第二句,对我来说影响巨大,而且印象深刻——"接下来教会孩子们如何体面并且有尊严地输"。

请问,在中国的教育里什么时候教过我们的孩子体面且有尊严地输呢?如果我们不能教会一代又一代的中国人体面有尊严地输,并且把体验有尊严地输上升到一种叫"第二种成功"的概念的话,我们怎么可能发生巨大的变革呢?

我们的孩子如果不能从体育的育当中学会去赢,更学会体面并且有尊严地输,我们怎么可能在民族的基因里慢慢地变成一个创新的国度呢?

所以体育现在要比我们想象的更加复杂和伟大。而不仅仅是一个中国足球,或者中国篮球这么简单,或者说让孩子们跑个八百米锻炼一下身体,不是!它磨炼一个民族的意志,改变一个民族的基因,体育的重点不在体,在于育。

(摘自2018年12月28日的人民网-传媒频道)

在学校教育中,体育作为一门重要的国家课程,每个教育工作者都对体育有着深刻的理解和认识,在体育教育教学中,除了国家课标规定的内容和培养目标之外,我们的体育还能教给学生什么,这就是思辨的切入点,需要我们去寻找更多的可能性。除了健康、体质、合作、规则和拼搏精神,白岩松提到的"第二种成功"不仅指出了我们体育教育环境的缺失,更重要的是锻炼一个人,磨炼一个民族的意志,改变一个民族的基因。

因此,在教学中,我们还需培养学生明辨明觉的能力,即自主思辨能力,帮助每个学生在成长过程中依靠自己的智慧,用严谨的科学态度探索"真",用严格的道德标准践行"善",用崇高的理想追求"美",在"真、善、美"的探求中,谋求自主发展,共赢未来。

◎ **自主思维力的培养**

1. 培养策略。

林崇德等人根据对中小学生多年思维能力培养的研究和实践,提出培养学生的思维能力应以如下几个方面为抓手:

第一,从思维的特点来说,概括是思维的基础,在教学中抓概括能力的训练,应看作思维训练的基础。可通过语文和英语的阅读理解来着重加强概括能力的提升。

第二,从思维的层次来说,培养思维品质是发展智力的突破口,需结合各科教学抓思维品质深刻性、灵活性、创造性、批判性和敏捷性的训练。

第三,从思维的发展来说,最终要发展学生的逻辑思维能力。

2. 让学生学会提问。

维果斯基提出发展智力的最基本的方法是内化，即从周围环境中汲取知识经验，再整合为内在知识。这一过程中，最能够反映和促进学生思维发展水平的就是学生提问的水平，一个好问题，胜过一个好方法。而让学生学会提问，显得尤为必要和重要。教师可以教给学生创造性提出问题的方法，使学生掌握提问技巧：

（1）添加法：以原有东西为基础添加某些因素。

（2）扩展法：在原有东西的基础上加以扩展和扩大。

（3）缩减法：与扩展法相对应，在原有基础上缩小或减少一些因素。

（4）改变法：对原有实物的不足之处予以改变。

（5）颠倒法：用相反的思路解决问题。

（6）代替法：用一个实物代替另一个实物。

（7）移植法：把已知的知识道理和方法移植到别的实物上去。

3. 有效回应学生问题。

对于学生提出的问题，教师回应的方式，直接决定了学生对问题的思考方式，从而影响其自主思维能力的发展。斯滕伯格给出七种对待儿童发问的回答策略：

第一，回绝问题。教师认为学生提出的问题没有价值，或者教师自己的状态和情绪处在低落或气愤中，从而拒绝、无视学生提出的问题。

第二，重复问题。教师回答了学生的问题，但回答得很空洞，不过是把原来的问题重复了一遍，比如，人们为什么要吃食物，是因为人们需要食物。

第三，承认自己无知或简单呈现信息。要么教师不懂装懂，根据自己所知提供简单的信息，这是一种很糟的回答方式；要么教师直接承认自己不知道答案，但可以鼓励学生"这是一个好问题"。

第四，鼓励发问者寻找资料。一种是为学生负责查询资料，一种是为学生提供查找资料的机会。前者最终是一种被动学习，后者可以让学生掌握信息寻求的技巧，学会自主学习。

第五，提供可能的解答。教师承认自己不知道确切的答案，但可以提供几个答案，让学生选择哪一个是正确的。这会让学生意识到，即使问题简单，但是推论却不简单，也可以鼓励学生自己给出可能的解释。

第六，鼓励学生对可能的答案进行评估。教师不仅鼓励学生给出多种答案，还要鼓励学生对这些答案进行推敲，让学生知道怎样验证这些答案。

第七，鼓励学生评估答案，最后一一验证。教师鼓励学生去设计一些实验，验证各种可能的答案。学生不仅要学会如何思维，而且要学会如何按照自己的思维采取行动。

这七种策略按等级排列，从一个极点变化到另一个极点：从拒绝回答问题到鼓励儿童形成假设并验证假设。儿童从不学习到消极地学习，再到积极主动地发现问题、探究问题，形成良好的自主学习的习惯。

4. 实践建议。

开设自主讲坛：各组学生围绕某一话题，展开合作学习与探究，自行搜集材料、验证假设，再将学习成果分享给全班同学。

开展"好问题"大赛：以小组、班、年级、校为单位，开展"好问题"大赛，引导学生发现问题、思考问题、探讨问题。

每日三问：每天请孩子关注自己身边的事物、环境、人物等，提出自己的质疑、困惑或评价。

使用"思维训练卡"：根据要求，按时填写思维训练卡，及时记录、跟踪学生的思维发展动态。

成立思辨社团：由学生自主参与，鼓励学生举办辩论比赛、演讲比赛等，提升学生的自主思维能力。

自主课堂

几十年来,伴随着中国强劲的经济和科技发展趋势,中国教育改革如火如荼地进行,教学改革和课程改革取得显著成果,但仍然不能满足社会主义现代化建设的需要。课堂是教育的主阵地,多少年来,不论是教学改革还是课程改革,都聚焦于课堂的实施和效率、学生能力的培养以及潜力的发掘。

2019年6月,中共中央、国务院发布《关于深化教育教学改革全面提高义务教育质量的意见》,该意见指出,优化教学方式,坚持教学相长,注重启发式、互动式、探究式教学,教师课前要指导学生做好预习,课上要讲清重点难点、知识体系,引导学生主动思考、积极提问、自主探究。融合运用传统与现代技术手段,重视情境教学;探索基于学科的课程综合化教学,开展研究型、项目化、合作式学习;精准分析学情,重视差异化教学和个别化指导。各地要定期开展聚焦课堂教学质量的主题活动,注重培育、遴选和推广优秀教学模式、教学案例,为新时代下基础教育课堂改革进一步发展指明了方向。

自主课堂是基于学习者的主体性和发展性、尊重学习者的差异性和多样性、围绕思维发展和深度学习展开的师生共建共创共享共长的学习共同体。自主课堂的核心目标是在课标指导下基于学科知识基础上的自主思维发展。自主学习能力是自主课堂培养的学生自主能力的重点,促进每个学习者自主学习能力的养成是自主课堂的追求,当然包括教师在课堂活动中自主能力的发展。

思维是自主课堂的灵魂,具体指思维方式、思维架构(即支架)、思考过程、思考内容、思考深度和广度等。深度学习是自主课堂的主要学习方式,学生和教师是自主课堂的共同学习主体。

一、自主课堂

自主课堂以培养学生终身学习能力为目标,践行五字原则(思、实、活、创、和)、三三标准,注重知识能力、情感、思维和品格等综合素质的培养。

学习共同体最早是由日本著名教育家佐藤学提出的概念,聚焦师生和生生互动的高效课堂教学模式。他指出,"改变一所学校,需要教师们敞开教室的大门"。新时代下,随着技术的发展,教育相关资源可获取性越来越高,资源和技术前所未有的丰富性为教师的课堂教学、学生的学习以及家长对学生的教育和支持的方式提供了极大的便利,同时,对课堂教学的影响的复杂性也大大提高。在这种以学生为中心,教师、家长、技术和资源协同组成的星形网络拓扑构造的自主课堂中(如图1所示),激活各节点之间的连接,理顺各节点之间的关系,已成为提高自主课堂效率和学习成效的重要目标。课堂构建要素增多,其各要素之间的连接数量将呈几何级数量增加,如何帮助学生主动激活与各节点的连接,帮助学生学习,促进学生生命成长,将是我们重要的自主课堂研究课题。

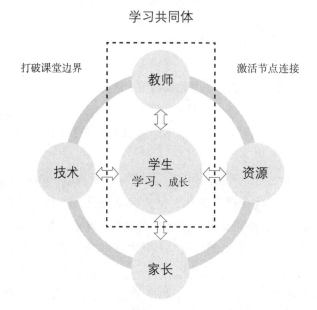

图1 自主课堂—学习共同体模型

从上图来看,各要素之间相互作用,互连互促,技术的发展为教师教学、学生学习和家长支持提供了资源获取的便捷通道,资源的大量涌入也为教师和家长选择适合学生的资源或学生自己选择资源带来了极大的困扰,而在这种以学生学习和成长为核心的课堂中,自主选择就成为提高课堂效率的关键。教师根据学情及自己的教学方式,自主选择适合的资源,家长根据自己的能力和孩子的状况为孩子选择符合其学习习惯的途径,更重要的是,学生自己要从教师提供的、家长给予的和自己通过相关技术能够接触到的资源中,自主选择适合自己的学习资源。另外,全面激活共同体各要素之间的连接,需要考虑以下几个方面的因素:(1)教师的情怀、责任与担当;(2)教师的职业和专业成长意识;(3)学生的成长和自主发展意识;(4)学生自主学习的意愿和兴趣;(5)家长的责任、义务和担当;(6)技术推广者的社会责任;(7)资源合理规范利用;(8)家长、学生、教师的自主选择。

自主课堂的核心目的就是要激发学生内在的主观能动性,帮助学生主动学,锻炼学生的思维能力,构建思维体系,形成自己的思维方式,培养学生深度思考的能力。然后,思维指导行动,让学生能够践行自己的思想,提高学生笃实力行的能力。

(一)关注学生的需求

心理学告诉我们,需求是动机的根源,是造成行为的原因,而行为的目的则是使内心的需求得以满足。在自主课堂中,教学过程应该是了解学生、满足学生内在需求,激发学生学习热情，促进学生自主思维发展，推动学生生命健康成长。

首先，应该为学生创设安全和谐的课堂环境，让每个学生感到安全。马斯洛需求理论指出，安全需求是人的最低层次，也是最基本的需求，学生只有在安全和谐的环境下，才能全身心地投入教学活动中。帕克·帕尔默在《教学勇气：漫步教师心灵》中说，充满恐惧的课堂导致许多天生热爱学习的孩子产生憎恨学校的念头。

其次，让学生感受到尊重和被关注，教师要学会倾听学生。在自主课堂中，学生需要得到尊重、鼓励，参加交流展示、经历体验活动，学生只有在质疑、交流、合作、被重视、被关注等一系列环节中，才能不断激发自身的学习动力和思维活力。

再次，关注不同学生的思维差异与多元需求，哈佛大学心理学家加德纳认为，人类的智能是多种多样的，各有区别。传统的教学只关注了语言、数理逻辑、空间等一些智能，而其他形式的智能则被忽略了。人会因各自特点对某些智能反应敏捷，从而对这方面显示出特别的兴趣，也对这方面的需求会特别的强烈，因此，尊重学生的差异性和多元性，不仅是自主课堂的重要要求，也是自主教育的核心内容。

（二）以学生为中心

自主课堂始终坚持以学生为中心。教师应为不同学段、不同类型的学生提供个性化、多样化、高质量的教育服务，激发学生自主学习、释放潜能，从而实现全面发展。

人本主义创始人之一卡尔·罗杰斯的"学生为中心"教学理论包含三个基本部分：融为一体的情感和认知，直觉和创造性，以及以自我为核心的个性理论。当情感和认知结合起来，学生作为一个"完整的人"来活动时，就能产生一种整体效应。教师应以情感人，以心育人，与学生建立良好的师生关系，尊重并赏识每一个学生，积极引导学生热爱学习，唤起孩子们的兴趣与激情，赢得孩子们的信任与全身心的参与。对于直觉和创造性，我们在课堂中应该重视学生在学习中非理性的、创造性的"隐喻心智"，尊重学生的好奇心和想象力。自我是个性的核心。一个人必须依靠自己发现、发展和完善隐藏在内心深处的"自我"，依靠自己在这个世界中所获得的经验，并借助于情感和认知合二为一的认识途径，形成一个充分独立的、有创造性的、真实的、可信任的和能够移情性理解的"完整的人"。在自主课堂中，教与学的过程，本质上就是激发学生生命成长，自我认知，培养学生自主思维，促进学生全面发展的过程。

（三）以问题为导向

自主课堂要求教师为学生创设一种开放和谐的情境，在情境中体验活动的魅力并让每一个学生能够基于所设定的活动提出自己的问题，围绕自己的问题，深入分析，独立思考，合作探究，或在老师或同学的启发和引导下，拓展思维，找出解决问题的方法，而这一系列的思维过程，就是自主课堂以问题为导向，激发学生自主学习动力，提高课堂教学效率的重要过程，也是突显自主课堂以学生为中心的理念。

二、自主课堂综述

图 2　自主课堂流程图

自主课堂是在情境中体验，在体验或感悟中思考，在思考后行动，在行动中成长的高效课堂。从社会认知理论讲，课堂中，学生自主学习的自主性依存于情境。

在情境中体验，是学生进入自主课堂学习状态的第一步，以教师讲述为主，直奔主题的传统课堂，除了让学生生硬识记之外，并不能激发学生对所记内容的兴趣，尤其是在小学课堂，由于孩子的天性使然，对所处环境中的事物总是有无穷无尽的好奇心，如果能将孩子引入到现实或想象中的一种情境中，让他们深入其中进行体验，教师加以引导和启发，激发孩子对所遇到的事物提出问题的意识，这种在体验中感悟才是学生学习的开始，学生对于教师提出的问题和自己发现的问题，进行分析，独立思考，并在教师和同学的交互合作与探究过程中，尝试解决问题，这样周而复始，不断提高学生思考、合作、探究以及解决问题的能力，就是学生学习成长的过程。著名理论物理学家杨振宁在中科院大学演讲时说道："直觉与知识冲突时是学习的最好时机。"

（一）自主课堂五字原则：思、实、活、创、和

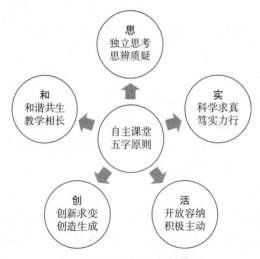

图 3　自主教育课堂五字原则

自主课堂是根据教育中主体性原则、环境创设、资源利用以及师生和生生关系来设计的。主体性原则即学生为教育的主体，在自主课堂中，以学生为中心。在自主教育的师生双主体中，除了以学生为中心之外，还强调了教师的主导地位和教师成长并进的理念（见《自主教育理论与实践》）。环境创设和资源利用主要聚焦学校的教育理念、育人目标以及

教育教学设施和资源的整合利用，强调学校教学理念和课堂教育的深度融合，比如在特定教育理念和育人目标的指导下，开展具有学校特色的教学活动，旨在提高学校课堂教学效率和学生自主思维意识的培养。具体来讲，在课堂中，利用现代网络资源和先进的教学设备，打破学生学习时空边界，为学生自主学习的广度和深度提供了可能，学习资源的丰富，为学生提供了更多动手动脑的机会，为学生开辟了思行结合的研究型学习通道。师生和生生关系的改变，不仅提高了学生自主、合作、探究的能力，还为师生的共同发展奠定了基础。

自主课堂是学生、老师双主体课堂，充分发挥学生主体性地位，突出教师主导和引导作用，两者相辅相成，相互促进。自主课堂以思、实、活、创、和为五字原则，不追求模式化，而重点体现师生自主思维活跃、形式多样、灵活变通、追求实效并最终实现师生和谐共生、教学相长的高效课堂。

自主课堂以"思"为灵魂，在追求课堂"实"效，落"实"核心素养的基础上，"活"化教学方式，学生"活"用课堂学习所得，促进学生学有自得，发展师生自主思维，"创"新求变，以求师生"和"谐共生共长。

思：独立思考，思辨质疑；实：科学求真，笃实力行；活：开放容纳，积极主动；创：创新求变，创造生成；和：和谐共生，教学相长。

◎思：独立思考，思辨质疑

"思"是自主课堂的灵魂，独立思考，思辨质疑，是提高课堂效率的引擎。"思"包括思维方法、思考过程、思考内容，目标是通过思考达到思维发展、形成思想智慧。思开始于问，问是真正学习的开始，是思考的开端。发现问题，提出问题，是创造力的前提。以问促学，以问促创，提升思维能力和创造能力。

自主课堂注重师生在课堂中的反思，即行动中的反思，及时有效地修正思考和行为方式，提高课堂效率。其特点如下：

1. 始于问。课堂前几分钟以问题引入。

2. 课中问。课中巧问，课中多问，设计关联问题串。

3. 结于问。课堂后几分钟进行问题延伸与拓展。

自主课堂中，首先要体现教师的独立思考因素，每堂课的教学设计是否进行了深度思考，有没有设计出引发学生独立思考的教学环节，有没有创设能够激发学生自主思维、开展探究合作的情境，提出的问题有没有为学生提供开展思辨、质疑活动的空间。

案例一：《比的认识》公开课（五年级下册）导入片段

教师在黑板上写了"2∶3"和"饭"字。

师：大家在家做过饭吗？

生：没有。

师：饭由什么材料烧成的呢？

生：水、米（一部分同学回答）。

生：米、面、肉、青菜和辣椒等（另一部分同学回答）。

师：饭是由水、米烧成的，怎么会有面、肉、青菜和辣椒呢？饭是由一定量的水和一定量的米烧成的。

之后，这堂课一直被这个"饭"的概念纠缠不清，学生回答也无法说到点上。问题在于，老师在开始创设这个情境时就没有考虑到，现在的大部分小学生是不会做饭的。还有一个很关键的问题是，没有考虑到中国南北日常生活的差异，南方人日常生活中理解的"饭"就是米饭，而北方人对"饭"的理解却包括面条、馒头、包子、菜、汤等等，并且这位老师是南方一所学校的老师，给北方一所学校的学生上课。在这堂课上，日常生活认识上的差异使学生的思维和老师的思路总是发生偏离，导致课堂效率低下。其实这种差异导致的问题在我们的教育过程中经常出现，我也是南方人，小学时学到"瑞雪兆丰年"就使我很茫然，因为南方的冬雪并不能给来年带来丰收，初中时物理课本中的用暖气片装置来说明空气对流也让我一头雾水，因为南方根本就没有暖气。

因此，在课堂上如何激发学生的思维发展，很大程度上取决于老师在进行教学设计创设情境时是否经过多方面的思考。

案例二：《复式折线统计图》（选谁来踢点球？）公开课导入片段

师：学校计划搞一次踢点球比赛［五（3）班对五（1）班］，现在要我们帮助五（3）班同学选择点球员，供选球员分别为甲、乙、丙。我想问你们准备推荐哪一位？

（生回答乙、甲、丙）

师：有没有人此时没表态？（指一生）这位同学你为什么没表态？

生：因为我们不知道甲、乙、丙他们三个谁踢得好，就不能确定该让谁上场，我觉得我们应该先了解究竟是谁踢得好，才能让谁上场点球。

师：对，这位同学很清醒。其他同学，你们现在有什么依据吗？为什么要选择甲或者乙上场罚点球？没有依据便决定谁可以上场，这样的决定靠谱吗？

生：不靠谱。

师：所以这位同学提出来了，得看一看什么？

生：看这三个人谁踢得好。

师：你怎么才知道谁踢得好？你现在需要什么？

生：我们需要更多的谁踢的更好的依据，来确定让谁上场。

师：那依据该怎么找？

生：先让他们比一下，看谁踢得好。

师：什么才叫好？

生：比如说让他们每个人都踢点球五次，谁踢进的多，谁就踢得好。

师：这位同学说得踢一踢，对不对？然后把数量记一记，对不对？什么是依据？

生：数据。

师：对，得需要重要的数据，数据来自哪里？来自我们的调查研究。

吴正宪老师这节课的导入所创设的情境基本上每个学生都熟悉，一开始有些学生不假思索地选择甲、乙或丙，老师进一步对选择甲、乙或丙的同学提问：为什么选择甲、乙或丙呢？引发学生思考，引导学生主动寻找数据。教师创设情境，让学生发现矛盾，激发思维冲突，设置相关的问题串，不断制造"矛盾"，以"思"为中心，激发学生自主思考，生生共议，师生互动，培养学生"独立思考，思辨质疑"的能力。

◎实：科学求真，笃实力行

自主课堂的基础是实，目标是以求实促高效，以求实达高效。具体包括以下几方面：

1. 目标实。基于课标要求和学生认知能力设定目标。

2. 过程实。教法科学，学法科学；学习过程扎实，学习效果扎实。

3. 指导实。分层指导，针对学习效果的差异进行分层教学分层指导。体现在基于学习潜力的差异性进行的个性点拨，个性引导，个性助学。

在自主课堂中，"实"更要落实学生发展核心素养和学科素养的培养，落实每一堂课每个学生均有获得。"实"体现在教师的教学设计、创设的情境和开展的活动中，要根据学生的认知水平、心理特点开展教学活动，在学生行动、智力、心理承受能力范围内完成教学任务；注重教师的课堂把控能力，按实际学情开展教学活动。具体而言，要坚持"落实"二字，落实培养学生核心素养，主要体现在以下几方面：

1. 构建科学有序的课堂学习的环境，充分发挥教师的引导、启发作用，在小学生自主、合作、探究的过程中适度放手，让学生有足够的学习活动空间和时间，让学生学会学习。

2. 在学生自主、合作、探究环境中，让学生体验由小到大的成功经历，培养学生的责任感，激发学生实践创新的能力。

3. 本着由浅入深、由易而难的原则，通过理解、运用科学知识和技能等方面所形成的价值标准、思维方式和行为表现，提高学生人文情怀、审美情趣和科学精神，包括理性思维、批判质疑、勇于探究等重要素养的培养。

案例三：《复式折现统计图》（选谁来踢点球？）公开课分析解决问题片段

师：甲、乙、丙你准备选谁呢？

（同学们纷纷回答）

师：太快了，大家思考40秒。

（学生思考40秒）

师：你会有新决定吗？除了用总数量、平均数来做决定，图来了，难道图不能张开嘴巴说说吗？这个图（见图4）又告诉我们什么？第二轮讨论开始了，说理由，四个人一组。

生1：我选的是丙。大家看这个统计图，因为丙从周一至周五,一直在慢慢往上升,他点球的次数在慢慢增加。请大家看看，甲的情况不是很稳定，而是忽上忽下。

师：你说选丙，丙一直在做什么？慢慢进步，你从哪儿看出来的？你来指一指，它怎么就上升了？

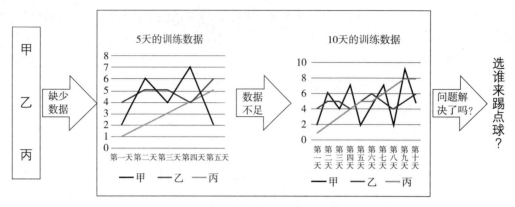

图 4　复式折线统计图

（生 1 到黑板前指出丙的统计线呈上升趋势）

生 2：虽然丙也在进步，但是我觉得甲创造过最高纪录，应该选甲。

生 3：我认为不应该选甲，因为甲每天进球的数量有点不稳定，忽上忽下。

师：你们怎么看到这组数据忽上忽下的？从哪个图中看出的？（从折线统计图）

生 3：甲一会高一会低，所以有点不放心。

师：有人提出甲进过七个球，有人对甲不放心，有没有道理？挺好，意见不一样，没关系，还有人选了谁？

生 4：我选择的是乙，因为相比之下，他是比较稳定的，不会掉链子的那种。

师：你从哪看出乙稳定的？

生 4：我从折线统计图里看到的。

师：刚才选择过程中有同学说了一句话："真是有点很难抉择。"我知道你们每个人心中都有一些想法：有人想让甲去，希望甲赌一把，有人又说了甲进一个球的可能性也有，心里不踏实；有人想让丙去，丙倒是进步了，可是进步了也没有甲进得多；有人想让乙去，可是失败的可能性很大，对不对？此时的我们很纠结。

师：你有什么想法？

生：我想要了解一下时间。

师：什么时候比赛是吗？想了解一下时间。还有吗？一周的数据都在这了。这位同学你说什么？再来一周的数据，对吗？在统计学上真有这么一说，选样本的时候不好抉择，有没有大数据，对不对？更多的数据来了，来满足你们。一起看这里。这是第一周的。刚才你们第一周的就这样画完了，对不对？现在我把它放在旁边，第二周的数据来了。我把它标在图上好吗？第二周我帮你们标上红色是甲，绿色是乙，黄色是丙。同学们，第三轮讨论开始了，还可以选谁？

生：选乙。

师：你为什么选乙？

生：因为我觉得乙比较平稳。

师：你为什么选甲？

生：因为甲有进十个球的最高纪录。

师：你为什么选丙？

生：因为甲很不稳定，丙在慢慢地往上升。

仍以吴老师《复式折现统计图》（选谁来踢点球？）一课为例，这个分析解决问题环节，在教师引导下，学生利用数据绘制出折线统计图后，观察折线走势，从而进行思考、判断并选择，有学生选择有最高值的甲，有学生选择表现稳定的乙，有学生选择逐步上升的丙，各执其理，体现了学生的思维差异性。这种分析数据的方法让学生充分理解数据的价值，真正培养了学生数学学科的核心素养，充分体现了教与学的实效性，突出了自主课堂的"实"字，即科学求真，笃实力行，落实学生学科核心素养的培养。

此外，在实现自主课堂"实"的过程中，还需要关注以下几个方面：

第一，了解学情，创造性地使用教材。从学情和教材的关系而言，尤其是现在义务教育的统编教材，是适合我国义务教育阶段所有区域的学生的，属于托底性教材，这并不是要求所有地区的老师按照教材开展教学活动，而要根据实际的学情创造性地使用教材，让学生在课堂上有更多的收获。

第二，学生的获得与自得。学生的收获，是指学生获得更多的学科知识，以及从所学知识中获得的感悟，然后能在不同的场景中灵活应用，这就是要关注学生的获得与自得，知识的活用是自主课堂的一个目标，有了知识的活用能力，才会有之后的创新能力。

第三，结构化信息和非结构化信息的处理能力。在课堂中，为了便于教师讲授和学生理解，探讨的问题以及提供的信息和数据基本上都是结构化的，然而学生离开课堂，在实际生活中遇到的问题却不像书本上和课堂上那样有明显的规律，呈现显著的结构化，而属于原生态的不规则、不规律的问题，我们称之为非结构化问题或信息。我们要从这些非结构化问题中发现、找出真正的问题所在并加以解决，提高学生处理实际问题的能力。

第四，关注知识的独立性和融合性，开展学科综合实践活动。在认知自我、社会和自然的过程中，任何知识都不是孤立存在的，而是相互关联的。通常，课堂讲授模式是按学科知识分类的，因而产生知识割裂，进而导致教育割裂。因此，自主课堂中，需要关注知识的独立性和融合性，知识的融合与关联是自主课堂追求实效的目标之一。学科综合实践活动的开展是自主课堂的要求。

◎**活：开放容纳，积极主动**

自主课堂的核心是活。活是新旧知识共融，已知与未知共存，理性与情感共生。目标是通过多样化、个性化的师生和生生互动，提高课堂活力和效率。活而有深度，活而有效，活而有活力。

1. 主体活。教师是主体，学生是主体，师生互动，生生互动。
2. 资源活。活用错误，活用问题，活用生成，活用教材，活用生活等。

3.方式活。教学方式和学习方式活,既自主又合作,既探究又体验。

"活"在自主课堂中表现为形式多样、关注差异性、开放包容、积极合作,主动探索,师生互动,生生互动,关注每个学生,尊重每个学生的想法并加以引导,关注师生与生生互动创生,帮助每个学生在课堂中自主成长。

丰富多彩的课堂活动使每个学生参与课堂学习成为可能,学生参与到不同的活动中,获得来自老师、同学的反馈。因此,学生接收到的反馈也是多方面的、立体的,这有助于提升学生自我认知、自我规划和自律水平,学生能从不同的活动反馈中发现自己的优势和不足,因而可以在今后的活动中有意识地发挥长处,弥补不足,久而久之,整个课堂就会蜕变成开放容纳、积极主动的活力课堂。

案例四:《百家姓氏》二年级下册教学片段实录

续编姓氏儿歌,初识百家姓氏

生:你姓什么?

师:我姓刘。

生:什么刘?

师:文刀刘。

师:能像这样介绍你们的姓吗?别着急,请先用彩笔把你们的姓写在田格纸上,再来介绍。

(生写自己的姓)

师:写完可以先和旁边的同学互相介绍一下。

师:谁愿意来介绍?

(有学生举手)

师:我们一起来问问他们好吗?

生:你姓什么?

生1:我姓郑。

生:什么郑?

生1:关耳郑。

生:你姓什么?

生2:我姓贺。

生:什么贺?

生2:加贝贺。

读准经典原文,了解姓氏变音

师:和华一样,很多字在作姓的时候,读音都有变化。快来看看这个字。(出示:单)我们学过,念什么呀?

生:dān。

师:老师告诉你们,它作姓读音就变啦!快看这个人(出图、句),他可是我国著名的评书大师,他就姓这个姓,快拼拼他叫什么。

生:单(shàn)田芳。

师:像这样的姓氏,其实字典的注释中都会标注,我们看单有一个注释就是"姓",所以只要动手查查字典,就能读准字音。

师:孩子们,你们看,姓氏里面的学问可真大!百家姓里的每一个姓都有很大的学问,让我们把百家姓再来读一读。

生:赵钱孙李,周吴郑王……

了解姓氏历史,探索姓氏根源

师:下面请你们以小组为单位,先来读读这些姓氏,然后试着给这些姓氏分分类,并说说分类的理由。

(生进行分类)

师:(手机拍照)这是哪个组分的?来说说你们是怎么分的。

生:熊、虎是一类,他们都是动物。

师:没错,为什么选这样的动物作姓氏啊?

生:它们很凶猛。

师:古时候,人们就相信这样威猛的动物能保护自己的部落,因此就把它们画下来,挂起来,供奉着,这就叫图腾,这是熊图腾,这是虎图腾,所以熊和虎这两个姓氏来源于——

生:图腾。

推荐探索途径,开启探索之路

师:孩子们,这些姓氏的来源,许多你们都没想到吧!有意思吗?老师是真想给你们多讲一些,可是这节课时间实在有限,老师不能把你们每一个人的姓氏都讲给大家,但是可以给你们推荐个地方,在河南黄帝故里景区的中华姓氏广场中央有一棵姓氏树,在这棵树上就有我们每个人的姓氏根源。你们的姓氏图腾埋藏着什么秘密?如果感兴趣,你们可以在课下继续探寻中国的姓氏文化,有机会大家一起交流交流。

这是北京市石景山区爱乐小学刘宇老师的公开课摘录,这节课充分体现了刘老师灵活的教学风格。课堂上,刘老师尝试开展各种形式的学习活动,包括续编姓氏儿歌、查字典辨析姓氏读音、小组合作、看图、猜想、借助资料等,形成以学生为中心的生动活泼的学习氛围,培养学生自主学习能力,提高学生的语文学科素养,体现出自主课堂"开放容纳,积极主动"的原则。

◎创:创新求变,创造生成

自主课堂的源泉是创,指的是创新求变,创造生成。教师走出教学思维的"舒适区",引领学生打破原有的思维模式,激发学生走出学习的"舒适区",培养学生成长型思维。创新可以从以下几个方面入手:

1. 方法创新。独辟蹊径,创新方法,尝试多种角度思考问题,尝试多种方法解决问题。

　　2. 活动创新。多样活动，辅助课堂，激发学习动力，提升实践效果。

　　3. 引导方式创新。多元关注，变性助学。关注学情差异、思维差异、兴趣差异。

　　任何创新均基于变而产生，一成不变将永无发展。在技术发展日新月异的今天，社会需求在变，学生也在变，教师的课堂教学也必须随之改变。这就要求教师不断学习，丰富自己原有的教育理念，完善原有的课堂教学模式。在自主课堂中，这就是"创"，就是要在现有课堂状态下或某种特定情况下，改善原有的教学方式和方法，以学生为中心，关注学生的好奇心和兴趣点，激发学生学习兴趣，调动学生学习积极性，采取明确、多样的评价方式，提高课堂教学效率。另外，还要关注学生在师生和生生互动过程中的课堂创生资源，并利用课堂创生资源进一步激发学生的学习热情，提高学生的思维水平。

案例五：《示儿》和《题临安邸》教学实录节选

　　师：《示儿》和《题临安邸》这两首诗的作者处在同一历史背景下，所以我给他们做了一个假设，有朝一日他们会不会相见，他们的相见会不会有一番对话呢？请看PPT。

陆游说：_____；
林升说：_____；
陆游又说：_____；
林升又说：_____；

他们到底说什么呢？谁也没写过。但咱们在学古诗时，可以利用一种思维，让他们对话。这种思维不知道大家知不知道，其实咱们常用。这种思维可以让一首诗变成一幅画，让一首诗变成一段故事，可以让诗里面没有的语言都出现。

　　生：想象。

　　师：没错，这就是想象的力量。看一下诗句，想象一下他们的对话，再看一下诗句，再想象他们的对话，这个过程，心要动。有人说，心不是一直在动吗？谁懂我这里说的心动指的是什么了吗？

　　生：心里要想到诗。

　　师：这就是说学习中心要动。好，不要浪费时间，现在开始吧。

　　师：国家的命运牵动着陆游和林升的心，他们本来坐在屋里，把所有的话都闷在心里。但是终于憋不住了，两个人推门而出，开始聊了起来。

　　（生想象，并小声交流。）

　　师：就到这里，因为我发现陆游和林升聊得格外开心，不知道他们遇到什么喜事。聊着国家的命运，他们的内心却心花怒放，显然这样不太合适，所以下面调整心态，我将要请上一位"陆游"。好的，大家看他像不像陆游？你认为谁能跟你搭配做林升？好，就这位同学了。

　　生（陆游）：你看这南宋的江山，不能让这万里江山付之一炬，肯定还有挽救的余地。

生（林升）：但是，你看看那些南宋官员，整天饮酒取乐，一点儿都不关心国家大事。

师：这两人都太有文化了！

生（陆游）：达官显贵固然是多，但是关心国家命运的人显然也不少。把他们召集起来，肯定能收复失地。

师：这恰恰是陆游一生的写照，因为陆游一生不是无奈，也不是遗憾，更多的是坚守自己的信念。说得太好了。

生（林升）：我也是这么想的。可是，咱们手中没有兵权，兵权都掌握在昏庸无能的人手上，咱们又不能弹劾，每次都会被反驳回来，我们又能有什么办法呢？

师：没想到林升居然有这样一个思考过程。我们在呐喊，但我们只是社会当中的小众，微乎其微的一个群体。那些大众，更多人，却没有去思考国家的命运。

生（陆游）：就算是这样，就我一个人也要跟他们决一死战。

师：别着急，陆游有些冲动。别着急，调整一下心态。

生（陆游）：就算是这样，也不能放弃，就算凭一己之力，也要尽努力收复失地。

在张立军老师课堂的这个环节中，为了激发学生的思维发展，创设了一个让陆游和林升两位诗人跨时空跨地域偶遇对话的情境，构建了一个思维支架，让同学们在理解这两首诗的基础上，以对话的形式进行表演，真正让学生思行结合，深切体味诗人的爱国情怀。这种以自主课堂实践活动为载体的形式，充分体现了创新型思维课堂的魅力，将诗词内涵、历史文化、爱国情怀和语言表达有机结合起来，在课堂实践中拓展言语空间、认知空间和思维表达空间，提高了学生的思辨能力，让学生在创设的情境中体验、升华思想。

◎和：和谐共生，教学相长

自主课堂的目标，教学相长，和谐共生，包括师生和谐共生，生生共生共长，师生与课堂资源的共融共存，目标是在和谐、有序、安全的环境下自主学习、相互启发、促进师生共同发展。正如《礼记·学记》所说，"道而弗牵则和，强而弗抑则易，开而弗达则思，和易以思，可谓善喻矣"。"和"有三性：和谐性、动态性和开放性。

1. 课堂实施方式开放，包括思维开放，资源开放，营造安全和谐的课堂氛围。
2. 师生、生生和谐共融，平等相处，共同发展。
3. 师生与课堂资源的动态共融共存。

"和"在自主课堂中体现为师生与生生之间的和谐发展，共生共长，教学相长的教学状态。学生在学习过程中不断成长，教师，特别是青年教师，也必须在面对不同的学生开展不同的教学过程中积累教学经验，开展教育研究，为自己的专业和职业发展奠定基础。自主课堂就是要打造成由师生组成的学习共同体，以完成共同的学习任务为载体，以促进师生相互成长为目的，强调在教与学的过程中以相互作用式的学习观作指导，通过自主思考、合作探究、交流和分享各种学习资源而相互影响、相互促进的课堂。它与传统教学方式的主要区别在于强调自主思考，合作探究、交流和分享，以提高师生思维能力为目标，在学习中发挥合作动力作用，逐步提高教学效率。

案例六：《送别诗》教学实录节选

师：这就是由衷的欣赏。古时候，俞伯牙和钟子期，一个善弹琴，一个善听音，这就叫作"知音"。不单是善弹琴者是有学问的人，善听者也是有思想的人。你们发现了没有，古往今来，男人们送别有什么特点？

生：喝酒。

师：果然是男人的特点。喝酒确实是古人之间送别的一种方式，这叫"酒别"，但古代人送别不只有"酒别"，还有其他，比如"话别"在古代诗歌当中非常常见，比如——

生：劝君更尽一杯酒，西出阳关无故人。

师：不仅仅有话别，还有"折柳"，古人为什么强调折柳送别啊？

生："留""柳"谐音。

师：很好，我就喜欢和有底蕴的人交朋友。咱们在课堂上说出来的话要声声入耳，字字有内容。折柳送别有挽留之意。所以，古代送别有三种方式："话别""酒别""柳别"。话还是要说，但话不都是废话，比方说：今天咱们在劝人的时候，废话太多，如"老李啊，你把这酒干了，我也把这酒干了"，这话有什么用？看王维送元二，人家怎么劝的？

生：劝君更尽一杯酒，西出阳关无故人。

师：有多少人认为王维送元二这段话不是废话？

（生举手）

师：你说说看为什么王维说的话是有价值的？怎么就不是废话？

生：他希望元二喝了这杯酒，因为明天就不会有故人了，他希望元二珍惜。

师：对，所以说这不是废话，里面包含着情感，真挚的情感。还有一些废话，比如说"出国不要发愁啊，发愁对身体不好啊"，来看看高适劝董大，是怎么劝的？

生：莫愁前路无知己，天下谁人不识君。

师：有多少人认为这不是废话？（指一生）你说说看。

生1：这句话表达了情感，感觉更深了一层。

生2：因为我感觉高适不仅是一位诗人，更是一位心理学家，把朋友的担心写在了诗中，朋友会感觉很温馨。

在以上张立军老师的课例片段中，我们可以感受到，教育工作是师生心灵接触和情感交流的微妙世界。张老师作为语文教学研究者，在课堂当中采用对话式、问答式、讲坛式等自主形式来体现自主课堂中教师的引导作用，不仅仅达到让学生们爱上诗歌、会用诗歌的目的，而且在课堂上于无声中对学生进行知识、思维、生命情感等教育，体现了自主课堂中"教学相长、和谐共生"的原则。

（二）自主课堂三三标准

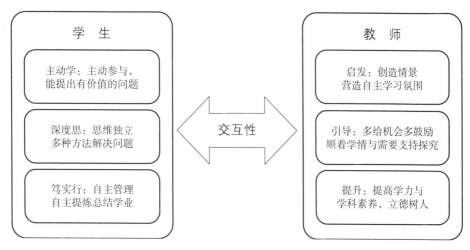

图5　自主课堂三三标准

◎**学生表现**

主动学：主动参与课堂，自己发现或提出有价值的问题。首先，我们要关注学生是否主动参与课堂。判断学生是否参与课堂，可以通过观察学生是否发现问题，对教师提出的问题是否有响应，对同学的回答是否有疑问，是否有质疑意识。自主课堂以问题为导向，真正深入的学习均是从学生发现问题开始的，问是学生思维活动的外显表征。传统课堂基本上是知识的讲授和搬运，学生记忆式和理解式学习，而在信息获取便捷的时代，这种方式已不能满足学生发展和社会发展的需求，教师应该尽可能创设引发学生产生质疑的情境，让学生在学习知识和方法的过程中发现矛盾与冲突，比如在学习三角形面积之后，给出一些不规则图形让学生思考，从而提出问题。

深度思：在提出问题之后，教师应该尽量鼓励学生尝试用已有的知识来解决问题，并组织同学进行讨论，尽可能采用多种方法来解决问题。在上面提到的不规则图形的面积问题中，学生可以通过拆分、合并、做辅助线等方法，把原来不规则的图形变成多个规则图形来计算，这不但能够拓展学生数学的几何思维，又能提高学生解决问题的能力。

笃实行：增强自主学习管理意识，对课堂中思考的问题和问题解决方法进行整理、总结，巩固所学的知识，对未知问题做进一步探索。教师也应该给予学生阐述问题解决过程的机会，找出解决问题的关键点，提升学生的思维水平。这种表达既是问题解决过程的自我总结和自我肯定，也是学生自主思维的呈现方式，可大大提升学生面对难题的信心。

◎**教师表现**

启发：情境创设，营造自主学习氛围。在自主课堂中，教师需要时刻记住，课堂是以学生为中心的，是以问题为导向的，因此，在创设学习情境时，需要考虑到所提出的问题和假设是否有选择性，展开讨论是否是开放的、多元的，学生有没有参与思考和活动，封闭的问题会让学生思维陷于停顿和僵化，无法让学生参与思考和活动的情境会让他们产生思维惰性。

引导：以学定教，鼓励包容，合作探究。在激发学生开动脑筋积极思考和参与活动后，鼓励学生阐述自己的想法，耐心倾听，包容错误，勇于让学生试错，师生互动，生生互动，让学生在不断试错中发现问题，错着错着就对了。

提升：提高学生深度学习能力，增强学生学科素养，立德树人。在学生解决问题、思考和活动中，教师的适时介入非常关键，教师需要掌握引发学生思考的技巧，要有矫正学生思路的方式和解决学生所提出问题的思路。另外，基础教育阶段是学生的三观（世界观、价值观、人生观）形成和发展阶段，教师的介入和点拨是促进学生全面发展的重要环节。

此外，自主课堂还需关注以下几点：

第一，从学生角度构建课堂，关注学生的好奇心，调动其学习积极性，尊重学生在课堂中的主体地位，正确把握课堂节奏，提高教学环节实施节奏的调控性。

第二，从学生的角度出发去设计教学环节。寻找知识的切入点，寻找学生喜爱的拓展材料，设计学生感兴趣的游戏活动。考虑学生的认知水平，深入浅出，让学生在轻松愉悦的氛围中学习，调动每一位学生学习的积极性。

第三，从教师角度构建课堂，调动学生在课堂的学习主动性和积极性，充分发挥教师的主导作用。让学生充分预习，增强学生主动学习的意愿，逐步培养他们的自主学习能力。让学生明确教学目标，使教学目标贯穿整个课堂，教学目标对学生的行为有着调节和指导功能。引导或让学生提出质疑，加强师生和生生互动。引导学生归纳出自己的学习方法，并根据自己归纳的方法进行学习，举一反三。让学生根据自己的知识水平和兴趣爱好，选择喜欢的那部分内容进行深度学习。让学生根据自己的实际情况，选择自己认为比较难或容易搞错的练习，有针对性地用心去练习。

自主课堂以"思"为中心，从教师、学生和家长三维立体构建，由课前、课中、课后三部分组成。

作为课堂的设计者，教师起着重要的引导作用，在自主课堂构建过程中，需要建立安全、平等、受尊重和关注的课堂环境，让学生可以轻松自由地学习；强化在设计教学环节中培养学生自主思维能力的意识，明确课堂教学目标，采取适合学生的教学方式和方法。教师在自主课堂中的目标就是尽可能关注每一个学生，采取不同的教学方法提高自己和学生的思维创新力，让学生有更多的思维空间，提高课堂效率。自主课堂形式可以是多样化的，比如活动式、对话式、问答式、访谈式、讲坛式等等。

对于学生，教师应设计教学环节，鼓励学生自讲、自组、共议、互评，提高学生自主学习能力、自我表达能力、组织能力和自主管理能力，增强学生的自信心，提高学生自我认知水平和自律度，以在学习过程中养成自求自得的学习习惯。通过小老师制、小考官、小主持人等方式提高学生课堂活动的参与度和体验感。

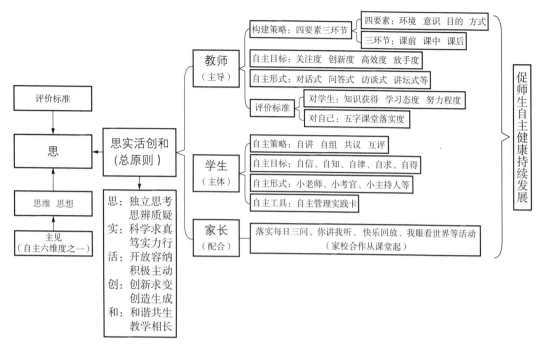

图 6 自主课堂构建图

家庭是教育不可或缺的重要组成部分，是孩子赖以成长的重要环境，家庭学习环境的营造对孩子今后的成长、性格养成和习惯养成至关重要。家长虽然不能直接参与学生的学校课堂活动，但在课前和课后，家长的介入影响巨大。

中芬小学教育对比

中国小学生普遍存在学业负担重、评价方式单一的现象，升学压力导致学生基本上将所有可支配的时间都投入到学习中，没有自由时间。中低年龄段学生爱玩的天性被压制，家长教育功利主义突出，过多干预学生的学习生活，导致学生学习效率低下，身心疲惫，时时刻刻处于被支配状态，缺乏自主思维空间，思考能力和创新能力低下，对学生的身心健康产生巨大影响。

芬兰基础教育让孩子拥有大量的自由时间，学校学习时间比较短，教师很少布置过多的家庭作业，尊重孩子的生命成长规律，让孩子有足够的时间去接触周边的事物、社会环境和自然环境，自主体验不同活动，发现遇到的问题、分析问题，解决问题；让孩子尽可能结交伙伴和朋友，提高孩子交流和协作能力，培养孩子的团队合作精神，提高孩子的创新能力。

家长尽可能少地介入孩子的学习过程，不会给孩子安排额外的课程，按学校和孩子自己制订的学习计划进行学习，家长仅提供必要的引导和支持，充分体现孩子学习的自主性。

（三）自主课堂学习责任制

在自主课堂中，学生是学习的主人，如何实现自主课堂的生动、高效，取决于教师的引导和学生的自主性。

教师作为自主课堂的引导者和参与者，首先需要对所教学科的知识体系结构进行整体把握，做好阶段（单元）性教学规划，根据学情灵活、合理地重组知识结构，化整为零，再化零为整。以这种思想，结合学生的知识认知情况和课前预习情况，通过学生"认领"和教师分配的方式，将各个知识点分发给各个学习小组或个人，让学生自主学习、合作探究，提出问题，分析问题，解决问题。学生以小老师制的方式或讲坛交流合作学习方式，在课堂中讲解，同学之间相互质疑，交流协作，教师引导、概括和总结提炼工作，并开拓思路，提出拓展性、关联性问题，让学生课后进行延展性学习和思考。

自主课堂学习责任制可在以下六个方面提高学生的学习效率，进而提高课堂的灵活性和实效性。

（1）提高学生的自我学习认知力：通过教师列出的知识点，以及自己预习过程中的了解，"认领"或主动接受自己认为能够理解的知识点，内化分解，再经过语言逻辑整理，向同学讲解，面对同学提出的问题，做出详细解释。这样可在提高学生认知力的基础上，提高学生应对问题的能力和表达能力，加强对学生思维水平的培养。

（2）提高学生的学习驱动力：责任感是衡量一个人精神素质的重要指标，也是完成任务的重要驱动力。学生自己认领任务或教师根据学情分配给学生任务，就是基于学生兴趣、能力等因素，学生自愿选择或主动接受了一项任务，学生自然会有完成任务、解决问题的责任，以这种责任感激发学生研究、探讨、解决问题的动力，提高学生学习的专注力。

（3）提高学生的行动力：行动力是指愿意不断学习、思考，养成习惯和动机，进而获得导致成功结果的行为能力。行动力强的人，行为的主动性高，具备一定的探索精神，倾向于在不断尝试、"做"的过程中学习和提升；对工作的未知因素没有畏难情绪，不怕困难和挫折，相信自己。自主课堂中，学生在教师引导下，需要通过各种行为努力，对问题进行探索和研究，主动接受未知问题的挑战，不断尝试通过思维指导行动，用行动改变结果。

自主课堂中，行动力的提升表现为完成任务的主动性，采取行动的积极性和高效性以及面对问题勇于迎接挑战的自信。

（4）提高学生的智力水平："智，不在于知人而在于自知"，自主课堂的基础是学生的自我认知，教师作为课堂的引导者，需要了解学情，需要让学生了解自己的认知水平，通过责任型任务驱动方式，激发学生的学习驱动力，增强学生面对问题勇于迎接挑战的自信，提高学生学习行为的积极性，培养学生的成长型思维，打破学生依赖教师讲授、缩手缩脚、思想和行为被动的固定型思维模式，提高学生的智力水平。

（5）提高学生的元认知水平：美国儿童心理学家弗拉威尔在1976年出版的《认知发展》中指出，元认知就是对认知的认知，是关于自主认知过程的知识和调节自主认知过程的能力，是对自主思维和学习活动的认识与控制。元认知知识就是有关认知的知识，主要包括三方面的内容：有关个人作为学习者的知识、有关任务的知识、有关学习策略及其使用方面的知识。

自主课堂中，学生根据学情（兴趣、爱好、认知水平），通过认领学习任务或接受和完成学习任务，对任务进行深度学习、探讨，并通过同学质疑、探讨、交流，形成对任务中知识的反思、内化、表达，从而加强对知识的深层理解。

（6）提高学生的学习资源利用力：学习过程是通过阅读、听讲、思考、研究、实践等途径获得知识或技能的过程。自主学习的过程就是在学习过程中充分发挥学生的自主性的过程，这个过程中需要充分体现学生自主利用学习工具、查找资源、寻求指导、帮助和协作的能力，总之，就是充分利用一切可用资源提升自我学习能力，促进自主发展。

（四）讲者变听者，听者变讲者

自主课堂与传统的课堂相比，在技术操作上需要实现两个转变，即讲者变听者（教师），听者变讲者（学生）。在一些自主教育实验校中，小老师制和自主讲坛的开设，极大提高了学生自主学习的积极性。

传统课堂中，以教师为中心，教师代替了学生的主体地位，课堂以教师讲、学生听、练习为主。

自主课堂强调自主思维的培养，注重自主能力，关注学生自主成长，强调学生在学习过程中的主体地位，注重个体的个性发展，重点培养学生获得知识、运用知识的能力，使学生的能力得到发展。自主课堂学生学习责任制，尽可能让学生成为课堂的讲者，而教师作为课堂引导者，增强学生的课堂真实参与感，提高其学习兴趣，让学生自信地成长。

（五）自主课堂评价

表1 自主课堂评价标准

标准	内容
标准一	关注学生：是否关注到每个学生，关注到学习有困难的学生并给予有效引导。
标准二	师生、生生互动，对话式、互动式、参与式教学：教师是否适当退出，不做二传手，促进生生互动，实现同伴间的相互学习与帮助。
标准三	生成资源：是否促进课堂资源的生成，并利用生成资源激发学生进一步的课外自主学习。
标准四	思维锻炼：是否激发学生独立思考能力的养成，以此促进学生思维锻炼。
标准五	自主课堂五字原则的应用与创新—— 思：独立思考，思辨质疑；实：科学求真，笃实力行； 活：开放容纳，积极主动；创：创新求变，创造生成； 和：和谐共生，教学相长。
标准六	自主课堂构建策略的应用与创新。

自主课堂注重这三个方面：情感积极、思维独立、行动笃实。

自主课堂中，教师要给予学生启发，调动学生情感，激发学生自己去探索、体验、笃实行动。要关注每个学生的参与，不让任何一个学生被漠视，尤其是学习困难的学生，让每个主体能够主动思考，独立判断。自主课堂中的教师应适时退下，引导学生自己思考，引导学生同伴间相互帮助学习。

（六）斯滕伯格三元智力理论在课堂构建中的应用

斯滕伯格三元智力理论认为智力是分析的、创造的和实用的，三者在信息加工过程中相互平衡协调，即批判——分析性思维，创造——综合性思维，实用——情境性思维。

分析性思维：分析、比较、对比、评价、判断、解释。

创造性思维：创造、发明、想象、设想。

实用性思维：使用、利用、应用、运用。

自主教育以人为本，首先体现在对人思维力差异性的尊重上。在课堂构建中要应用斯滕伯格三元智力理论，尊重学生思维力的差异，因材施教，促进不同思维的锻炼与发展。教师作为引导者，要充分考虑到学习主体思维的差异性，思考更好的方式以促进不同主体对知识的掌握及思维的锻炼。

表2　斯滕伯格三元智力理论

分析能力高的学生	创造性能力高的学生	实用性能力高的学生
成绩好	成绩中等或偏差	成绩中等或差
喜爱学校	在学校感到受限制	对学校感到厌倦
被老师喜欢	经常是老师眼里的大麻烦	教师眼中的思维混乱的学生
适应学校	对学校适应不良	对学校适应不良
听从指示	不喜欢遵守指令和规则	想知道任务和指导的用处
能看出观念的错误	喜欢想出自己的观点	喜欢将理论在现实中加以应用
天生的批判者，偏爱接受指令	天生的好点子者，喜欢我行我素	天生有常识的人，喜欢在实际工作中寻找自我

（七）自主课堂五字原则评课表

自主课堂五字原则为：思、实、活、创、和。其评课标准见表3、表4：

表3　自主课堂评课表

原则	教师行为分析	非常符合 3分	比较符合 2分	符合 1分	不符合 0分
思	创设能引发学生深入思考的问题和问题串				
	让学生充分思考，引导学生提出新问题				
	鼓励学生互动思辨				

续 表

原则	教师行为分析	非常符合 3分	比较符合 2分	符合 1分	不符合 0分
实	忠于教材,问题与学生生活相结合				
	尊重学生的认知及思维发展差异				
	知识点融合,落实学科核心素养和关键能力培养				
活	课堂活动形式灵活多样				
	活化教材,引导学生主动参与课堂活动				
	激发并灵活处理课堂生成				
创	评价方式多元化,评价主体多元化				
	创造性地利用教材和教学资源				
	鼓励学生开展创造性的思维活动				
和	师生积极互动,生生互动				
	及时有效反馈学生提问和回答,引导提升				
	关注每个学生(尤其学困生)的学习行为				

原则	学生行为分析	非常符合 3分	比较符合 2分	符合 1分	不符合 0分
思	独立思考,提出问题,分析并解决问题				
	表达自己的思考和观点,积极探究				
	勇于质疑、善于思辨,生成新问题或问题串				
实	有效倾听,与师生深入探讨				
	学有所得,逻辑严谨,表达清晰有条理				
	知识拓展,解决实际问题				
活	将课堂所学知识与生活实际体验相联系				
	积极开展各种课堂活动,交流合作				
	活用所学知识,用不同方法解决问题				
创	创设课堂活动,创生新问题,拓展新知识				
	总结和改进自己的学习方式和方法				
	尝试提出新的理解和设想,想象力丰富				

续 表

原则	学生行为分析	非常符合 3分	比较符合 2分	符合 1分	不符合 0分
和	师生协作，生生合作，分工协作				
	相互促进，协调发展，相互支持，共同探索				
	乐于分享学习所得，师生共成长				
教学设计	是否符合自主课堂构建原则（5分）				
课前培训	是否参加自主课堂构建培训（5分）				
做课教师		单位		总科	
评课教师		单位		总分	

表4　多维度构建自主课堂

维度	策略内容
课堂设计	1. 教师理念落地，学会放手，让每个学生动起来，学生成为课堂主体。 2. 留给孩子足够的时间、空间，引导他们主动探索。 3. 教师发生角色转变，由知识的搬运工，变为传播知识、培养能力的组织者、指导者、引领者。 4. 教师提供足够的信息让学生参与教学目标的设计。 5. 发挥优秀学生的领导示范作用。 6. 让孩子在你来我往的合作讨论学习中，进行观点交锋。
师生关系	1. 建立良好的师生关系，老师与学生应该成为朋友，在平等的关系上进行对话。 2. 老师鼓励学生大胆进行猜想质疑，学生在课堂上可以自由讨论。 3. 树立正确的学生观，老师要学会放手，充分尊重和相信学生，学会倾听与沟通。 4. 老师与学生是合作的关系，教学相长。
讲课方式	1. 给孩子提供足够的自主学习时间、空间，引导孩子自主学习，让学生自己发现问题，解决问题。 2. 创设课堂情境，让学生在具体的情境中接受知识。 3. 开放交流方式，合作教学。让学生有互动，老师与学生合作，学生与学生合作。 4. 用问题串联课堂，激发孩子思考。 5. 因材施教，根据学生学习能力分层而选用不同的教学方式。 6. 允许学生犯错并且发表不同的看法，多鼓励学生，让学生获得成就感。 7. 时刻利用有效教学情境激发孩子的求知欲。 8. 学会鼓励学生，增加学生学习的自信力。
教学内容	1. 打破课堂界限，拓展课堂内容。例如英语课堂中加入文化的内容，增加英语课的内涵。 2. 教师适时调整学生个体目标，时刻保持学生自主学习的积极性。 3. 了解学情，在学生已有的经验和知识的基础上进行讲授。

续 表

维度	策略内容
课堂氛围	1. 课堂要动起来，老师鼓励学生敢说敢问。 2. 合作学习，讨论学习，学习方式的多样化让课堂气氛活跃，学生更愿意参与到学习中去。 3. 建立和谐平等的师生、生生关系，营造良好的学习氛围。
教材应用	1. 教材素材选择要有时代感。 2. 教材素材选择要有生活感。 3. 教材应用要有创新性和针对性。 4. 选择的教材要对学生有吸引力。
教学目标	1. 教学目标明确，并发挥自己的能动性，利用有效的学法指导学习。 2. 授人以鱼不如授人以渔，重点培养孩子自主学习能力。 3. 达到素质教育的目的。 4. 数学课堂，除了教给学生知识，还要注重在学习中培养情感因素。 5. 培养孩子学习的自信心。 6. 让孩子明了知识的乐趣，快乐学习。 7. 释放孩子的潜能。相信学生，尊重学生，激发学生的学习潜能。不放弃每一位学生。

参考文献

1. 刘桂旺，邱坤彬，刘晓群．自主教育理论与实践［M］．北京：首都师范大学出版社，2018．

2. 苏霍姆林斯基．把整个心灵献给孩子［M］．天津：天津人民出版社，1981．

3. 黄楠森，夏甄陶，陈志尚．人学词典［M］．北京：中国国际广播出版社，1990．

4. 李耳．道德经［M］．北京：中国华侨出版社，2013．

5. 孟轲．孟子［M］．邵士梅，注译．西安：三秦出版社，2012．

6. 张天宝．主体性教育［M］．北京：教育科学出版社，2001．

7. 卡罗尔·德韦克．终身成长：重新定义成功的思维模式［M］．南昌：江西人民出版社，2017．

8. 帕克·帕尔默．教学勇气：漫步教师心灵［M］．吴国珍，译．上海：华东师范大学出版社，2014．

9. 赫胥黎．赫胥黎自由教育论［M］．潘光旦，译述．北京：商务印书馆，2014．

10. 斯腾伯格．超越IQ：人类智力的三元理论［M］．俞晓琳，吴国宏，译．上海：华东师范大学出版社，2004．

11. 杨伯峻．论语译注［M］．北京：中华书局，2016．

第二部分

实践篇

数学篇

在自主课堂中激活学生的思维

【课堂案例】

一、案例描述

这是一节解决含有多余信息问题的课例。多余信息是数学信息,却不能用。因此,对学生来说,加大了正确解题的难度。有些学生不能判断哪个是多余信息,不知从哪儿入手,从哪儿去想,连蒙带猜,凭直觉解题。要想迈过这道坎,要鼓励学生在审题过程中,主动思考,"寻找与问题相关的数学信息",从而排除多余信息的干扰,正确解题。

二、课堂活动

（一）复习旧知，回顾经验

师：前几天,我看到咱班同学在操场上做"老鹰捉小鸡"的游戏,你们都喜欢玩吗?这里面还藏着数学知识呢,咱们一起来看看。

师：从图中你看到了什么数学信息?问题是什么?

学生活动：在学习单上完成需解决的问题。

小结：刚刚同学们认真读取信息，准确勾画出关键信息和问题，掌握了解决问题的基本思路和方法。

【设计意图】以一个学生感兴趣且与实际生活相联系的问题为例，鼓励学生运用已有的知识解决问题，激活学生对解决问题的思考，为本节课解决有多余条件的问题做好铺垫。

（二）创设情境，引导探究

教师用课件出示情境图。

主问题：图中的小朋友在干什么？从她们的对话中，你发现了什么数学信息？问题是什么呢？（教师根据学生完整的回答，贴出各个信息和问题。）

学生活动：同桌之间说一说数学信息有哪些？问题是什么？

【设计意图】让学生仔细观察图片，从图片中提取出数学信息和问题，培养学生认真审题、发现问题的习惯。

师：现在，同学们可以选择用摆一摆、画图或列式等方式解决这道题。

学生活动：在学习单上解决问题。

◎ **画图解答**

师：同学们能看懂这幅图是什么意思吗？现在请画图的同学来给大家说一说这幅图的意思。（随着学生说图意，板书各部分含义。）

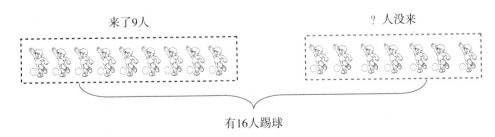

师：现在你能对照这幅图再说说是什么意思吗？同桌互相说一说。

【设计意图】让学生用自己喜欢的方式进行画图，通过图帮助理解问题中的数量关系，体会用减法解决这道问题的道理。

◎列式解答

预设：列式 16-9=7（人）。

提问：能说说这个算式表示什么意思吗？

预设：有 16-9+4=11（人）或者 16-4=12（人）。

提问：他是这样写的算式，能说一说是什么意思吗？你们有不同的意见吗？

【设计意图】引导学生发现：要求"还有几人没来"，与参加踢球人数有关，与进球个数没有关系。

追问：题目中给了"我们队踢进了4个"这个信息，这个信息有什么用呢？在解决问题中我们为什么不用这个信息呢？

师生小结："我们队踢进了4个"这个信息在解决还有多少人没来这个问题时没有用，它是一条多余的数学信息，所以做题时我们不用它。

探究：那我们现在再来看看这幅图，看，又给了你一条新的信息，你能提出新的问题吗？

预设：一共踢进了几个球？

追问：那怎么解决这个问题呢？

预设：3+4=7（个）。

追问：现在怎么又用了"我们队踢进了4个"这个信息呢？

师生小结：解决不同的问题需要运用不同的信息。如何判断一个数学信息是有用还是多余的呢？关键还要看问题是什么，根据问题选取与问题相关的数学信息。

【设计意图】引导学生用多种方法解决问题，积累解决问题的策略。通过改变情境图中的数学信息和问题，引导学生发现不同。要解决这种有多余条件的问题时，一定要关注问题是什么。根据问题找出相关的数学信息、排除无关信息，做出正确的解答。

（三）回顾整理，明晰步骤

提问：我们一起来回顾一下刚刚在解决这个问题时，我们经历了哪些步骤？

1. 找数学信息，找问题（知道了什么）。

2. 解答问题（怎样解答）。

3. 检查结果是否正确（解答正确吗？）。

师：今天我们学习的解决问题和之前学过的解决问题有什么不同吗？

预设：有一个数学信息没有用到（有误导我们答题的信息）。

追问：那遇到这样误导我们的信息，我们应该怎么办？

【设计意图】通过回顾刚才解决问题的过程，有意识地培养学生如何更准确地解决问题，不断积累解题经验，特别是列式解答之后要回顾解题的过程是否正确，并且检查结果是否准确。

（四）实践运用，巩固新知

师：刚刚我们一起学习了有多余条件的问题解决，课堂上大家都认真听讲、积极思考，课后奖励大家做一个小游戏。在做游戏之前，我们先做一个小练习，打开数学书20页的做一做。

（学生答题，教师巡视批阅。给对的同学发游戏券，适时找同学说一说自己的审题过程和解答。）

师：刚刚大多数同学都获得了游戏券，现在请你看看游戏券的背面，出示下图：

提问：今天要奖励大家玩的就是捉迷藏的游戏，做游戏也是需要我们认真思考的。你在这幅图中找到了哪些数学信息？问题是什么？

学生活动：同桌之间说一说信息和问题，然后解答。

追问：这道题的信息和刚刚我们做的那道有什么不同吗？

【设计意图】引导学生发现本题的数学信息，要解决外面藏几人，就要先认真思考，探究出"问题和玩捉迷藏游戏的人有关"，和全班有20人没关系。然后再进行解答。

（五）课堂小结

提问：大家想一想，这节课我们学习了什么新知识？与之前有什么不同？

总结：其实我们在实际生活中会遇到各种各样的问题，每一个问题中都充满着各类不同的信息，这种情况下，我们就需要认真分析、观察。只有正确地判断哪些信息是有用的，哪些信息是多余的，才能更快更准确地回答问题。

【课堂观察】

一、学生的学习行为

（一）有效学习行为

学生在看到踢足球的情境图之后，能够认真观察，找出图中给的数学信息和问题，说一说数学信息和问题，把解题需要的数学信息和相关问题进行联系。然后独立思考，解答问题。

（二）无效学习行为

学生解答这道题时，已经明白了图意，可以直接通过画图或者列算式的方式来解答。准备的小棒主要是帮助孩子直观理解计算过程，"用小棒摆一摆"环节浪费了时间，学具在后续学习时分散了孩子的注意力。

（三）学习困惑

之前学习的解决问题，孩子知道根据已知的数学信息和问题判断求整体（用加法）还是求部分（用减法）来解答；现在解决有多余条件的问题是在解决问题的基础上增加了筛选出多余条件的环节，对孩子来说增大了难度，刚接触这样的解决问题，一些孩子很难理解根据问题先选出有用的信息，去掉多余的信息，尤其是受识字量的影响。

二、教师的教学行为

（一）有效教学行为

1. 创设学生喜欢的游戏情境，调动学生的学习积极性，回忆解决问题的基本步骤和方法，为后面学习新知识做好铺垫。

2. 在学习新知识部分，充分利用情境图中给的信息，通过改变问题，引导学生发现解决这种有多余条件的问题时，一定要关注问题是什么，根据问题找出相关的数学信息进行解答。

（二）教学困惑

含有多余条件的解决问题有两类：第一类是数学信息中给的多余条件与问题没有联系（不存在数量关系），例如：李奶奶家有14只鸡和5只鸭，公鸡有6只，母鸡有多少只？这种可以根据问题直接判断出多余的信息，学生解答起来容易些。另一类是给的数学信息与问题可能存在数量关系，例如：我们班一共有20名学生，有15人在玩捉迷藏。外面有6人，藏起来的有几人？这一类含有多余条件的解决问题，孩子在解答时就不容易判断，如何突破根据情境和问题选择相关的数学信息解决问题这一难点？

（三）解决问题的办法及建议

1. 在解决有多余条件的问题时，要认真落实审题画批：先圈画出数学信息和问题，然后根据问题去判断解题需要的数学信息，去掉多余条件，再进行解答。这一习惯的培养，需要持之以恒。

2. 要抓住解决问题的本质，求整体用加法，求部分用减法。

【自主反思】

一、自主课堂

自主课堂是顺应时代发展趋势而产生的一种课堂教学模式。构建自主课堂，应当是为学生赋权增能。学生是课堂的主人，学习的主体，把课堂还给学生，把学习的主动权交给学生，把思维空间留给学生，把自学方法教给学生，让学生真正经历自主实践和自主创作的过程，在不断的"创作"之中，不断的自我塑造之中，能力得以增长，身心得到全面而自由的发展。

在自主课堂中，师生之间应民主、平等、积极合作。师生之间是一种"交互主体"的关系。教师是学生学习的组织者、引导者和合作者，而不是知识的化身与简单的传授者；同时，还应是学生学习生涯中起辅导、帮助、引导作用的人，而不是学生学习行为的支配者和控制者。

二、反思

自主课堂的目标之一是提高学生的自主学习能力，培养学生养成良好的自主学习习惯。在本节课的教学中，教师首先要注重培养学生的审题画批习惯，这一习惯的养成，可使学生受益终身。其次，培养学生勇敢表达的能力。对于课堂上学生的发现，要鼓励学生大胆说出来，同伴说，全班说，多种形式练习说。语言是思维的外化，学生在说的过程中不仅锻炼了思维能力，也锻炼了语言表达能力。最后，教师还可以组织学生运用所学知识进行自主出题，一方面加深学生对知识的理解，一方面培养学生对知识的应用意识，还可以检验学生对知识的掌握情况。学生在出题时会对所学内容进行深入的学习反思，这为学生向上发展与主动学习提供了机会。

本节课中，由于前面复习旧知识时过于细致，花费了大量时间，可以调整为学生直接提取信息和问题，同桌之间说一说，列式即可。另外，给学生准备的学具（小棒）用处并不大，还分散了学生的学习注意力，今后要根据课堂内容和各种学习活动认真思考学具的准备。这样就可以节约出时间，在巩固所学知识时，让学生以小组为单位出一道题，并且充分说一说，再进行解答。在这个过程中，学生的自主学习已发生。

（陈帆　北京市朝阳区花家地实验小学）

"真假"之争，促进学生思维发展
——《真分数与假分数》

【课堂案例】

一、案例描述

数学课程标准指出：有效的教学活动是学生学与教师教的统一，学生是学习的主体，教师是学习的组织者、引导者与合作者。数学教学活动，特别是课堂教学应激发学生兴趣，调动学生积极性，引发学生的数学思考，鼓励学生的创造性思维。《真分数与假分数》一课力求引领学生扩展对数的认识，在活动中提高学生的思维水平以及分析、解决问题的能力。

为了帮助学生建立真分数、假分数的概念，我充分利用直观材料来帮助学生理解概念的含义。教学时，通过对教材的解读，结合对图形的观察，让学生理解4/4所表示的阴影部分占据了整个圆，所以4/4等于1。5/4所表示的阴影部分占据了1个圆还多，所以大于1。同时，用数轴上的点进一步揭示真分数、假分数的大小。这些直观材料都具有数形结合的特点。用好这些材料有利于从多方面帮助学生建构概念的意义。

二、课堂活动

（一）创设情境，提出问题

1. 屏幕出示□/4，这个分数可能是四分之几？

（学生任意说出分母是4的分数）

2. 你能利用手中的这个圆片，用涂阴影的方法来表示这些分数吗？

（学生画图并展示自己的分数）

3. 我们用这个圆片表示出了1/4，2/4，3/4，4/4。想一想，5/4是不是分数？能不能也用这个圆片来表示呢？

4. 同桌互相帮忙，看看能不能找到5/4。

【设计意图】从学生已有认知经验出发，利用分数单位的累加引出假分数，不仅能激发学生的学习兴趣，更重要的是让学生充分感知假分数的产生和由来，为下面进一步研究假分数的意义做了孕伏。

（二）动手操作，自主探究

1.学生动手操作。

2.展示交流。

预设：

（1）用1个圆表示：把一个圆平均分成五份，涂其中的四份。

（2）用2个圆表示：1个圆表示4/4，用一个跟这个圆相等的圆表示1/4，4个1/4加1个1/4就是5个1/4。

师：你们同意哪种说法？

追问：前面都只用了1个圆，就能表示1/4，2/4，3/4，4/4，为什么到了5/4就要增加一个圆？能结合着图来说说吗？

监控：以谁为单位"1"呢？

师：生活中有没有遇到过这样的例子？

预设：一个比萨饼不够分，我们就再来分一个。

小结：刚才大家用学具表示出了5/4。在操作的时候我们发现，一个圆只能表示出4个1/4，我们需要再添上一个1/4，这样就表示出了5/4。

3.师：同学们，刚才我们在圆片涂色的过程中认识了分数。现在我们把这条数轴上0到1之间的长度看作单位"1"。你能从这条数轴上找到5/4吗？

出示：

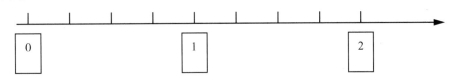

【设计意图】借助数轴，一方面让学生直观地体会到真分数小于1，假分数等于1或大于1；另一方面让学生对真分数、假分数的意义和特征有了更为系统与整体的认识。

（三）尝试分类，揭示概念

◎小组合作，给分数分类

1.我们来观察一下黑板上的这些分数，能把它们分分类吗？

预设：

（1）按分母相同和不同分类。

（2）按照分子与分母的大小分类（三种：分子比分母小，分子比分母大，分子分母相同）。

（3）根据这些分数跟1比大小来分类。

2.大家按照自己的想法将这些分数进行了分类。我们来观察第二种分法与第三种分法，它们的结果相同，但分类标准却不同，看看有没有什么联系？

师：今天这节课我们重点按照分子与分母的大小关系进行了分类，其实这些分数在数学上都有各自的名字，想知道吗？

◎ **明确真分数和假分数及其意义**

在数学上，分子比分母小的分数叫作真分数。真分数小于1。

把分子比分母大或分子等于分母的分数叫作假分数。假分数大于或等于1。

过渡：今天这节课我们知道了真分数和假分数，还知道了什么样的分数是真分数、什么样的分数是假分数，下面我们做一下练习。

【设计意图】从抽象的数回到直观的图，这是符合小学生思维特点的。根据刚才的学习经验再次进行概括总结，对于分数的意义和理解，我借助学生身边的经验，顺势而为，重点突破分子比分母大的假分数意义的理解，充分展现了学生思维的发展过程。

（四）分层练习，巩固概念

◎ **判断**

（1）假分数都比1大。（　　）

（2）2/5、5/5、3/4这三个分数都是真分数。（　　）

（3）分母比分子大的分数是真分数。（　　）

（4）假分数的分子不小于分母。（　　）

◎ **拓展练习**

分母是2、3、4、5的真分数分别有几个？真分数的个数与它的分母有什么关系？分母是6的真分数有几个？分母是10的呢？

【设计意图】让学生列举出所有分数，引导他们发现真分数的个数总比分母少1。

整个练习的设计由易到难，使不同层次的学生能够得到不同的锻炼，既巩固了新知识，又深化了新知识，使数学教学变得更有活力、更有价值，从而达到学以致用的目的。

（五）梳理知识、总结升华

1. 说说你这节课的收获？

2. 用一个分数来评价一下你自己在这节课中的表现。

3. 老师也用一个分数来评价一下同学们这节课的表现。

师：今天我告诉同学们一个成功的秘密，想知道吗？1/100的天才＋99/100的努力＝100/100的成功。祝同学们在今后的学习、生活中有更大的收获，有更优异的表现！

【设计意图】该环节是梳理新知识，对照目标，反馈评价，提高教学效益，培养学生归纳小结的良好习惯。

【课堂观察】

一、学生的学习行为

（一）有效学习行为

利用合适的问题和学具让学生体验假分数的产生过程，有效理解假分数的意义。在和同桌讨论、合作的过程中，学生体会分数单位的叠加，为其理解假分数提供支撑。

（二）无效学习行为

在教学过程中，教师在动手操作环节中，为了加深学生对假分数的理解，试图通过生活中的一些具体情境让学生体会假分数的意义。想法固然很好，但是学生对于假分数还没有十分明确的概念，此时如果让学生由抽象的数回归到生活，可能对一部分学生来讲难度大了一些，不如放到后面进行教学。

（三）学习困惑

如何让学生准确把握真分数和假分数的本质特征，我也在不断思考。思考如何设计出激发学生思维的教学活动。五年级的学生已经可以进行高阶思维的活动训练了，是否还有更适合这个年龄段的思维训练设计或者更好的学习方式，让孩子在学习中掌握知识的本质，从而突破难点？

二、教师的教学行为

（一）有效教学行为

1. 在第一环节中，放手让学生自主涂色表示分母是4的分数，重点在表示5/4上，再通过比较分数的分子和分母的大小和引导观察图形的涂色部分，以及学生根据分数的意义理解假分数与真分数的内在联系，对这些分数进行分类、比较，并在小组中交流自己的想法，从而形成表象，进而以归纳的方式抽象出真分数和假分数的本质属性，理解概念，牢固地掌握概念，正确地运用概念。

2. 学生通过自主探索与合作交流，提升了思维水平，提高了抽象、概括等能力，而在整个教学过程中，教师只是一个学习的组织者、引导者与合作者。从学生练习反馈来说，学生对真分数和假分数的意义掌握得不错，能正确区分真分数和假分数，从而达到这节课的目标。

（二）教学困惑

在涂色5/4的环节中，为了理解假分数的单位"1"，1个单位"1"无能为力了，需要2个单位"1"。孩子们手里的圆片不够用，但为了进一步理解假分数的意义，我在想能不能让同桌的两个人合作，用两个圆片一起表示5/4。这样通过同桌的帮助，两人都对假分数有了更深的认识。

（三）解决问题的办法及建议

课堂上采取更加开放的模式：整节课围绕"5/4是不是分数？表示什么意义？"展开，充分暴露学生思维，展开针对性的教学。

可以借助"分饼"这个具体的活动：1—3张饼平均分给4人，每人1/4—3/4张，4、5张饼平均分给4人，每人4/4、5/4张。让学生感受真分数与假分数的关系，凸显了真分数的局限性，引进假分数的现实意义，而不是让学生凭空想象生活中的例子。

【自主反思】

自主课堂学习并非自学，而是突出学生的主体地位，强调学生的积极参与，这并不意味着教师的作用就不重要了。在自主教学中，教师的工作方式发生了重要的变化，由台前回到了幕后，由知识的灌输者成为学生自主的指导者、学生知识建构的促进者。教师的教学安排与策略使用是否得当对于教学效果将起着至关重要的作用。在自主课堂中，教师的组织策略、学生的学习方式以及教学管理策略不同，学习的效果也就不一样。

在大多数老师眼里，学生参与教学活动是体现学生自主性的重要特征，合作学习往往成为学生自主学习的重要表现形式。其实自主与合作是对立与统一的两个方面，失去一方，另一方也就失去了存在的意义。自主课堂应是学生合作中的"自主"，是"自主"下的合作，不是传授什么样的知识。

本节课的教学模式注重学生的参与和体验，因此我主要采用自主探究、合作交流的教学方法，在教学中为学生提供充分的探索与交流的时间，让学生在观察、操作、分类、比较、交流等活动中，概括出真分数和假分数的意义。

此模式的优点在于能够放手让学生自主探究涂色表示分母是 4 的分数，重点在表示 5/4 上，通过比较分子和分母的大小，引导学生观察图形的涂色部分，理解假分数与真分数的内在联系，再通过对这些分数进行分类、比较，并在小组中交流自己的想法，从而形成表象，进而以归纳的方式抽象出真分数和假分数的本质属性。另外，学生通过自主探索与合作交流，提升了思维水平，提高了抽象、概括等能力，而在整个教学过程中，教师只是个学习的组织者、引导者与合作者。从学生练习反馈来说，学生对真分数和假分数的意义掌握得不错，能正确区分真分数和假分数，从而达成这节课的目标。

当然也有不足：如果课前让学生判断 5/4 是不是分数？许多学生可能会心存疑惑，甚至有学生认为不是分数，理由是：平均分成了 4 份，怎么可能取出 5 份呢？即使有部分学生认为是分数，当要求他们用自己的方式表示其意义时，理解的程度也会各不相同。这样也许才是学生最自然真实的学习状态。所以如果这个环节能加进去，学生对于假分数的理解应该会更深刻。本节课练习的时间较少，可能是孩子们动手操作较慢，有些耽误时间，今后要加强学生动手操作能力的培养。

（李妍　北京市朝阳区花家地实验小学朝来分校）

电子书包助力，感悟模型思想
——以《鸽巢原理》为例

【课堂案例】

一、案例描述

《义务教育数学课程标准（2011年版）》指出：让学生经历将具体问题"数学化"的过程，初步形成模型思想，体会与理解数学与外部世界的紧密联系，发展抽象能力、推理能力和应用能力。《教育信息化十年发展规划（2011—2020年）》中明确提出，要"建设智能化教学环境，提供优质数字教育资源和软件工具。利用信息技术开展启发式、探究式、讨论式、参与式教学，鼓励发展性评价，探索建立以学习者为中心的教学新模式。倡导网络校际协作学习，提高信息化教学水平"。本课重在课堂中让学生经历自主探究的过程，让学生在自主探究、师生及生生互动的课堂实践活动过程中，感悟模型思想，感悟鸽巢原理的思想方法；借助电子书包的各项功能，极大地提高了课堂效率，同时激发了学生的学习兴趣。

二、课堂活动

（一）创设情境，激发兴趣

师：同学们，玩过扑克牌吗？扑克牌有4种花色，每种花色13张，共52张，加上大小王共54张。

师：扑克牌通常被魔术师用来变魔术，今天，我们一起来变一个魔术怎么样？老师需要5位同学配合（使用电子书包抢答功能），老师这里有一副扑克牌，除去大小王还剩52张。5位同学每人任选一张牌，然后捂住。老师会透视，已经看到他们抽到的是什么了，他们中，至少有2个人抽到的花色是一样的。请选到花色一样的同学站在一起。

大家觉得这个魔术神奇吗？那么这个魔术的奥秘是什么呢？其实，这个魔术蕴含着一个非常有名的数学原理——鸽巢原理，这节课我们就一起来探究鸽巢原理。

【设计意图】课一开始与学生进行的扑克牌魔术，有趣又真实地反映了"鸽巢原理"的本质。借助电子书包的"抢答"功能选取5位学生，并通过变魔术，一下子抓住了学生的注意力，让学生觉得本节课要探究的问题好玩又有意义。

（二）自主探究，初步感知

◎ 自主探究

出示：把4支相同的笔放进3个完全一样的笔筒中，可以怎么放？你发现了什么？

要求：独立思考，可以借助学具摆一摆，用写一写、画一画等方法做好记录，并总结发现。限时4分钟。（使用电子书包计时功能、申请展示收集资源功能。）

◎ 反馈交流

1. 枚举法。

预设：

（1）画图。

（2）数字表示：（4，0，0），（3，1，0），（2，2，0），（2，1，1）。

监控：对比枚举法（使用电子书包分屏对比功能），同学们的表现形式不一样，但都用了"枚举法"，突出有序枚举，才能做到不重不漏。

师：通过我们摆放出的这4种情况，你们发现了什么？

预设：不管怎么放，总有一个笔筒中至少有2支笔。

追问：你能不能结合这4种情况，说明这句话的正确性呢？

监控：结合列举出的情况，充分理解"总有""至少"是什么意思。

2. 假设法。

提问：除了用枚举法，还有没有其他方法可以得出这个结论？

预设：假设每个笔筒中放1支笔，这样还剩1支，无论放到哪个笔筒中，总有一个笔筒中至少有2支笔。

追问1：为什么要在每个笔筒中先放1支笔呢？

学生边操作边演示分法，明确这种分法其实就是平均分。

追问2：为什么一开始就平均分呢？

预设：平均分可以保证每个笔筒的笔尽可能少一些。也就有可能找到和题目意思不大一样的情况。

追问3：平均分可以保证总有一个笔筒中有2支笔，怎么证明至少有2支呢？

预设：平均分已经使得每个笔筒中的笔尽可能少了，若是这样符合要求，那其他情况肯定也符合要求。

【设计意图】鸽巢原理对学生来说比较抽象，特别是对"不管怎么放，总有一个笔筒中至少有2支笔"这句话的理解。所以先让学生通过具体的操作，枚举出所有的情况后，引导学生直接关注每种分法中数量最多的笔筒，化抽象为具体，让学生初步经历"数学证明"的过程，发展学生的逻辑推理能力。鼓励学生积极地自主探索，寻找不同的"证明方法"，在枚举的基础上，学生意识到要考虑最少的情况，从而引出假设法，渗透平均分的思想。在这个过程中，电子书包辅助收集资源并进行对比，提高课堂教学效率。

（三）提升思维，构建模型

◎加深感悟

提问：把 7 支笔放进 6 个笔筒里呢？会出现什么情况呢？

把 11 支笔放进 10 个笔筒里呢？

把 20 支笔放进 19 个笔筒里呢？

把 100 支笔放进 99 个笔筒里呢？

监控：教师引导学生说理，学生逐渐采用假设的方法来表达自己的想法。

追问：怎么不用枚举法了呢？

对比两种方法，使学生逐步学会用一般性的数学方法思考问题。

◎建立模型

引导学生对刚刚解决的这些问题进行比较，并说说发现，组内讨论一下。（使用电子书包计时功能，1分钟。）

总结：笔的支数比笔筒数多 1，则总有一个笔筒至少有 2 支笔。

◎介绍数学史

19 世纪德国数学家狄利克雷提出这一原理，并将之运用于解决数论中的问题，因此称为"狄利克雷原理"。这一原理有两个经典案例：一个是把 10 个苹果放进 9 个抽屉里，总有一个抽屉至少有 2 个苹果，所以又称为"抽屉原理"；另一个是 6 只鸽子飞进 5 个鸽巢，总有一个鸽巢至少飞进 2 只鸽子，所以也称为"鸽巢原理"。（使用电子书包下发材料阅读。）

追问：无论是笔筒问题、抽屉问题还是鸽巢问题，它们有什么相同之处呢？

预设：其实都是一样的，鸽巢、抽屉就相当于笔筒，鸽子、苹果就相当于笔，都是把 n+1 个物体放到 n 个容器中，至少有 2 个物体在同一个容器中。

【设计意图】课上充分放手，让学生自主思考，在设计中着重让学生经历知识产生、形成的过程，先借助实物演示，再逐步抽象，在探究了大量实例的基础上，找出共性，建立数学模型，并通过对鸽巢原理由来的介绍，让同学们了解数学文化，热爱数学。

（四）回顾反思，拓展应用

◎回顾反思

问：咱们上课时玩的魔术，现在你能揭秘了吗？

预设：扑克牌只有 4 种花色，假设前 4 位同学拿的花色都不同，那么第 5 位同学拿的花色一定跟前面的某一位同学相同，所以至少有 2 位同学的花色相同。

监控：为什么要假设 4 位同学拿的花色都不同呢？

谁相当于鸽子？谁相当于鸽巢？

◎拓展应用

1. 5 只鸽子飞回 3 个鸽巢里，你能得到什么样的结论？自己独立思考，说明理由。

2. 暴露资源，组织研讨。

预设 1：总有 1 个鸽巢里至少飞进 3 只鸽子。

监控：说说你是怎样想的？

预设2：总有1个鸽巢里至少飞进2只鸽子。

监控：说说你的想法。

实物演示，理清思路。

3. 总结提升。

提问：研究完这几个问题，你有什么新的想法了吗？

预设：先平均分1个，余下的数再平均分，这样就是最少的情况。

【设计意图】回顾课伊始时的游戏，让学生利用鸽巢原理进行清晰地解释，使得学生感受到"最不利原则"，并在本环节探讨了增加鸽子与鸽巢的差值，从而使模型更具一般性。

◎ 教学效果评价

评价一：

1. 把9支相同的笔放进8个相同的笔筒中，总有一个笔筒中至少有（　　）支笔。

A. 1　　　　B. 2　　　　C. 3　　　　D. 4

2. 8只鸽子飞进6个鸽巢，总有一个鸽巢中至少有（　　）只鸽子。

A. 1　　　　B. 2　　　　C. 3　　　　D. 4

3. 六（1）班运动会共15人报名，那么至少有（　　）个人的生日的月份相同？

A. 1　　　　B. 2　　　　C. 3　　　　D. 4

4. 挑战题：7只鸽子飞进3个鸽巢，总有1个鸽巢中至少有（　　）只鸽子。

A. 1　　　　B. 2　　　　C. 3　　　　D. 4

（使用电子书包课堂检测功能，实时查看做题结果。）

评价二：

出示课堂总结中学生课上的参与情况，并借助投票功能，选出你认为课上最值得学习的三位同学。

（使用电子书包课堂总结功能以及投票功能。）

【设计意图】通过电子书包的课堂检测功能，可以及时看到班级学生做题的正确率等，方便教师及时反馈，及时补上知识漏洞；通过课堂总结，每位学生可以看到自己和他人在这节课中的课堂参与情况，学生在课堂中可以进行自主评价和相互评价，帮助学生交流学习。

【课堂观察】

一、学生的学习行为

（一）有效学习行为

◎ 自主探究

学生在探究"把4支完全一样的笔放入3个完全一样的笔筒中，可以怎么放？"时，能够在规定时间内用自己喜欢的方式表达出自己的想法。

学生可以借助实物演示表达自己对"假设法"的认识。

◎ **自主总结**

在分析完4种"放法"之后，学生经过探讨、交流，可以发现"无论怎么放，总有一个笔筒中至少有2支笔"。

在最初研究鸽巢原理时，通过观察多个事例，学生可以自主总结出其中的规律——"笔的支数比笔筒数多1，则总有一个笔筒中至少有2支笔"。

（二）无效学习行为

在自主探究之前，老师让学生列举了几种"放法"，并明确了在笔和笔筒都一样的情况下，摆放不区分顺序，但是学生在自主探究时还是出现了重复的现象。

（三）学习困惑

当笔的支数比笔筒多2时，部分学生认为，此时总有一个笔筒中，至少有3支笔，余下的2支笔也要放到一个笔筒中去，不能得出正确的结论。

二、教师的教学行为

（一）有效教学行为

1. 导入环节，课从与学生一起玩扑克牌魔术引入，该引入环节不仅有趣，又真实地反映了"鸽巢原理"的本质，同时吸引了学生的注意力，让学生觉得本节课要探究的问题好玩又有意义。

2. 在整个学习过程中，借助电子书包的"抢答""分屏对比展示""材料阅读""课堂检测""投票"等功能，一方面提高了学生的学习兴趣，另一方面提高了课堂效率，节省出更多时间用于学生课上讨论交流。

（二）教学困惑

对于"鸽巢原理"这部分内容，已经有相当一部分学生在课前学习过，如何兼顾不同水平的学生来进行教学呢？数学广角到底要教什么？通过本节课，在学生的心中要留下什么？

（三）解决问题的办法及建议

1. 课堂上的每位学生都不是一个"空杯子"，他们有自己原有的认知和基础，因此课前就需要教师了解学生的已有水平，并根据学生现有的水平进行有梯度的教学设计，在练习时也要进行不同层次的设计，让思维层次不同的学生在课堂中都能得到锻炼和发展。

2. 数学广角更重要的是思想方法的教学，因此本节课应把重点集中在让学生体会和理解"假设法"，感受"最不利原则"，通过这节课的学习，学生要清楚在面临一个新的问题时，可以用什么方法去解决。

【自主反思】

　　自主课堂是以学生发展为本的课堂教学，突出了学生在课堂中的主体地位，在正视学生思维差异和尊重个性的基础上，最大限度地开发每位学生的学习潜能，让学生逐步从"学会"到"会学"再到"乐学"。在自主课堂的教学中，对教师也提出了更高的要求，教师不再是一个单纯的讲授者，而是学生学习的组织者、引导者和合作者。

　　数学是思维的体操，所以在数学自主课堂中，学生的思维应是开放的、包容的，通过生生互动、师生互动以达到思维的碰撞，使学生的思维能力得到培养。

　　本节课做到了两点：

　　1.重"说理"，充分发挥学生的主体地位。

　　本节课注重让学生经历知识的形成过程，自主构建模型，始终遵循"以学生为主体"的原则，让学生借助学习素材自主探究结论，并给学生提供充分的时间进行"说理"、辩论，以使学生真正理解鸽巢原理，并构建模型。

　　2.电子书包助力高效课堂。

　　电子书包进入课堂中，提升了课堂教学质量及学生的学习效率，促进了学生学习方式的变革，使学生的个性化学习成为可能。课堂中多个环节使用电子书包，比如课一开始使用电子书包取得参与魔术的机会，使得学生兴趣盎然，对课堂充满期待；在暴露资源环节及最后进行的课堂检测、评价环节，电子书包都为课堂节省了大量的时间，大大提高了课堂教学效率。

（彭菲　北京市朝阳区花家地实验小学）

让数学思维在自主学习中展翅翱翔

【自主案例】

一、案例描述

"认识面积"是学生学习物体面积的起始课,是一节概念课的学习。对学生而言,从一维长度飞跃到二维面积,是一个很大的跨越。学生对"面积"一词的理解,具备一定的生活经验,很多学生也听过这个词,但他们只是"知其然"。因此,教师需要通过多层次的活动,帮助学生理解面积的含义,让学生在动手操作、合作探究中,探索出测量面积的单位,从而达到"知其所以然"的教学目标。

二、课堂活动

(一)情境导入,引出课题

师:同学们,春天来了,万物复苏。刚刚过去的春分提示我们要开始劳作了。(播放视频)

学校的生态园有两块地,一块打算交给咱们班的同学,一块打算交给二年级的小同学。你们打算要哪块地?为什么?

问:你们比较的大小,是比较的这两块地的什么?(面积)

这节课我们就一起来认识面积。看到这个词,你想知道什么?

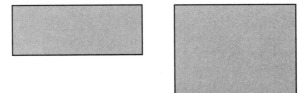

【设计意图】以学生熟悉的种植活动引入,激发其学习兴趣;初步感受数学知识源于生活。

(二)结合实例,认识面积

◎认识面、知大小

1. 观察数学书封面和课桌桌面,哪个面大?
2. 用手摸一摸这两个面,感受一下它们的大小。

3. 在教室里找到两个面，一个比课桌面大，一个比课桌面小。

◎结合实例，认识面积

1. 物体表面的大小。

（1）结合实例，认识面积。

数学书封面的大小，就是数学书封面的面积；课桌面的大小，就是课桌面的面积。

你能像这样说说其他物体表面的面积吗？什么是物体表面的面积呢？

（2）丰富实例，完善认识。

盒子的表面在哪里，你能摸一摸吗？（图略）盒子的6个面都是它的表面。盒子的正面和侧面，哪个面的面积大？

摸一摸盒子的上面，它跟其他5个面有什么不同？（这个曲面也是盒子的表面）

2. 封闭图形的大小。

涂色活动，感受面积：这个小奖片是什么形状？它有面积吗？下面这些图形有面积吗？试着给它们的面积涂色。

这些图形都是封闭图形，它们也是有大小的。封闭图形的大小，就是它们的面积。

小结：到底什么是面积？物体表面或封闭图形的大小，就是它们的面积。

【设计意图】用丰富的事例，在观察、动手感知的基础上，让学生对认识物体的"面"及"面的大小"积累足够的感性经验，初步感知面积的含义：有大小（可比较）；通过对盒子不同面的观察，明确不仅正面是物体表面，侧面也是物体的表面；物体的表面可能是平面，也可能是曲面。学生给封闭图形涂色，进一步理解面积的另外一层含义，进而完善对面积的理解。

（三）探讨比较面积的方法，发展度量意识

◎提出问题，引发思考

观察比较，哪块地的面积大？

◎交流比较方法，引发认知冲突

1. 能不能直接看出哪一个面积大？

2. 用重叠的方法比一比，能比较出结果吗？

3. 用观察、重叠的方法都不太容易比较出这两块地的面积大小。想一想还有什么其他好方法吗？

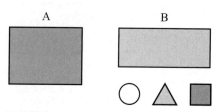

活动要求：
1. 用所给的小图形**测量**出两块土地的面积。
2. 在白板上**记录**测量结果并**比较**大小。

◎探讨度量单位，培养度量意识

1. 激发度量意识：你能想到其他比较面积的好方法吗？

2. 学生自主探究，体验度量方法。

每个小组提供小正方形、圆片、三角若干。

3. 交流反馈，说说自己选的是什么图形，怎么摆的？

组织学生结合三组图形思考（右图）：

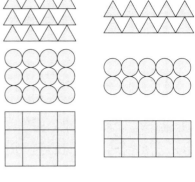

（1）用这些图形作单位，能不能比出这两个图形面积的大小？

（2）如果要准确测量出某个图形的面积，用什么图形作单位最合适？为什么？

教师介绍：国际上就是用正方形作面积的单位。

◎ **适时练习、理解深化**

1. 基础练习，感受累加。

下面图形的面积各是多少？

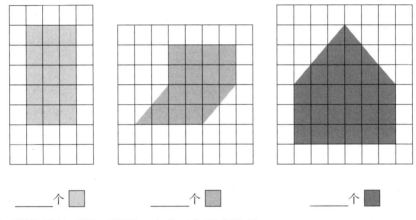

_____个 ▢　　　_____个 ▢　　　_____个 ▢

测量不同物体的面积，用同一个小正方形合适吗？

【设计意图】让学生经历用不同图形作单位度量长方形面积的过程，在拼摆过程中体验单位的价值和选择面积单位的依据，通过比较感受正方形作面积单位的合理性，认识正方形是最合适的面积单位。基础练习，旨在强化学生理解面积的大小，实际上是单位累加的结果。接着，简单渗透面积单位也有大小，也要根据测量对象的大小，选择合适的面积单位，为后续学习面积单位做好了铺垫。

2. 用4个小正方形拼一个自己喜欢的图形，数一数它们的面积和周长各是多少。

【设计意图】通过了解不同图形的周长与面积，辨析周长和面积的概念；结合具体的图形和数据，体会面积相同的图形，周长不一定相同。

（四）结合面积，环保教育

简单介绍我国通过植树造林治理沙漠、改善环境的伟大壮举。

【设计意图】结合面积知识，了解我国植树造林改变了环境，造福了人类，无形中渗透环保教育。

【课堂观察】

一、学生的学习行为

（一）有效学习行为

学生在探究用什么样的图形作面积单位的活动时，能够以小组为单位，通过小组同学的交流探讨、动手拼摆、对比观察等活动，发现三角形和圆形都不能将所测图形密圈，只有正方形能密圈，因此得到"用小正方形作为测量面积的单位最合适"的结论。

（二）无效学习行为

同样是探究用什么样的图形作面积单位的活动，教师虽然安排了明确的学习任务，但是小组分工不够明确，导致小组内的部分学生在活动时，只是作为旁观者，而没有充分参与到活动中，形成了无效学习。

（三）学习困惑

在比较土地面积、选择合适单位的教学环节中，学生可以以很快的速度用正方形、圆形拼摆土地，从而达到比较土地面积的目的。但是，由于缺乏空间观念，学生在用三角形拼摆测量面积时需要将三角形转来转去才能进行拼摆，能力差的学生甚至无法用三角形进行拼摆。这对他们来说是一个"耗时耗力"的难题。

二、教师的教学行为

（一）有效学习行为

1. 认识面积时，创设两个层次的活动，即认识物体表面的面积和认识封闭图形的面积，通过摸一摸、涂一涂等活动，帮助学生理解面积的概念。

2. 给予学生充分的时间，学生通过探究活动，亲身经历测量面积的过程，感受面积的测量方法，体会用正方形作面积单位的必要性。

（二）无效学习行为

学生通过小组活动，在汇报交流中充分表达了他们的想法：用三角形和圆形进行测量时，都有空隙，而正方形没有空隙。尤其有一个小组还将三种图形的拼摆结果进行了对比分析。他们的想法表达十分清晰。教师没有充分抓住学生的生成，总结提炼，反而依旧用自己准备的幻灯片进行总结。

（三）教学困惑

学生在汇报拼摆方案时，有一个小组用正方形拼摆时，没有将所测图形拼满，而是选择了铺一行一列的方法。教师觉得此种方法与后期学习长方形面积的方法可以融会贯通，因此特别在课上进行了展示汇报，并适时将这种方法与铺满的方法进行了对比，让学生了解其实这种方法与铺满的方法是一样的，而且还能通过计算得到结果。教师是希望此类讲解可为后续学习长方形面积进行铺垫。现在想来，这一课的教学重点是通过学习理解面积的含义，知道测量面积的单位，培养度量意识，而这一细节的处理，在这里是否多余？会不会干扰学生对本节课重难点的学习?

(四)解决问题的办法及建议

1. 小组合作分工要明确,如果无法将学习任务细分,可以减少小组人数。在本节课的测量比较活动中,可以将4人一组改为4人一大组,其中的每2人为一组,分别负责测量一块土地,然后再将两块地进行比较。

2. 在新课教学中主要还是以达成教学目标为出发点开展活动,在强化巩固了本节课的重难点之后,将渗透铺垫后续的学习知识后移至练习环节,就不会干扰学生理解掌握本节课的学习目标了。

【自主反思】

自主课堂的主要特点是转变教师角色,教师变成了引导者、倾听者和参与者,将课堂还给学生。课堂上学生充分参与、独立思考、充分合作、学会分析、动手实践、大胆探索,从而达成学习目标。自主课堂还强调课前课中课后相结合,不断提升学生主动学习的意识和自主学习的能力。

本节课教师根据教学目标设计了丰富多彩的活动,学生在参与合作、创造体验的过程中,充分理解了面积的含义,知道了测量面积的单位,开发了度量的意识。在练习环节,教师不仅强化巩固了本课知识,还将后续学习的知识渗透其间:练习环节感受面积的大小实际是单位累加的结果,让学生初步体会到测量不同大小的面积,应选择合适的单位;测量长方形的面积可以沿长宽拼摆正方形,再通过计算得出数据。这一活动一箭双雕,为后续学习面积单位和长方形面积两项内容做了铺垫。

本节课所选择的两块地的大小,用观察法或者重叠法也能比较出面积大小,在一定程度上不太能体现出用测量方法比较面积的必要性。因此教师在选择教学素材时,应该对教材上的内容加以深度分析,创造性地使用教材内容,适当调整两个长方形的大小,让学生不太容易看出来谁大谁小,用重叠法也不好比较,就更能凸显出测量的必要性,从而进一步发展学生的度量意识。在小组合作时,还要在学生独立思考的基础上,细化分工,使每个学生都有自己的学习任务,带着问题全身心地参与到学习中,在合作交流中有所收获。

(尹艳艳　北京市石景山区爱乐实验小学)

循序渐进提高学生的数据分析能力

【课堂案例】

一、案例描述

本案例的教学内容是人教版数学四年级上册《条形统计图》，通过本课的学习，学生初步认识条形统计图，了解条形统计图的特点，学会1格代表1个单位和1格代表多个单位的条形统计图的画法，深化对条形统计图的认识；根据统计数据做出简单的判断和分析，体会条形统计图在现实生活中的价值，感受其优越性；同时为后面学习复式条形统计图、折线统计图奠定基础。

本节课学生将经历从实际问题中收集和处理数据，利用数据分析问题的过程，了解生活中许多问题应先做调查研究，收集数据，通过分析做出判断，进而体会数据中蕴含着的信息，培养学生的数据分析意识。对于统计的方法和过程，学生之前有所了解，但没有形成完善的知识体系，因此本课采用启发式教学，引领学生借助信息技术手段，经历数据收集、整理、描述、分析的全过程，启发学生根据分析的结果提出合理建议，感知统计在生活中的作用，理解数学与生活的密切联系。

二、课堂活动

（一）调查

今年寒假，老师打算去台湾旅游，为了了解台湾的天气情况，老师提前做了调查。

1. 出示 2017 年 2 月台湾天气预报：

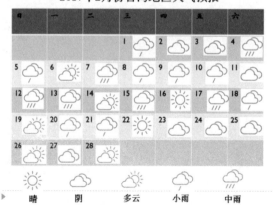

2.通过这份资料,你了解了哪些信息?

预设:

我知道了2017年2月台湾地区晴天、阴天、多云、小雨、中雨等天气的天数。

【设计意图】由学生熟悉的旅游情境引入,激发学生进行调查和分析的兴趣。

(二)核心设问

这个月的每种天气各有多少天?你能把它们清楚地表示出来吗?

学生独立思考,尝试用不同的方式整理并记录数据。

预设:统计表、统计图。

【设计意图】激活学生的原有认知,展现学生的不同思维路径。

(三)暴露学生资源

1.统计表。

天气	晴	阴	多云	小雨	中雨
天数					

预设:统计表的第一行表示天气,第二行表示天数。

2.统计图。

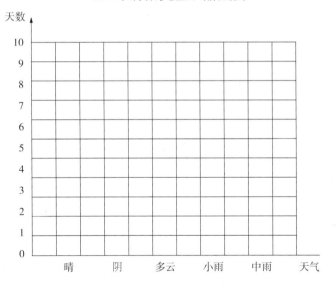

2017年2月台湾地区天气情况统计

监控:

(1)怎样用统计表、统计图表示图中的数据?

(2)出示空白统计图,从图中你知道了什么?

预设:横轴、纵轴、一格一个单位、从下向上画。

(3)怎么画统计图?

规范画法:写数、描边、画阴影。

（4）你会画统计图了吗？展示学生作品，同伴互评。

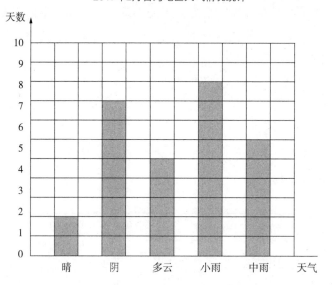

预设：

（1）统计图的横轴表示天气，纵轴表示天数，一格代表一个单位。

（2）画统计图时从下向上画，先写数，再描边，最后画阴影。

【设计意图】了解统计表及统计图所表达的含义，规范统计图的画法。

（四）对比特点

同样的天气情况，既可以用统计表，也可以用统计图表示，你喜欢哪种方法？

小结：统计表能清楚地了解数据，统计图能直观地表示数据的大小和关系。

【设计意图】了解统计表及统计图之间的联系。

（五）分析数据

1. 从统计图中，你知道了什么？（数据本身）

预设：每种天气的天数。

2. 你能提出什么问题吗？（数据之间的关系）

预设：哪种天气最多？哪种天气最少？

3. 根据分析的结果，进行推测和建议。

（1）你觉得台湾地区2018年2月份的天气会怎样？

（2）你想给老师提出什么建议吗？

预设：根据2017年2月的天气情况，推测2018年2月的天气以阴、雨、多云为主，建议老师带好厚衣物和雨伞。

【设计意图】根据统计图呈现的数据进行数据分析，提出合理建议。

第一层：直观分析数据；第二层：对比数据关系；第三层：提出问题建议。

【课堂观察】

一、学生的学习行为

（一）有效学习行为

学生经历了数据的收集、整理、描述与分析的全过程，明白生活中很多问题需要先做调查研究，收集数据，再提取数据中蕴含的信息，用数据说话。感受统计与生活的密切联系。

（二）无效学习行为

观察天气预报汇总情况，说说你知道了什么，学生只是直观地说看到了什么，没有进行有目的的观察。

（三）错误学习行为

学生在认识统计图后主观地认为统计图比统计表更好，这种想法过于片面，应该结合统计的数据及统计的需求来确定用什么方式整理和记录数据。

（四）学习困惑

学生在根据统计图表分析问题时，能关注到题目中呈现的数据是什么，能回答简单的问题，但是很难发现数据间存在的关系。针对学生分析数据不够全面的问题，教师应进行恰当的点拨，引导学生从看数据、找关系、提建议等几个层面进行有深度的分析。

二、教师的教学行为

（一）有效教学行为

教师创设了寒假去台湾旅游的学习情境，使学生产生了进行调查的需求，而培养数据分析观念的难点在于教会学生读懂统计图表，从中获取数据信息，运用统计结果进行交流。教学中设计了三个递进问题：

1. 从统计图中，你知道了什么？这是对数据本身的关注。

2. 你能提出什么问题吗？这是引导学生关注数据之间的联系。

3. 根据分析的结果设问：（1）你觉得台湾地区2018年2月份的天气会怎样？（2）你想给老师提出什么建议吗？这个层面是学生数据分析观念的核心，通过课堂上的互动交流，使学生能够尝试根据统计的结果进行简单的判断和预测。

本节课，学生真实地经历了数据的收集、整理、描述与分析的全过程，从中真切地感受到统计在生活中的作用，有效地提升了学生的数据分析观念。

（二）无效教学行为

引导学生对数据进行分析时，设计了核心问题："这个月的每种天气各有多少天？你能把它们清楚地表示出来吗？"这个问题的设问直指数据的整理，对学生的要求不高。

（三）错误教学行为

学习过程中所使用的数据是教师呈现的，学生没有经历数据的调查和收集过程，应抛出了解台湾天气情况的大问题,让学生尝试去收集数据。统计表能清楚地呈现数据,统计图能直观地表示数据的大小和关系,这两种表达方式各有千秋,不必让学生择优,重在感受不同的问题适用不同的分析方式。

(四)教学困惑

建立数据分析观念是学习中的难点,学生在根据统计的结果分析数据时,看到的往往是比较直观、表面的信息和问题,缺乏对数据间的联系及趋势的观察和分析,缺少与实际生活相联系,用生活的眼光去思考数学问题的意识。那么如何在教学中指导学生发现数据中蕴含的信息,并将其应用于实际生活中来解释和说明问题呢?

教师在教学中要注重培养学生的数据分析观念,使学生形成遇到问题想数据,分析问题用数据的意识。对学生的数据分析观念进行有层次的指导:第一,看数据,回答通过统计图知道了什么问题;第二,找关系,对比数据之间的联系,找出数据间的差异;第三,提建议,从数学的角度看数据的特点,进行趋势的分析。除此之外,还应该引导学生联系自己的实际生活经验,将数学的问题融入生活的实际背景之中,用自己直观的生活感受去思考单纯的数学问题,让数学问题变得鲜活有趣。

【自主反思】

要想达到真正的自主学习,学生首先要想学,那么课堂上创设的教学情境就应该源于学生生活又能调动学生学习的积极性。有了适合的学习情境,教师要在学生的自主学习之前做好充分的预设,为学生提供行之有效的自主试学工具,提出言简意赅的自主学习提示,使学生在自主学习时能学,会学。开展自主学习,每个学生都必须动脑、动手、动口。在课堂上请同学们当"小老师"分享自己的想法,使学生在生生互动的过程中深化对知识的理解和认识。在自主学习的过程中,教师一定要退出来,成为一名听众,不打断、不评判,让学生开展真正的互动,因为这些体验是学生成长中不可缺少的,也是教师无法用语言给予的。同时,教师还要在适当的时机站出来,通过对学生的追问进行点拨,提供必要的帮助和引导,使学生的交流更精彩。自主学习给了学生展示的舞台,同时也对教师提出了更高的要求,只有持之以恒地开展自主学习,才能真正提升学生的自主学习能力。

就本课例而言,提高学生的数据分析能力应该建立在现实生活背景之上,使学生发现生活中的数学问题,用统计的方法解决实际的生活问题。对于数据的分析有多种方法,学生只有在解决实际问题的过程中才能感受到要根据问题的背景选择合适的分析方法。本节课的学习经历了以下四个环节:

第一,创设现实问题情境,让学生自己想到用数据说话,在教学中以2017年2月台湾天气情况为素材,创设为老师提供旅游建议的问题情境,将学生熟悉的生活情境与学习紧密相连,激发学生用数学解决问题的意识,让学生感受到数据中蕴含着信息,这些信息能帮助我们解决生活中的实际问题。

第二,让学生用自己喜欢的方式整理数据。教师提出核心问题:这个月的每种天气各有多少天？你能把它们清楚地表示出来吗？通过分析学生的学情基础可知，学生在之前的学习中认识了统计表，在生活及课外学习中对统计图有所了解，此时教师放手让学生用自己喜欢的方式去整理数据，既能充分调用学生的原有认知，体现学生思维的多样化，也能在展示学生不同表达方式的过程中建立起统计表和统计图之间的联系。

第三，让学生为老师提建议，挖掘数据背后蕴含的信息。（1）你觉得台湾地区2018年2月份的天气会怎样？（2）你想给老师提出什么建议吗？在经历数据分析之后，学生会关注数据中呈现出的直观数学信息，提出合理的数学建议，此时教师还应该引导学生挖掘数据背后的信息，结合亲自到台湾旅游的感受或自己到其他景点旅游的经验提出相关的生活化的建议。

第四，让学生理性思考数据分析结果，感悟数据的随机性。经历了数学化的问题分析过程，学生对数据的思考层面也是数学化的，教师还应引导学生考虑问题的实际背景，考虑生活实际的随机性，做出合理的建议及决策。

数据分析是数学六大核心素养之一，也是义务教育数学课程标准强调的十个核心概念之一。提高学生的数据分析能力应彰显数学的实际应用性，在解决实际问题的过程中，让学生积累数学活动经验，提升数学核心素养。

（孙艳鹏　北京市朝阳区垂杨柳中心小学劲松分校）

探究中的自主课堂
——《年月日》教学片段

【课堂案例】

一、案例描述

以下教学案例是数学三年级下《年月日》教学中的一个片段。《年月日》是学生认识时间的第四阶段,也是最后一个阶段。在这个教学片段中涉及了《年月日》中的认识大小月、计算一年的天数及平年闰年的规律等三个知识点。以下教学片段主要是学生通过自主探究解决生活中的实际问题,并从中发现并归纳总结出数学知识。

二、课堂活动

(一)认识大小月、特殊月

1. 谁来说说爷爷遇到什么问题了?

够吃一个月吗?

预设:有的月够,有的月不够。

2. 哪些月够,哪些月不够呢?

预设:1、3、5、7、8、10、12月这些月都是31天,所以不够;

4、6、9、11月这些月都是30天,所以够;

2月（28天或29天）够。

快看看年历来验证一下吧！

【设计意图】通过生活实际情境的引入，一方面让学生结合生活经验，在实际情境中发现月和日之间的关系；另一方面注重知识的形成过程，培养学生自主分析、处理信息的能力和主动获取知识的能力。

3.一年有12个月，有大月、小月、特殊月之分，怎么帮老爷爷记清啊？你有什么好办法吗？

（二）大小月记忆方法

预设：

拳头记忆法（介绍拳头记忆法）。

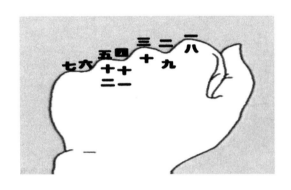

歌诀记忆法（腊和冬这两个是我们的两个节气，那么24节气又和月份有什么关系呢？课下大家可以去查一查）。

一、三、五、七、八、十、

腊（十二），三十一天永不差；

四、六、九、冬（十一），三十整；

平年二月二十八；

闰年二月二十九。

……

你们给爷爷推荐的方法还真是不错，现在我们也来选择自己喜欢的方法记一记吧！可以跟同桌互相记一记。

【设计意图】从学生已有的知识出发，自主展示所掌握的记忆方法，并将学生的方法汇总展示，为学生进行记忆方法的扩展。

（三）计算一年天数

1.看！爷爷又有个新问题：一年要吃多少粒钙片？

计算一年吃多少粒就是在计算一年有多少天。

2. 你能验证一下一年有多少天吗?

预设:

31+28+31+30+31+30+31+31+30+31+30+31=365 天;

31×7+30×4+28=365 天。

小结:看来用不同的方法都能算出一年有365天,那刚才你们说有时还是366天呢,这又是怎么回事啊?

预设:

有平年闰年,所以一年的天数不同。

【设计意图】通过学情调研发现有些学生知道一年有365天和366天,也知道根据2月的天数去判断一年的天数。所以,教师让学生自主探究,使学生清楚一年365天和一年366天的由来。

(四)区分平年闰年

哦!刚才还有同学说是看2月的天数,看来2月的天数还藏着秘密呢,快看看你们手中的年历卡,2月有多少天?

(学生汇报,老师出示2月天数)快看一看吧,跟你的小组说一说你的发现吧!

年份	2008	2009	2010	2011	2012	2013	2014	2015	2016	2017	2018	2019	2020
2月	29	28	28	28	29	28	28	28	29	28	28	28	29

预设:

有3个平年一个闰年。

每4年一个闰年。

(还有其他的发现吗?)年份除以4是整数的就是闰年,不是整数的就是平年。

（4的倍数未出现的情况：那老师考考大家，2017年是平年还是闰年？那2020年呢？2025年呢？我们按之前的方法一个一个推算的话就太慢了，那有什么更好的办法快速知道这一年是平年还是闰年吗？其实就是用这个年份除以4。）

【设计意图】学生自主观察不同年份的年历，总结出不同年份2月份的天数，通过小组探究发现平年闰年的规律，感受成功的喜悦，激发学生学习数学的兴趣。

【课堂观察】

（一）有效学习行为

1. 要想知道爷爷一年吃多少粒钙片，就要知道一年有多少天，通过学生自主探究总结一年的天数，从而发现一年的天数有365天和366天，从而引出平年、闰年的知识。

2. 想要解决一年的天数为什么不同就要去找原因，通过观察发现2月份的天数影响着一年的天数，并发现平年、闰年的规律。

（二）无效学习行为

由于课上的时间短，在教师介绍了记忆方法后，学生习惯性选择自己较为习惯或掌握较快的方法去记忆，对其他方法能够理解，但是不能够在短时间内记忆。

（三）学习困惑

在课中进行巩固练习时出示这样一个问题：

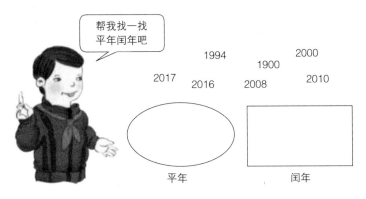

学生能够对多数年份进行准确的判断，但是在对1900年的判断中产生了分歧，有些同学认为1900年除以4没有余数应该是闰年，有些同学知道百年不闰的知识，所以很快判断出1900年是平年。部分学生对特殊的闰年的了解还不清晰。

（四）解决问题的办法

对于百年不闰的知识，如果只告知学生的话，学生还是会有疑问：为什么整百年不闰呢？所以我通过动态的地球围绕太阳转动的动画结合语音介绍，帮助学生学习百年不闰四百年再闰的知识，同时也激发学生探索自然奥秘的兴趣。

【自主反思】

　　《义务教育数学课程标准（2011版）》指出："有效的教学活动是学生学与教师教的统一，学生是学习的主体，教师是学习的组织者、引导者与合作者。"因此，在教学中，学生自主的探究与学习应是课堂的主体，教师由"教者"慢慢转到"引导者"，教师根据教学内容设计合理的探究问题，在适当的时候抛给学生，学生进行自主地探究、操作，遇到问题时，教师进行适当的引导，使学生充分经历学习的过程，感受学习的快乐，同时提升自主解决问题的能力。

　　在本节课中我主要采用了解决问题的情境引入并贯穿全课，让学生在解决问题的过程中去探究、发现，感受数学与生活的联系，从而掌握和理解新知识。首先出示老爷爷吃钙片的问题，让学生借助手中的年历自主进行探究、观察，在解决问题的过程中总结年、月、日之间的关系。认识平年、闰年为本节课的重点，所以在处理这部分知识时设计了两个环节：首先让学生在帮爷爷解决问题的过程中去自主发现、总结四年一闰及如何判断平年、闰年；其次由巩固练习的习题引出1900年是平年还是闰年，通过动态的视频展示及音频介绍，让学生更加清晰平年、闰年的由来，以及百年不闰、四百年再闰的知识。整堂课，学生在解决生活实际问题的过程中去探究、发现和学习知识，从而发现数学的奥秘。

（王兵　北京市朝阳区花家地实验小学方舟校区）

运动的眼光看几何图形
——以《几何图形复习课》为例

【课堂案例】

一、案例描述

这是一个五年级期末复习课案例,重点体现自主课堂的自主学习方面。

二、课堂活动

(一)点动成线、线动成面、面动成体

师:看白板,你看到了什么?(点)

如果让点动起来,你会看到什么?(线)点呢?有无数个点。

如果让线动起来,你会看到什么?(面)线呢?还有点吗?无数条线和无数个点。

如果让面动起来,你会看到什么?(体)面、线、点还有吗?都在哪呢?除了表面,还有吗?

看到这儿,你有什么想说的吗?或有什么问题?

预设:

1. 点动成线、线动成面、面动成体。
2. 我们的世界最小元素点:零维,线为一维,面为二维,体为三维。
3. 问题:四维、五维是什么?

监控:

1. 能从运动的眼光去看静止的几何图形很了不起。
2. 从维度的角度去分类几何图形,让我们对图形有了更深入的了解。
3. 表扬学生敢于大胆提问,然后猜想、验证,这是我们人类发现、发明、创造的必经之路。

【设计意图】 学生直观体验三维世界里点动成线、线动成面、面动成体的过程,了解体中有面、线、点,面中有线、点,线中有点,为本节课后半部分感悟横截面一样时,面动成体,自觉迁移长方体体积公式求特殊图形体积做铺垫。

(二)图形与几何

你猜今天我们要复习什么?(复习图形与几何)

我们所学图形部分都有哪几个方面？（板书：图形、认识、测量、位置、运动）

你觉得你哪部分比较薄弱，从历次的单元练习、期中期末考试中能够看到你在测量部分存在问题，咱们就从这部分开始。

【设计意图】建立小学阶段图形与几何知识领域的大框架，有利于学生知识体系的形成，为之后用运动的眼光解决静止的图形问题做铺垫。

（三）特殊图形周长

你用什么好方法计算出两个特殊图形的周长？

预设1：量出每一段的长度，求出总长度。

监控：清楚周长的概念，求周长的方法非常正确。

预设2：平移方法转化成基本图形，利用长方形周长计算公式求周长。

监控：利用平移可以帮助我们解决周长问题，图形运动解决静止的图形周长问题，复杂图形巧妙转化为基本图形。

（四）面积问题

平移方法可解决面积问题吗？你以前见过吗？出示PPT（面积推导）。

看来我们以前早就应用过，下面我们解决实际问题。

预设1：分别求出梯形面积和三角形面积，再求和。

监控：方法正确。

预设2：求大长方形面积和平行四边形面积，再相减。

监控：方法正确。

预设3：将三角形向左平移，或梯形向右平移，组成新的长方形，长为60米，宽为45米。

监控：静止的图形又一次动起来，组成新图形，可以解决面积问题，巧妙至极。又是利用平移方法转化成简单图形。

小结：周长、面积都可以用平移的方法将复杂问题简单化，你都能用运动的眼光看静止的图形。

平移还能解决什么面积问题？比如表面积，出示棱长1厘米的正方体搭成右图，它的表面积是（54）平方厘米。如果从中拿走一个小正方体，它的表面积是（　　）。

可以怎样拿？（从角上、棱上、面上拿）

1.出示从角上拿走一个小正方体，求表面积。

预设1：表面积减少，少了三个面。

监控：确实少了三个面，有不同想法吗？

预设2：表面积不变，将少的三个面分别用露出来的面平移过来，就是

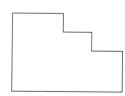

原来正方体的表面积。

监控：用平移方法将其转化成基本图形来解决表面积问题。

表面积不变，再拿走一个正方体，可以吗？（从角上拿）

最多可以拿走几个，保证表面积不变？（8个，因为有8个角）

2. 出示从棱上拿走一个小正方体，求表面积的变化情况。

预设：表面积增加两个正方形面积，下面平移到上面，后面平移到前面，还多出左右两个面，是56平方厘米。

监控：明白什么意思吗？谁能再说说是怎么想的？

3. 出示从面上拿走一个小正方体，求表面积的变化情况。

预设：表面积增加四个正方形面积，里面的面平移到前面，就是原来正方体的表面积，但还多出上下左右四个面，是58平方厘米。

监控：明白什么意思吗？谁能再说说是怎么想的？

小结：周长、面积、表面积都可以用平移的方法将复杂的问题简单化，要用运动的眼光看静止的图形。

（五）平移解决体积问题

◎**计算体积（单位：分米）**

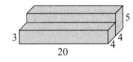 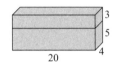

预设1：分别计算体积再相加。

监控：方法正确。

预设2：将前面的长方体平移到上面，组成一个长20分米、宽4分米、高8分米的长方体，再利用体积公式求体积。

监控：平移前后体积不变，又是利用平移的方法将复杂问题简单化，用运动的眼光看待静止图形。

预设3：根据长方体体积公式，v=sh，将这个图形立起来，用底面积乘高就是这个图形的体积。

监控：你是怎么想到这种方法的？可以体会长方体面动成体的过程，感受体积等于底面积乘高的含义。

◎**面动成体方法求体积**

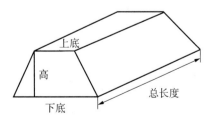 

预设：这样的图形都可以用横截面乘长。

你有什么猜想？这样的图形也适用底面积乘高求体积的方法。

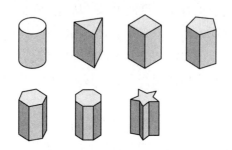

◎ 圆锥体的辨析

预设1：底面积乘高求体积方法同样适用。

监控：有不同想法吗？

预设2：不能用这种方法了，因为它的横截面不一样。

监控：出示横截面图，确实如此。

最后谈新收获、感受。

【课堂观察】

一、学生的学习行为

（一）有效学习行为

学生探索特殊图形周长、平面图形面积、立体图形表面积时使用的有的是常规方法，有的是平移方法，分别是将线平移，转化成长方形，周长不变，再求周长；将图形平移合并成长方形，求出长，宽不变，再求长方形面积；将面平移转化成正方体，注意与原来面积比多了的面积，再求总面积。学生充分感受平移方法、转化思想在图形与几何部分的灵活应用，为进一步解决问题提供了鲜活的例子和经验。

（二）无效学习行为

我们所学图形部分都有哪几个方面？（板书：图形、认识、测量、位置、运动）这部分教学内容，就是和孩子们一起回忆图形与几何的这几大方面，学生建立这个知识结构困难很大，是老师直接给的，有些浪费时间，而且与本节课的重难点相关性不大。

（三）学习困惑

极少有学生在用面动成体的想法解决两个长方体的体积问题，如何引导更多孩子自然地运用底面积乘高来解决体积问题？

（四）解决问题的办法及改进建议

在上课开始时，面动成体这一内容可以给予学生更充分的时间去观察、感受、表达、互相启发，说出自己的想法，并提炼出内容板书。

二、教师的教学行为

（一）有效教学行为

给学生提供点、线、面、体，感受点动成线、线动成面、面动成体的过程，学生初步认识用运动的眼光去看几何图形。

给学生提供不规则的图形求周长，不规则平面图形求面积，不规则立体图形求表面积和体积，但都可以用平移方法转化的思路解决，学生一次又一次探索、彼此交流想法，从而完善自己的认知，增强解决问题的能力。

（二）无效教学行为

我们所学图形部分都有哪几个方面？（板书：图形、认识、测量、位置、运动）

这一教学环节对学生来说难度太大，浪费时间，与本节课重难点相关性不大。

（三）教学困惑

将点、线、面、体，周长、平面图形面积、立体图形的面积和体积这些内容在40分钟内呈现，学生需要经历普通方法、思考平移方法，全体同学接受平移的方法解决图形问题，时间不够，如何能够做到省时有效地达成目标呢？

（四）解决问题的办法及改进建议

第一，去掉"我们所学图形部分都有哪几个方面？"这一环节。第二，在之后解决问题时提前说清要求，只说方法不计算结果，让孩子们真正的脑力劳动在40分内不间断，收获到心底的是平移方法、运动的眼光看几何图形。第三，教学行为呈现递进性。在之后的教学中，教师首先要有意识地用运动的眼光看几何图形，比如：梯形动起来可以成为三角形，圆可以看成点在绕一个中心点等距离运动等，师生在图形与几何知识方面共同成长。

【自主反思】

课堂应是充满期待、师生彼此尊重、师生共同成长的圣地，所以教师首先要做好准备，通过适当的情境问题引领孩子们由浅入深地感悟数学，感受数学的魅力。在这个过程中，师生共同被点燃，学生发现自己的潜力被激发，发现自己越来越会思考，越来越会表达，师生共同享受学习的快乐。

本节课在认真备课、充分预设的基础上，做到心中有学生，眼里有学生，能听到学生预设之外的生成，敏锐捕捉，顺势提升，让学生资源最大限度地发挥。比如：在汇报求平面图形面积时，学生这样说："我先观察，发现两个图形中间有一个平行四边形，所以求出整个图形的面积，再减去中间平行四边形的面积，就是阴影部分的面积。"先观察，然后发现，再得出结论，这一段论述，逻辑性非常强，表达非常清晰，当时我心中只想着两个图形平移得到新的长方形，就匆匆略过，没有将其利用起来。

这是一节复习课，本着用运动的眼光看几何图形，求周长、面积、表面积、体积，学生们不但更清晰周长、面积、体积的本质属性，而且充分感受运用相同方法平移解决问题的便捷之处。所以复习课不能仅仅拘泥于一个单元、一册书，也可以是将相同思想、方法的内容集中于一节课，甚至图形与几何、数与代数两大知识领域内相似的内容整合在一起，呈现一节复习课，切实提升学生的数学思维能力和素养。

（王莹　北京市朝阳区花家地实验小学）

借自主课堂培养低年级学生的数学思维品质

【课堂案例】

一、案例描述

本节课采用教师指导与学生自主探究的教学方式开展教学。通过动手操作展现思维的起点,引导学生发现用一副三角尺拼出一个钝角的方法,培养其有序思考的意识,促进其思维发展;在自主、交流的过程中,积累数学活动经验。

二、课堂活动

（一）审读题意,理解题意

1. 出示题目:用一副三角尺拼出一个钝角。
2. 理解题意:

请你先读一读,并互相说说题目的意思。

追问:"一副三角尺"是什么意思?拼出一个钝角又是什么意思?

快把你手中的一副三角尺举起来,大家互相看看对不对?

请你用自己的语言完整地说说题目的意思。

【设计意图】在核心问题与追问中,鼓励学生展露思维的起点,帮助他们用自己的语言表达对题目的理解。

（二）借助操作,探索解题策略

◎ 独立操作,尝试拼钝角

1. 请你用一副三角尺拼出一个钝角,且让别人清楚地看出是钝角。
2. 学生独自操作活动。

◎ 回顾判断方法,加深对工具使用的熟悉

1. 问题:拼出的是钝角吗?你是怎么看出来的?
2. 提示:

（1）拼出的是钝角吗?你是怎么知道的?两人互相说说。

（2）请一位同学指一指他拼出的钝角在哪儿,并说说理由。

（3）小结:他是怎么拼出钝角的?你是怎么看出来的?

预设:学生作品。

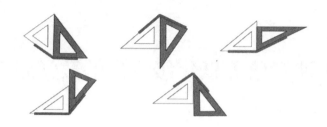

3. 梳理方法。

问题：你怎么这么厉害，怎么保证拼出来的一定是钝角？

小结：回顾同学们拼出钝角的方法，第一种方法是把一个直角和一个锐角拼成钝角；第二种方法是把三角尺中两个最大的锐角拼成钝角。

【设计意图】暴露学生自然状态下的思维，以此为起点，引导学生在相互交流中互相启发，在辨析中逐渐明晰怎样做就一定可以拼出钝角，怎样判断拼出的角的类型，渗透拼角活动中思维的"序"，积累解决问题的经验。活动中帮助学生体会交流的重要性，鼓励学生吸取他人经验，充实自己的思考，提升思维广度和深度。

（三）操作活动，拓展思维

1. 出示题目：从两副三角尺中选两个，拼出锐角、直角和钝角。
2. 审题：说说"两副三角尺中选两个"是什么意思。
3. 借助经验，调动思维，独立解决。
4. 合作展示，判断调整。

【设计意图】通过拓展活动，继续巩固角的认识，继续经历解决问题的全过程，在拼与判断、思考中，促进思维的发展。

（四）全课总结，借势造势

从两副三角尺中选两个，有人拼出了锐角，有人拼出了直角，还有人拼出了钝角。如果选定两个，会不会既能拼出锐角，又能拼出直角，还能拼出钝角呢？

三角尺里的学问也很多呢，感兴趣的同学们可以试一试。

【设计意图】借助问题引导，借助学生积累的活动经验，调动学生研究的兴趣，借势、造势，从而提升学生的认识。

板书设计：

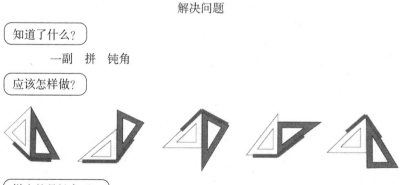

【课堂观察】

一、学生的学习行为

（一）有效学习行为

二年级的学生，已经经历过解决问题的三步骤。本节课，学生能够独立读懂题目，也有独立拼角的经验。所以，本课的活动能够有效地激发学生参与课堂的积极性，也能够暴露不同学生的认知水平。

（二）无效学习行为

学生能够很快拼出角，但是缺少自主验证结果意识。教师在指导个别学生时，耽误了其他孩子一些时间。此外，在交流自己的拼法时，有些小组只拼出一个钝角就没有再深入思考，浪费了一些时间。

（三）学习困惑

学生具备独立拼角的能力，也有拼摆图形的经验。但在拼角时，受不同度数角的影响，学生的困惑在于：能否把三角尺反过来用？可否一正一反地拼角？

二、教师的教学行为

（一）在问题引导中借势造势，将学生的思维引向深刻

有效的问题能引发学生的思考，暴露学生现有的思维水平和状态，教学过程中主要设计"用一副三角尺拼钝角什么意思？""打算怎样拼呢？""拼出的是钝角吗？"三个问题，鼓励学生动手尝试，在原有思维水平暴露后，学生借助同伴交流、辨析中碰撞，得到新的认识，从而促进思维的发展。

（二）在操作实践中顺势而为，助学生积累学习经验

用三角尺拼角是一项内涵丰富的学习活动，教学中把例题和做一做作为主要活动，在推理验证的过程中，学生变"随意尝试"为"有序思考"。

二年级学生年龄小，动手能力和自控力比较弱，教学设计注重顺势而为，让学生在具体的情境中理解问题、分析问题、验证结果，动手操作、合作交流等环节帮助学生积累了课堂活动经验，感受到了学习的乐趣；同时也发展了学生的思维，体现了教师的教学理念从掌握"双基"向发展"四基"和"四能"转变。

（三）教学困惑

就"解决问题"这类题目而言，帮助学生明确解决问题的步骤很重要，但更重要的是设计怎样的核心问题能够帮助学生掌握解决此类问题的多样策略。

（四）解决问题的办法及建议

小学生学习数学的态度、习惯与数学学习效果有紧密的关系。因此，在进行数学教学时，应该及时关注小学生的数学学习情况，注重培养小学生认真倾听的好习惯，将课堂的主动权归还给学生。数学教师在调动小学生学习数学的热情时，必须让学生知晓，在解

决数学问题时，学生不仅要将问题的解决方法探究出来，还要使用恰当的语言正确进行描述。这样就可以达到在对学生思维进行培养的同时，还能够让学生学会如何进行表达。在对数学问题进行解决时，通过采用不同解决方法锻炼学生的解题能力，有效激发小学生的数学学习积极性，可以使学生充分融入数学教学中，全面提高小学生的数学学习效率。

【自主反思】

自主学习使学生真正成为学习的主人。学生主动参与学习过程，自己对自己负责。在学习过程中，学生会很快找到适合自己的学习方法，提高学习效率，养成良好的学习习惯，这比他们在教师的强迫下学知识更可贵。良好的学习习惯，又能保障学生进一步开展自主学习，二者之间形成了良性循环，使学生受益无穷。

本节课充分体现了学生自主学习，用一副三角尺拼钝角，给学生充分提供了"看、想、说、动"的机会。让学生利用已有的知识经验经历"动手实践—分类思考—表达陈述"的探究过程，充分发挥学生的想象，在小组中讨论，用不同的方式拼。因为每个学生的口语表达能力不一样，所以对于说得不好的学生，教师应该多鼓励、引导，让他们反复练习。也可以用激励性语言评价："相信你，你能行。""你有进步，我为你高兴。""你回答不上来，不要气馁，再来一次。"总之，学生听到这些语言，上课时情绪会被调动起来，发言也会踊跃。

（肖晓琳　北京工业大学附属中学十八里店分校）

自主探究,引领课堂

【课堂案例】

一、案例描述

这是北师大版七年级数学下册第一章"整式的乘除"中第五节的内容。平方差公式是对多项式乘法中的一种特殊算式的归纳,通过平方差公式的学习,可以简化某些整式乘法的运算,培养学生的求简意识。同时,本节内容也是学生后续学习因式分解、分式运算等知识的必备基础。最重要的一点,学生可以将本节课所积累的学习经验应用到其他的数学公式的学习中,比如接下来的完全平方公式。所以,平方差公式的学习在初中代数领域中占有很重要的基础地位。

二、课堂活动

(一)第一环节:联系实际,感知公式的产生

小颖家有一块菜地(如左图正方形中的阴影部分),由于城市建设被占用,村里给小颖家一块如右图所示的长方形菜地,长方形的长比原正方形边长多 y 米,宽比原正方形边长少 y 米。如此一来,小颖不知道自己家的菜地面积是否发生变化,因此小颖带着这样的疑惑和我们一起走进了"平方差公式"的课堂。

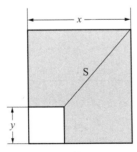 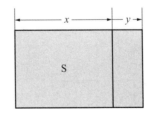

【设计意图】以生活情境的形式引入,激发学生探索本节课知识的热情,同时渗透数形结合的思想,为后面几何验证公式奠定基础。

(二)第二环节:联系旧知,揭示公式的形成

1.做一做:利用多项式乘法计算下列各式(教材20页)。

(1)$(x+2)(x-2)$　　　　　　(2)$(1+3a)(1-3a)$

(3)$(x+5y)(x-5y)$　　　　　(4)$(2y+3z)(2y-3z)$

【设计意图】在本环节，教师直接提供一组与推导平方差公式有关的计算题，让学生联系多项式乘法感受公式的形成，感受平方差公式是多项式乘法的特例，培养学生从特殊到一般的推理能力。

2. 想一想：

（1）一般来说两个二项式相乘，应得到四项，为什么这几道题的结果却只有两项呢？

（2）观察这些式子，你有什么发现？

（3）观察运算结果，你又发现了什么？请与同伴交流。

【设计意图】培养学生从数学的角度自主观察、归纳和总结，并在交流过程中培养学生的语言表达能力。

3 猜一猜。

能不能大胆猜测得出一个一般性的结论？你能将猜测的这个结论写成公式吗？

理解1：在算式及其运算结果中，左边是两个二项式相乘；在两个二项式中有一项完全相同，另一项互为相反数；右边为相同项的平方减去互为相反数的项的平方。

理解2：两数和与这两数差的积，等于它们的平方差。

平方差公式：$(a+b)(a-b)=a^2-b^2$。

【设计意图】根据前面的铺垫，引领学生进行更深入的探究，培养学生从一般中发现特殊，再从特殊中得到一般规律的数学素养，并进一步发展学生的观察、归纳、类比、概括能力，以及有条理的思考及语言表达能力。

（三）第三环节：数形结合，验证公式的合理性

1. 代数验证：

运用乘法分配律将多项式乘多项式转化为单项式乘多项式，进一步体会转化的思想，从而验证猜想。

$(a+b)(a-b)=a^2-ab+ab-b^2=a^2-b^2$。

2. 几何验证：

在一块边长为 a 的正方形纸板上，因实际需要在一角上剪去一块边长为 b 的正方形，剩下部分的面积是多少？

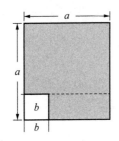 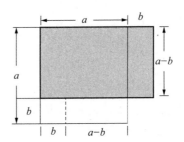

方法一：用大正方形面积减去小正方形面积，即 a^2-b^2。

方法二：割补法——可以把剩下的部分分割成两个矩形，然后拼成一个矩形来计算。得到新矩形的面积为 $(a+b)(a-b)$，利用面积相等推得平方差公式：$(a+b)(a-b)=a^2-b^2$。

【设计意图】让学生从代数和几何两个方向来验证平方差公式，更好地理解和掌握公式，培养学生多角度思考问题的习惯，并渗透数形结合思想。

（四）第四环节：典例讲解，凸显公式的本质

例1：下面的多项式乘法中哪些可以用平方差公式？

(1) $(ab+8)(ab-8)$　　　(2) $(2x-y)(2x+3y)$　　　(3) $(x+y)(-x-y)$

(4) $(1-x)(-1-x)$　　　(5) $(a+b-c)(a-b+c)$

例题分析：

（1）公式的结构特征：左边是两个二项式相乘；在两个二项式中有一项完全相同，另一项互为相反数；右边为相同项的平方减去互为相反数的项的平方。（2）字母的广泛含义：公式中的 a、b 可以表示数，也可表示单项式或多项式，只要符合公式的结构特征，就可用此公式来计算。

【设计意图】理解并掌握公式的结构特征，是这节课的重点，也为下一个环节——平方差公式的准确应用打下基础。因此，应让学生充分思考，体会，发表自己的看法，达到真正理解的目的。发展学生的观察、归纳、类比、概括等能力，以及有条理地思考及语言表达能力。

例题变式1：利用平方差公式填空并计算。

(1) $(ab+8)(ab-8) = (\quad)^2-(\quad)^2=(\quad)^2$

(2) $(2x-y)(2x+y) = (\quad)^2-(\quad)^2=(\quad)^2$

(3) $(1-x)(-1-x) = (\quad)^2-(\quad)^2=(\quad)^2$

(4) $(a+b-c)(a-b+c) = (\quad)^2-(\quad)^2=(\quad)^2$

【设计意图】以填空的形式让学生初步尝试运用公式分清结构，找准 a、b，学会公式的应用，有效地进行难点突破。找 a、b 的关键是找符号相同的项和互为相反数的项。谁是 a，谁是 b，并不以先后为准，而是以符号为准。利用不同的符号将相同项和相反项勾画出来，很好地突破了难点，得出平方差公式的本质，即结构的不变性、字母的可变性。(3)(4) 小题，逐步加深难度，让学生初步感知换元、整体代换的思想方法，通过思考解法的多样性，培养学生的创新精神。

例题变式2：对于上述不能用平方差公式的多项式乘法，如何修改就可以用呢？

$(2x-y)(2x+3y)$ 可改为：$(2x-y)(\qquad)$

$(x+y)(-x-y)$ 可改为：$(x+y)(\qquad)$

【设计意图】通过这样一组例题变式，提高学生的认知水平，进一步深化其对平方差公式的理解，培养学生的逆向思维和发散思维能力。对于不能用平方公式的多项式乘法，只需要根据公式特点保留相同项，将另一项改成相反数即可。

跟进练习：利用平方差公式计算下列各题（教材21页，习题1.9）。

(1) $(3x+7y)(3x-7y)$　　　(2) $(-2x+3y)(-2x-3y)$

(3) $(5m-n)(-5m-n)$　　　(4) $(a^n+b)(a^n-b)$　　　(5) $(a+1)(a-1)(a^2+1)$

【设计意图】为了解学生是否真正掌握了完全平方公式，我设计了如下跟进练习，

先让学生独立完成，再小组互评，发展学生合作交流的意识。

例2：在一次速算抢答赛上，主持人提供了两道题：

（1）$102 \times 98 = ?$　（2）$123^2 - 122 \times 124 = ?$

主持人话音刚落，有一个学生就刷地站起来抢答说："第一题等于9996，第二题等于1。"你知道他是怎么算的吗？

分析：（1）$102 \times 98 = (100+2)(100-2) = 100^2 - 2^2 = 10000 - 4 = 9996$。

（2）设$123 = a$，原式$= a^2 - (a-1)(a+1) = a^2 - (a^2-1) = 1$。

【设计意图】通过这个例题，让学生体会平方差公式的简洁性，从而完善学生认知结构。同时，培养学生用字母表示数的意识，发展学生的符号感，达到学以致用，使学生产生成就感，进一步调动学生学习数学的积极性。

（五）第五环节：回归实际，感悟公式的应用

1. 现在你能帮小颖解决疑惑了吗？

2. 如果问题变为小颖家原有一块正方形菜地，现政府征地后重新给了他们家一块长方形菜地，其中长比原来正方形边长多2米，宽比原边长少2米，那么菜地面积又是如何变化的呢？

解：设原来的正方形菜地边长为x，

$s_1 = x^2$，$s_2 = (x+2)(x-2) = x^2 - 4$；

∵ $s_2 - s_1 = x^2 - 4 - x^2 = -4$；

∴ 现在的菜地面积比原来减少了4平方米。

【设计意图】问题1的设计，是对课前小颖疑惑的解答做到了整节课的前后呼应；问题2的设计，不仅发展了学生字母表示数的意识，还让学生感受到了数学公式的趣味，从而体会到数学的应用价值，实现"人人学有用的数学，人人都能获得必需的数学，不同的人在数学上得到不同的发展"。

（六）第六环节：反思小结，获得数学能力

1. 你是如何理解平方差公式的？平方差公式与多项式乘法有什么区别与联系？

2. 结合学习平方差公式的学习过程，谈谈在公式探究中经历了怎样的过程？

3. 你学到了什么策略？其中用到了哪些数学方法？

【设计意图】小结是构建和完善学生认知结构的重要环节，小结时，力争做到：问题聚焦、思之有方、言之有度、梳理归纳、提炼升华、能力迁移、画龙点睛、释疑解惑、激活思维。对于今后数学公式的学习，都可以采用本节课所积累的方法。

【课堂观察】

一、学生的学习行为

（一）有效学习行为

学生通过几个特例及观察、归纳、类比、猜想等探究过程发现规律，并在自主、合作交流的过程中发展有条理的思考和语言表达能力，之后用代数和几何两种思路来验证公式的合理性，感受数学的严谨。然后再通过例题熟悉公式，初步感知换元、整体代换的思想方法，并感受平方差公式的简洁性。最后浅谈收获，梳理归纳，提炼升华。

（二）无效学习行为

在发现规律之后，有部分学生不能用语言描述自己发现的规律，在合作交流中，没有积极参与其中。

（三）错误的学习行为

在用字母表示一般规律时，有学生照搬教材中的公式及理解，没有自行理解。

（四）解决问题的办法及建议

在小组合作交流过程中，需要人人参与，可以由学生自行分配交流的任务，大胆参与其中的学生都值得肯定。

二、教师的教学行为

（一）有效教学行为

本节课我采用"情境引入—自主探究—指导思考—猜想规律—共同验证—典例分析—反思小结"的教学策略，由生活中的情境入手，激发学生的学习兴趣，让学生带着疑惑探究；紧接着通过几个特例，引领学生进行自主探究，并在例题讲解中，让学生熟悉公式，初步感知换元、整体代换的思想方法，并感受平方差公式的简洁性，完善学生的认知结构。

（二）无效教学行为

例2中$(a+b-c)(a-b+c)$的计算难度较大，在教师多次提醒、引导之后，仍只有部分学生反应过来，因此本题应放在第二课时，不适宜出现在新课的学习过程中。

（三）错误教学行为

在用几何法验证公式的合理性时，学生未想到如何验证，教师就直接告知方法及思路，未多加引导。

（四）教学困惑

如何根据学生个体的差异，让每一个学生都能在课堂中有所思考，激发所有学生自主探索的兴趣。

（五）解决问题的办法和建议

1.教师在课堂中要尊重学生的个体差异，平等地与学生交往，鼓励学生积极参与，从内心深处感受和理解学生，因材施教。

2.学生是课堂的主导者，因此，教学中要重视学生的主体性，给予学生充分的时间思考、交流。

另外，在备课的过程中，也要根据学生实际情况，准备针对本堂课合适的例题。根据学生的情况创造性地使用教材。

【自主反思】

课堂是允许学生犯错的地方，不要怕学生犯错，遇到错误就要把错误当成课堂的一个生成点，当作探究的出发点，从错误中思考，辨析，给学生思维发展提供一个空间，让真理在争论中浮现出来，让思维在错例的辨析中得到深化，这种方式比教师直接告知要好得多，更能让他们牢记。

在课堂的自主讨论环节中，对于重点问题一定要给出充足的独立思考时间，不要让少部分优秀学生的答案掩盖了实际有可能出现的问题。教师要尽力给学生提供宽松和谐的环境，让每一个人都参与其中，不怕出错，这样问题就会被引出并得到解决。要充分相信我们的学生，他们有可能会给我们带来意想不到的惊喜。

（李灵　成都高新新源学校初中部）

插上自主的翅膀，走向深度学习

——《乘法的简便运算（练习）》教学实践与思考

探索基于核心素养的自主教育实践路径，促进孩子的深度学习，已逐渐成为国内基础教育改革与发展的时代需求。

基于核心素养的自主教育实践，其思路和策略是从以教为主转变为以学为主，让学生成为真正的学习主体，建立师生学习共同体，让师生在开放、互动的教学环境中互相影响，共同提高。

"深度学习"则是学习者基于理解性学习的目的，将新知识主动纳入已有的知识、经验结构中，采用批判、反思、整合、迁移等方式，最终掌握知识的深层结构，达成知识深度理解的学习活动。

回归到课堂，作为教师应该怎样自主地"深度教学"，从而进一步促进学生自主地"深度学习"？基于核心素养的"深度教学"应该是基于价值引领的教学、基于真实情境的教学、基于高质量问题的教学、基于学科内和学科间的整合性教学、基于思辨的教学、基于微探究的研究性教学。今天，我就从练习课入手，结合自己的教学实践谈一些认识。

一、从"无意"到"有意"，游戏导入，挖掘简便运算的特征

我国小学数学教学法的奠基人俞子夷先生说："不练，学生无从想起！"这一句话，把练习与思考的关系说得一清二楚。练习是载体，通过练习才能引发学生思考，教师才能发现学生已经学会了什么，还有什么问题。

练习课和新授课相比，看似缺少一种固定的结构和内在逻辑，但是，如果我们改变一下观念，打破"按老师的理解"去练习的常规，而是完全从学生出发，即学生不考虑的，老师就不考虑，学生在考虑什么，老师就考虑什么，这体现了自主教育，也是深度学习倡导的。题从学生中来，让学习像呼吸一样自然，注重学习的自然发生，直接指向学生学习的本质，催生学习方式的悄然变革。

师：提到乘法简便计算，你能想到哪些简便计算题？选一道写在纸上。

师：选择学生的三道贴在黑板上。（$25 \times 5 \times 4$，$83 \times 26 + 17 \times 26$，$12 \times 92 + 6 \times 16$）

师：如果只让你选择两道进行计算，你会选哪两道，为什么？（生答）绝大部分同学都会选第一道题和第二道题，为什么会这样？

生：因为简单啊，一眼就能看出来。

师：既然一眼就能看出来，那请快速算一算。来，请说说你的想法。

生：第一道我看见数字25和4，这个算式结构可以利用乘法交换律，这样就简算了。

师：绝大部分的孩子选择了前两道，为什么只有少数人选择第三道？

生：有点难，一眼看不出来。

师：一眼看不出来啊？谁能在黑板上算算？

（生上黑板计算）

师：说说你的想法。

生：我把16拆分成了2×8，使2和6凑成12，这样就和前面的乘数相同，而且可以凑整，就可以利用乘法分配律简算了。

师：其实，不管我们有没有见过，一眼能不能看出来，简便计算始终离不开两个特征，是什么？

生：数字，运算律。

师：对！不管是什么题，一要看数字特征，二要看运算特征。有的题，数字特征很明显；而有的题，要变一变才能有感觉，但无论如何，都离不开观察数字特征。

师：那我们学过的乘法运算律有哪些？一起说。

生：乘法交换律，乘法结合律，乘法分配律。

师：（手指黑板小结）孩子们，我们在进行简便计算时，除了要观察数字特征，运用运算律，还要把数字特征和运算特征结合起来思考，（手指）结合起来看，这道题简算依据是利用（乘法交换律），那这道题呢？（乘法分配律），这道题我们变一变就可以用乘法分配律简算。

从一开课，老师就以学生为主体，关注学生在思考什么，那我们就直接进入学生思考的核心去，请学生写题目，请学生创编不同的简算题型，教学素材全部来源于学生。看似"无意"，实则"有意"，这样的学习才是自主的，才是有深度的。这一过程强化了学生的自主性，让孩子既在回忆乘法简便运算的知识，又在专注观察老师是否选择自己的算式，通过对比"一眼看出"和"一眼看不出"，孩子们对数字特征和运算特征有了深层次的思考，而不是像多数类似的练习课过于侧重技能技巧的训练，单纯地将简便运算和计算相联系，通过大量程式化的训练达到熟练的程度，导致学生只会条件反射似地运用定律去做题，对数据的敏感性不强，不善于观察，缺少对简便运算的自我要求。

二、从"点状"到"多维"，纠错分享，帮助学生建立简便运算意识

"简便运算"主要是培养学生的一种意识，到底是什么意识呢？教师的角度跟学生的角度是不一样的，这就需要在练习设计中，教师和学生一起从错题原型出发，到计算实例、意义解释、算理解释等多角度去缜密思考和辨析。原来在学生眼里的简算意识就是"凑整"，就是"一眼就能看出"，就是"要转个弯"，就是"要变一变"，而最本质的就是对数字特征、运算特征的一种感觉。

（1）(80+8)×125=80+8×125

（2）(40×4)×25=40×25+4×25

（3）63×99=63×100-1

师：我出示的这三道题，有错吗？若有错，圈出错误之处并改正。

师：第一道，谁来分析一下？

生：用错运算律，想成乘法分配律了。

师：刚刚从运算特征辨析了这道题，你还能从其他角度分析吗？比如乘法意义。

生：80+8的和也就是88个125，下面分成了8个125和1个80，明显变小了。

师：从意义上进行了分析，我们利用运算律在改变运算顺序的时候，要保证算式大小不变，进行等值转换。

师：第二道，第三道，谁来分析一下？

（学生从意义、算式的特征等多方面进行深度分析）

数学知识之间是紧密联系的，通过教师自主选择，从孩子们的错题原型出发，充分挖掘知识的生长点，从意义解释、算理解释等多角度缜密思考，在深度辨析的活动中将静态的知识激活，让学生摆脱以往的固化思维，不只是盲目去套用运算律的形式，盲目凑整，而从乘法的意义入手去深入理解这样简算的依据与意义，也就是"知其然，知其所以然"，在全面、仔细地观察与思考中，展开自主的深度学习。

三、从"牵引"到"开放"，创编习题，聚焦简便运算的思维过程

学生的深度学习，必然指向理解性学习、探究性学习，经历从简单到复杂，从浅显到深入的过程。在创编练习设计中，教师提供学生自主的学习空间，帮助学生多角度地观察，多方位地感受，在不同的对话交流中找到不同经验间的本质联系，在比较沟通中达成对已有经验的改造、生长和构建，从而促进学生对简便运算深层次的理解，发展其数学思考。

师：我现在出示这样几个数字：25、125、32、98、64、102、4。

要求：

1.选择其中的一些数字，数字可重复，编出不同类型的乘法简便计算题，越多越好。

2.不计算。

3.写在作业本上。

（生独立创编）

师：好，时间到，我来采访一下你们。（指一生）你编了几道题呢？（又指一生）你呢？

生1：8道。

生2：12道。

师：那把你写的题和同桌互相说一说，先说说你的能不能简算，如果能，说说你的计算方法，开始吧。

（同桌互相交流）

师：好了，谁愿意跟我分享一个自己编的算式？请写在黑板上。

生：$125 \times 25 \times 32$。

师：谁再来一道？

生：$64 \times 98 + 32 \times 4$。

师：请在作业本上计算这两道题。

（生计算）

师：第一道，谁来说一说？

生：把32拆分成4×8，再利用乘法交换律和乘法结合律变成25×4和12.5×8，进行简算。

师：第二道呢？

生：我把4拆分成了2×2，使2和32凑成64，从数字和运算看，就可以利用乘法分配律简算了。

这个环节关注每个学生在学习过程中的体验，通过观察数字特征，联系运算特征，创编题型，聚焦思维，让孩子们在两分钟内进行自主创编，孩子们由浅入深，从创编快速简单的"一眼看出"的简便运算题，到进一步对已有的数字进行抽丝剥茧，创编出"一眼看不出"的简便运算题，进一步升华对简便运算的理解。然后同桌交流，在互相交流的过程中查漏补缺，思维碰撞。最后计算练习，不让学生浮于口述的表面，而是落到实处去算，给孩子们创造充分自主的环境进行深度学习。

四、从"课堂"到"实际"，梳理反思，体验简便运算的优越性和实用性

新课程强调人人学有价值的数学，人人学有用的数学。因此，数学学习必须加强与生活实际的联系，让学生感受到生活中处处有数学。数学只有回到生活中，才会显示其价值和魅力，学生只有回到生活中运用数学，才能真实地显现其数学学习水平。

师：一个人准备买25桶颜料，每桶44元，他身上有1200元，够不够？你能不能帮他快速算一算？

（生思考解决）

师：谁来分享一下解决思路？

生：把44拆分成40+4，再利用乘法分配律简算。

生：把44拆分成4×11，再利用乘法结合律简算。

师：刚刚两位同学给出了两种简算方法，我们看看。这边根据数字特征拆成了40+4，我们就利用乘法分配律简算；这边拆成了4×11，我们利用乘法结合律简算。看来，根据数字特征拆成了不同的数字，应该根据不同的运算律进行简算。

师：你们喜欢哪种？第一种的举手？第二种的呢？

（生举手示意）

师：看来，简便计算真的能快速帮助我们解决生活中的实际问题。

师：今天我们进行了乘法简笔运算的练习，回头来看看，我们经历了分享算式，找错纠错，创编挑战，解决实际问题，你学到了什么？

生：在简便运算时，要灵活运用数字特征和运算特征，有时还要把它们结合起来思考。

反思梳理与拓展运用是学生长才干、长能力的渠道。通过逛超市买东西的实际问题引导学生梳理、反思整个学习的过程，经历简便算法的多样性，让孩子感受到简便运算的优越性和实用性；学习简便运算的策略，积累简便运算的能力，让简便运算成为孩子的一种自我需求和能力的体现。最后，从学习中反馈自己的收获与体会，让学生在较短的时间内对这节课最重要的东西加以回顾提升，明白乘法简便运算就是"凑整"，就是"一眼就能看出"，就是"要转个弯"，就是"要变一变"，而最本质的就是既要抓住数字特征和运算特征，还要把它们结合起来思考。通过深化对课堂教学内容的理解和把握，使得新知识具有更大的迁移价值，为后继的学习和运用奠定基础。

（达小卫　四川省成都高新区实验小学）

参考文献

1. 何玲，黎加厚. 促进学生深度学习［J］. 现代教学，2005（05）.
2. 朱开群. 基于深度学习的"深度教学"［J］. 上海教育科研，2017（05）.

借助数学活动促学生自主探究

【课堂案例1】

一、案例描述

著名心理学家皮亚杰说:"活动是认识的基础,智慧从动作开始。"引导学生主动参与数学活动,让学生在自主探究的学习实践过程中获取知识,学会学习,是小学数学课堂教学实施素质教育的需求。因此,数学课堂要设计一些可操作性的活动来调动学生的主动性、积极性和创造性,使学生最大限度地参与到探究新知中来,通过学生自己动手、动口、动脑等实践,使外部的学习逐步内化为内部的智力活动,通过全方位的学习训练促进学生知识与智能的协同发展,提高数学课堂教学的实效性。在一年级下册《探索规律》和《认识图形》的教学中,我就结合孩子们的生活实际,设计了一系列数学活动,让学生有充分的自主探究的空间和时间,同时教师充分发挥主导作用,给予学生适时的提示、点拨,使得学生的探究活动既发挥了实际作用又能有序进行。

二、课堂活动

(一)激趣导入

同学们,今天和我们一起上课的还有两个新朋友,他们是谁呢?(出示图片,图略)

【设计意图】借助学生喜欢的卡通人物小猪佩奇和乔治,激起学生的学习兴趣。

1. 初次见面,他们给我们带来了好吃的水果,请你仔细观察,看谁能在短时间内记住他们带来的水果。

2. 课件出示乔治和佩奇带来的水果，短暂停留之后消失。提问：你记住了哪一组水果？再现水果，提问：为什么这么短的时间，你对佩奇带来的水果记得这么准确？

【设计意图】通过记忆小游戏引入，让同学们发现一组水果是有规律的，另一组是没有规律的，从而引出课题——探索规律。

（二）活动探究发现规律

◎创设情境

再过一周就到6月1日了，你们知道6月1日是什么节日吗？（儿童节）为了庆祝六一儿童节，学校要举办一场大型庆祝活动，这就需要对活动会场进行布置，老师已经布置了一部分，我们一起去看看吧。老师是用什么布置会场的？（彩旗、盆花和彩灯）怎么布置的？有什么规律吗？

【设计意图】通过熟悉的情境，让学生感知规律就在自己身边，有存在价值，值得探究，从而为进一步探究规律做好了铺垫。

◎ 结合主题图，探索彩旗、盆花和彩灯的排列规律

1. 彩旗规律：学生通过摆一摆、圈一圈、说一说等数学活动发现彩旗重复排列的规律，老师适时点拨、引导，把规律表述得简洁、清楚。

引导学生整理、归纳彩旗排列规律的方法和概括表述规律的语言。比如：先找（几面旗子）为一组，接着观察都是按（什么顺序）重复排列的。同时板书"（　　）为一组，按（　　）顺序重复排列"。

【设计意图】孩子们通过手、眼、耳、嘴、脑等多种器官参与数学活动，激发了学习的欲望，体现了自主性和主体性；教师引导学生整理学习方法，运用迁移规律，为后续学习做准备，提高学习实效性。

2. 你能不能像探索彩旗规律那样找到盆花和彩灯的排列规律呢？（盆花排列规律使用迁移规律容易发现和表达，封闭彩灯的排列规律就要借助学生动手操作了：按顺时针方向观察，找四个同学根据不同起点找到不同的排列规律）学生在触摸屏上展示发现封闭彩灯的排列规律的过程，边操作边说规律。

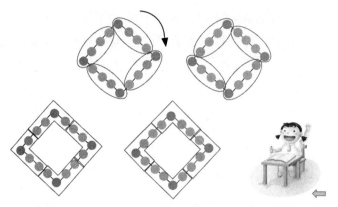

【设计意图】让学生在操作中感悟：观察方向和起点不同，重复排列的顺序就不同，所以一定仔细观察。

（三）应用规律

刚才我们探索出了彩旗、盆花和彩灯的重复排列的规律。我这里还有一些图形也是按规律排列的，只是丢失了两个，会是什么图形呢？让我们一起猜猜看。

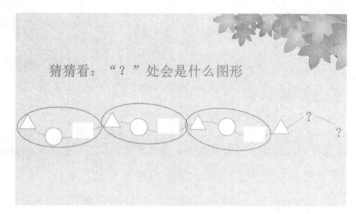

【设计意图】通过"猜猜看"游戏激发孩子的学习乐趣，检测孩子是否能够运用刚才的学习方法来发现图形中存在的规律，同时还可以借助此题拓展学生思维，从而发展学生的猜测推理能力。

（四）创造规律

1.你想亲自布置会场吗？老师给你带来了灯笼，请你有规律地排列这些灯笼，边摆边说规律。

【设计意图】展示学生用同样的灯笼呈现的不同的排列规律，激发学生的创新意识和能力。

2.为了让我们的庆祝会场更漂亮，我们还要用气球装扮，请你拿出画有气球的学习单，按要求有规律地给气球涂色，并且体现出规律。

【设计意图】给学生提供自主创新的空间，激发学生的创作热情和想象力。

（五）欣赏规律

其实规律不仅存在于会场布置中，更存在于我们的日常生活中，找找看，你发现了哪些规律？接着欣赏生活中的规律美并谈感受。

【设计意图】学生感知规律美，形成审美意识，同时感知数学离不开生活。

（六）拓展延伸

利用今天我们探索出的重复排列的规律，为妈妈设计一条精美的项链，把设计图画出来。

【设计意图】引发学生运用数学知识美化生活，感悟数学的应用价值。

【课堂观察】

一、学生的学习行为

（一）有效学习行为

学生能够通过摆一摆、圈一圈、画一画、说一说等数学活动，积极参与到探究中，通过观察、操作、猜测、推理等自主探究图形间简单的重复排列规律，并能用简洁的语言表述规律。

同样的学具不同的摆法可展示不同的排列规律，既加深了学生对重复排列规律的认识，又培养了其创新意识和能力。

（二）无效学习行为

操作时的不熟练和无序浪费了时间，使得探究过程显得不充分。

（三）错误学习行为

学生将重复排列规律和分类混淆了，因此干扰了对规律的正确认识。

（四）学习困惑

怎么将操作和语言表达有机联系起来是学生薄弱的地方。

二、教师的教学行为

（一）有效教学行为

老师设置的情境激发了学生的探究欲望，有效地引导学生动用多种感官主动参与数学活动；提供了充足的思考和创新的时间、空间，发挥了学生的主体性，达到了预期目标。

（二）无效教学行为

老师的引导性问题或提示还比较多，应该充分放手，由学生根据信息提问、探究，发现规律和表达规律。

（三）错误教学行为

当学生将分类与重复排列规律混淆时，没有讲清楚二者的本质区别，就匆忙否定分类不是规律。

（四）教学困惑

如何合理安排学生的探究过程，如何做到既能适时点拨又能给学生足够开放的思维空间，同时还能完成学习目标，这是教师的困惑。

【课后反思】

课堂中通过动手操作，自主探索，合作交流等数学活动使不同层次的学生自主创造出不同层次的规律，有图形形状的规律，颜色规律，数量的变化规律等，学生多种感官协同合作，经历了探索规律的过程，切身感受到数学的美和作用，享受到学习数学的乐趣，激发了学生的创新意识和能力，也充分体现了学生学习的自主性。整个教学过程紧紧围绕生活中的规律，让学生感受数学与生活是息息相关的，是有用的。

本节课的不足之处：发现、培养学生的创新意识平时做得还不够，体现在学生创造出的规律大多缺乏新意；教师的问题引领还不能引起学生深度思考，提示性问题还是比较多，限制了学生充分的自主性和发散性学习；对于课堂生成资源没有好好利用。今后我将加强学习研究，坚持理论与实践相结合，实践中反思，反思后再实践，真正把课堂还给学生，充分通过数学活动促进学生的自主发展。

【课堂案例2】

一、导入

老师在课件上出示学生喜欢的立体图形积木。接着学生通过对积木的观察、触摸，感知它们的不同形状，是立体的、多面的，每个面是光滑的、平的。既复习了以前的知识，也为学习新知识做了铺垫。同时老师在黑板上贴出立体图形图片。

【设计意图】出示学生喜欢的积木，激发学生的学习兴趣和探究欲望。

揭示课题：在图形的大家庭里除了立体图形，还有另一个庞大的家族，那就是平面图形（课件出示：平面图形），今天我们就一起认识这些有趣的图形（板书：认识图形）。

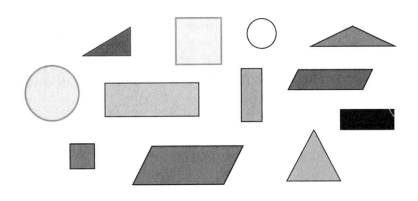

二、问题引领，任务驱动，探究新知

（一）感知"面"在"体"上

这些平面图形就藏在你的积木上，它的某一个面就是平面图形，请你找一找，摸一摸，然后汇报交流。摸的感觉是"平"（引导学生说出"面"的主要特点是"平"）。

提问：你在什么立体图形上找到了什么平面图形？

【设计意图】一年级学生好玩好动，刚好通过观察、触摸立体积木的某一个面，体会"面"在体上，初步感知立体图形和平面图形的关系。

（二）自主探究

把立体图形一个面的形状留到白纸上。老师提供印泥、剪刀、彩笔三种工具，学生印一印、剪一剪或者画一画，接着汇报并展示做法：留在纸上的就是立体图形的一个面，是平面图形。最后，老师和学生一起总结：虽然所选立体图形不同，用的方法不同，但留到白纸上的都是立体图形的一个面，平平的，所以叫平面图形。

【设计意图】通过把立体图形的某一个面留到纸上的操作过程，让学生亲自创造出了平面图形，这比老师多次用语言讲解平面图形的意义来得更生动，学生的认识更深刻更清晰。

（三）按照形状不同给平面图形分类

想想可以怎么分，为什么这样分？然后汇报展示。对于平行四边形的认识要借助长方形变形成为平行四边形的学具，并且进行对比，加深认识。

【设计意图】通过分类活动，渗透分类思想。同时能在分类中帮助学生建立长方形、正方形、圆、三角形、平行四边形的概念，在生生交流、师生交流中正确区别、辨认这些图形。

（四）对比、区分立体图形和平面图形

你能找到平面图形和立体图形的区别吗？（立体图形能站起来，平面图形站不起来；立体图形有好几个面，平面图形只有一个面；立体图形有棱角，平面图形是平的）。

【设计意图】在对比、观察和回顾中体会到"面"由"体"得，以及"面"与"体"之间的联系与区别。同时培养了学生的观察能力、语言表达能力以及分析、比较、概括的能力，从而发展了学生的空间观念。

三、巩固提高

通过"认一认、看一看、找一找、填一填、圈一圈、猜一猜、数一数、赏一赏、画一画（用平面图形绘制一幅漂亮的图画）"等适合孩子特点的形式巩固所学，提升认识，激发兴趣，培养审美能力。

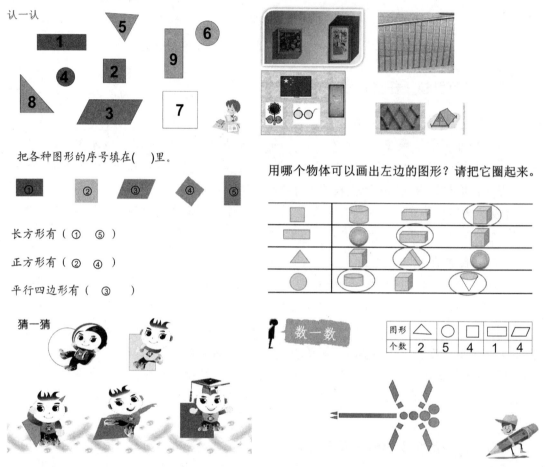

把各种图形的序号填在( )里。

长方形有（ ① ⑤ ）

正方形有（ ② ④ ）

平行四边形有（ ③ ）

【设计意图】通过学生感兴趣的形式对不同平面图形进行区分、辨认，使学生体会到平面图形就在我们身边，它们不但可以美化我们的生活环境，更有实用价值。

【课堂观察】

一、学生的学习行为

（一）有效学习行为

学生能够根据任务要求进行操作，根据问题进行思考，主动参与数学活动，积极性很高，体现了自主性学习，学习效果不错。

（二）无效学习行为

学生倾听的习惯还有待培养，在汇报中出现了雷同的情况，耽误了时间，导致不同的情况没有被充分展示。

（三）错误学习行为

操作时过于发散导致偏离学习目标。

（四）学习困惑

如何将自己的发现用简洁的数学语言表达出来。

二、教师的教学行为

（一）有效教学行为

问题引领，任务驱动，促使学生主动探究新知，让他们经历从立体图形到平面图形的过程，认识长方形、正方形、三角形、圆和平行四边形。初步体会"面"在"体"上。

（二）无效教学行为

个别学生汇报时忽视了引导其他学生倾听，造成个别学生不参与，降低了学习时效性。

（三）错误教学行为

个别问题的提出不够明确，导致学生没有达到操作目标。

（四）教学困惑

如何解决学生自主探究时的发散性和时效性这对矛盾。

【课后反思】

以学生发展为本，把"人人都能获得良好的数学教育，不同的人在数学上得到不同的发展"看成数学课程的核心理念。给孩子们营造一个自然和谐、自由平等、有充分自我展现机会的课堂氛围，给予他们充足自主发展的时间和空间，吸引学生睁开眼睛，动起手来，深入思考，亲历数学知识的形成及再创造的过程，促进主动和个性化的探究活动，使合作交流发挥实质性的作用，而非流于形式。这样的课堂才是促进学生自主学习发展、使师生成为学习共同体的课堂，这样的教育才是新时代的自主教育。

《认识图形》属于"空间与图形"领域中有关图形的知识。我精心设计的几个小任务，就是通过大量的动手操作活动让学生自主探究，在探究中主动地去思考，去发现和创新，充分调动学习的主动性和积极性，真正发挥学生的主体作用。在学生汇报时我适时点拨，引导学生用简洁准确的语言表述发现。整个教学过程体现了任务驱动，问题引领，数学活动贯穿始终，非常符合一年级学生的特点，教学效果还是不错的。当然也有问题和困惑：教师的问题设计怎么才能既让学生明白又能引发深度思考，同时又不限制学生的思维广度呢？如何引导学生有效操作，避免无效活动？我觉得还要在实践中不断探索改进。

（刘雅清　北京市通州区后南仓小学）

猜着猜着，就对了！

【课堂案例】

一、案例描述

鸡兔同笼问题是学生在学习了整数、小数实际问题的基础上学习的，这一内容的主要目的是让学生了解"鸡兔同笼"这一类趣味数学题，会用尝试、调整的方法，通过画图、列表探究解决简单的"鸡兔同笼"问题，了解有关此类问题的数学史，感受学习的趣味和乐趣。解决"鸡兔同笼"问题的方法很多，其独特的算术解题思想与方法，是方程解法无法与其比肩的，虽然方法众多，但不变的是它的内核，即结构与特征、思想与方法。它的神奇之处在于，既可以将复杂的问题简单化，也可以培养学生的逻辑推理能力。因此，如何实现训练学生的思维以及感受"尝试、调整"与"假设"思想是值得思考的重要问题。

二、课堂活动

在教学前，我对学生进行了学前调查，结果大部分学生没有任何思路，完全交了白卷；一部分学生直接用总腿数除以每只鸡/兔的腿数；只有很少一部分学生做对，方法包括一个一个试、画图、列表、假设，其中一个一个尝试的居多。通过这个调查，我们能够看出大部分学生在解决"鸡兔同笼"问题时是没有方法的，有方法的学生更多选择的是尝试法，这也是符合学生正常思维过程的。因此，"鸡兔同笼"的教学不可能一步到位，教学活动要顺应学生的思维过程，经历一个由表及里、由浅入深的过程。为了让学生更好地理解"鸡兔同笼"所蕴含的思想及方法，我设计了以下教学活动。

（一）活动一——猜硬币

激发学生的学习兴趣是学生能够主动参与学习和自主探究的前提。如何激发学生的学习兴趣，需要教师用心思考适合学生和教学内容的教学活动。游戏，是小学生天生就喜欢的事儿，所以本节课从猜硬币的游戏引入，在激趣的同时为后面学习的内容奠定基础。

活动过程如下：

1.（乱猜）袋中是什么？

2.（有依据地猜）学生根据声音判断——硬币。任意拿出3枚硬币，可能是多少钱？（学生说想法：6分、9分、12分、15分。）

【设计意图】通过猜硬币的游戏激发学生兴趣，渗透"猜测"是有效解决问题的一种办法,只是要有依据地猜测。同时,明确猜测的答案就在 6 分—15 分之间,确定范围,为后面在合理范围内猜测鸡兔的腿数做好铺垫。

3. 验证。

【设计意图】通过从开始的乱猜,到根据提示信息进行猜测,让学生明确合理的"猜"是可以解决问题的,鼓励学生敢于大胆、合理地猜测。

(二)活动二——猜猜看

整节课围绕"猜"字展开,学生经历"无序—有序—跳跃—智慧"的四次猜测活动,完整地体会思维形成的全过程。在此过程中,"假设"的数学思想贯穿始终,这不仅提高了学生自主探究和分析解决问题的能力,同时也培养了学生的数感。

具体活动过程如下:

◎第一环节:创设情境,初步尝试(无序)

出示问题:鸡兔同笼,上数 20 个头,下数 66 条腿,猜猜鸡和兔分别有几只?

追问:(1)说说你猜测的依据。

(2)我们这样猜下去,有没有猜测的范围呢?(0—20 和 20—0)

【设计意图】我并没有选用教材中总头数 8 的数据,因为数据太小无法凸显"猜"的作用,这也是鼓励学生猜测,激发学习兴趣的一种思考。其实"猜"就是一种尝试,是假设思想的体现。有了大胆的猜测才能确定起点,才可为下面利用猜测进行调整做好铺垫。

◎第二环节:大胆猜测,层层递进,感受"猜"的方法(有序)

1. 对这种无序的猜测,你有什么想说的?(麻烦、慢……)

2. 虽然很多同学的猜测都是错误的,但你认为哪组数据最有价值?

生:10、10、60,因为离 66 最接近。

鸡:10

兔:10

腿:60

追问:总腿数不相符,比 66 少了。我们怎么调整一下鸡和兔的数量,就能使总腿数更接近 66 呢?

鸡:10 9

兔:10 11

腿:60 62

师:看来这样调整的确向 66 靠近了,你会调整吗?看看能不能有所发现。

小结：这样一步一步有序地思考，不仅可以帮我们找到正确答案，还让我们从中发现了规律。

3. 小组自主探究：这个规律是否禁得住验证呢？请你任意选取一组猜测数据，利用规律调整到正确答案，看谁调整得又准又快！

4. 汇报：

（1）有序：每位学生都要会利用规律一步步地调整。

（2）跳跃：学生在尝试一步步猜测后会利用规律跳着猜。

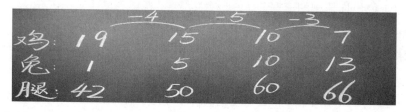

【设计意图】学生利用列表法、猜测、调整等方法找出答案。在整个过程中，学生经历了由无序—有序—跳跃的思考过程。通过有序地调整让学生发现规律，体会"变化中存在着不变"；学生利用规律进行跳跃式调整，在调整的过程中培养了数感，并运用这种有序的思考提高分析和解决问题的能力。

◎第三环节：品味独特，建立模型

鸡兔同笼，上数35个头，下数94条腿，猜猜鸡和兔分别有几只？能不能一步调整到位呢？

小结：在一步调整的过程中，我们首先要考虑的是已知腿数与猜测腿数的差距，并根据这个差距计算出只数的变化。

【设计意图】学生经历由无序—有序—跳跃的思考过程，绝大部分学生可以用"猜"与"调"的办法来解决问题。整个环节都在渗透假设的思想方法，为下节课的学习做了更好的铺垫。

【自主反思】

《义务教育数学课程标准（2011年版）》要求在全面提高学生的学习水平的同时，强调学生自主学习在整个学习过程中的重要性。我对自主的理解主要体现在两方面：第一是学生的学习动力，也就是学习兴趣和欲望，如果对某一知识内容毫无兴趣或欲望，自主学习从何谈起？第二是学习能力，也就是是否具备一定的解决问题所需的方法和技能，当学生有了浓厚的兴趣去探究，但因为无从下手，毫无办法时，也会深受打击，自主之路就此断送。那么，如何让学生爱上学习，怎样教会学生必备的学习方法和技能，是老师们需要思考的问题。

学生在整节课中都被"猜"字牵引，兴趣盎然。其实"猜"也是一种假设，特别是课堂最后学生能够一步猜到结果时，脸上洋溢着骄傲的神情。当然，因为学生能力存在差异，有些学生不具备一步调整到正确结果的能力，因此不要求全体学生必须掌握。作为教师，要考虑不同层次学生的自主学习的欲望和能力，应充分肯定和鼓励学习能力相对较弱的学生通过一个个有序列举或是小步跳跃的方法解决问题，这样可以很好地培养他们脚踏实地的学习态度和解决问题的能力。

整节课学生利用列表法、猜测、调整等方法找出答案。通过有序的猜测，学生发现了规律，体会"变化中存在着不变"；在跳跃的猜测过程中，学生或是"大步"或是"小步"，有助于数感的形成，并运用这种有序的思考提高分析和解决问题的能力。对于学生思维过程的关注，上面的设计体现了纵向思维的形成过程。有了列表法和假设法的初步渗透，学生对深入理解假设法以及众多方法间的联系和区别就显得轻松多了。

从课堂效果来看，学生经历几次猜测的过程，从兴奋、盲目的猜测，到深入思考智慧的猜测，全程都在教师的引导和激发下，主动进行分析、思考和探究，在学习中掌握和运用一定的学习方法。

其实，作为数学广角或百花园类的知识，很重要的作用就是培养学生必备的数学思想和技能，因此，在设计这节课的时候，我也是想培养学生在面对难题，无从下手或毫无对策的时候，不妨大胆假设，在尝试过程中说不定就会发现有价值的信息，顺着这些思路继续进行调整，就离"真相"越来越近了。千万不要轻言放弃，因为猜着猜着，说不定就对了！

（董爱华　北京市昌平区霍营中心小学）

语文篇

从分享零散知识到建构系统思维
——整本书阅读分享课《夏洛的网》教学评析与重构

【课堂案例】

一、案例描述

《夏洛的网》是一部描写友情的童话：在朱克曼家的谷仓里，快乐地生活着一群动物。小猪威尔伯和蜘蛛夏洛建立了真挚的友谊。然而一个坏消息打破了谷仓里的平静：威尔伯在圣诞节将会被人杀死，做成熏肉火腿！作为一只猪，悲痛欲绝的威尔伯似乎只能接受任人宰割的命运了。然而看似渺小的小蜘蛛夏洛却说："我救你。"于是，夏洛在猪栏上织出了被人类视为奇迹的网上文字，这些赞美威尔伯的文字彻底改变了威尔伯的命运，终于让威尔伯在集市的大赛上赢得特别奖，获得一个安享天年的未来。但在这时，夏洛的生命也走到了尽头……威尔伯带着悲伤和感恩抚养了夏洛的孩子！在这个故事中，作者用童话的叙事风格表现出对生命本身的赞美与眷恋，给了我们关于生命的深沉的思索。

二、课堂活动

课题板书：

走进友谊
——《夏洛的网》阅读交流

（一）课堂流程

1. 看图片猜主题。出示四幅图片，提问：你想到了什么？学生由图片内容想到了"朋友"。

2. 游戏大闯关。内容分为必答题、抢答题和判断题。公布游戏规则之后，活动正式开始。

3. 朗读小达人。先是以小组为单位分角色进行朗读，然后指名上台表演。

4. 说出我的真心话。展示学生写给朋友的一段话。

5. 推荐阅读书目。

（二）课堂分析

在这节课上，教师用儿童化的方式，通过各种活动带领孩子们对所读内容进行有趣的分享，看着认真的老师和饶有兴趣的孩子，我却陷入了一阵阵忧虑之中。下面我结合具体的课堂教学环节一一剖析。

◎**关于"游戏大闯关活动"**

在游戏大闯关活动中，教师设计了很多题目考查学生，如：

本书的作者是谁？

夏洛是谁？

书里的小猪叫什么名字？

坦普尔顿是谁？

本书的主角是谁？

威尔伯差点被杀掉，被救后命运如何？

书中的主要故事发生在哪里？

夏洛在网上织出了哪些词？

……

仔细来看这些题目，相信大家很快就能发现问题：所有的问题都停留在知识的层面，所有的问题都是零碎的问题，而且都是封闭式的问题。那么，这样的交流只能起到简单的复习巩固的作用，甚至连复习巩固的效果都不好，因为这样的呈现方式不利于记忆。

◎**关于"朗诵小达人活动"**

在这个环节中，教师指定了两项内容——救下小猪威尔伯和"光彩照人"的诞生，先是让学生以小组为单位分角色朗读，然后指名上台表演。之后，教师没有给到学生充足的练习时间，学生只能把文本串起来，便开始了汇报；然后在学生并不熟悉文本的情况下，教师又让学生进行表演。所谓的表演其实跟前面的分角色朗读没有太大区别，每个学生都盯着文本语言进行重复，而不是内化成自己的语言再进行演绎。

就这个环节而言，我特别想追问几个问题：既然是分享，朗读的内容是否能由学生决定？教师是否要发挥引领的作用，让学生的朗读能力得到一定的提升？朗读过后是否要引导评价，给学生一个正向的反馈？遗憾的是，教师只是带着学生走了一个朗读的过场，其分享只停留在活动的趣味上。

◎关于"说出我的心里话"

在这个环节，教师通过 PPT 出示了学生提前为好朋友写的几句话，有的在表达歉意，有的在表达感谢，有的表达了对朋友的思念之情……

看到这个环节，再联系教学实际，我感到我们的教师特别不放心自己的学生，害怕学生当场写不出来，显得尴尬，所以让学生提前写，课堂上只作展示；从展示的内容看，"心里话"跟主题的关联度不是很大，也无从锻炼学生的语言表达能力。我想如果这个环节是感悟后的现场生成，其意义和效果就会完全不同。

◎关于"推荐课外阅读书目"

不知道从什么时候开始，老师们在讲完一节课后，给学生推荐课外阅读的书目仿佛成了固定的动作。那么这样的推荐意义在哪里？就拿这节课来说，作为听课者，我只记得教师做了推荐，至于推荐的是什么书，我早已经没什么印象了。事实上，学生对于这样的推荐往往也是充耳不闻，老师在后面的教学中也往往不会再提。既然于事无补，又何必布置呢？

由此我体会到：教学中每一个活动的设计，我们都要用一种认真的态度，把它落在实处。如果教师觉得意义不大，或者学生不可能去完成，大可不必随波逐流；如果确实想推荐，就要动一番脑筋，有效地激起学生的阅读期待，而且在后面的学习中进一步去检查或分享。从实际情况来看，这里的分享，完全是虚晃一枪。久而久之，学生会觉得老师的布置不过是说说而已，不必在意。更糟糕的是，有的学生会用这样的想法去对待其他的学习任务。所以，这个环节的设计，完全停留在为了布置作业而布置作业的层面上，没有多少实际意义。

【自主反思】

"多读书，读好书，读整本书"这一观点如今已经成为大家的共识。不仅如此，大家对读书的方法也做过很多探究，从朱熹"读书有三到，谓心到，眼到，口到"，到徐特立"不动笔墨不读书"，再到北大教授温儒敏"一目十行地读，连滚带爬地读"，内容上从一篇一篇地读，到主题阅读，群文阅读，再到整本整本地读……大家对阅读可谓非常重视。然而，阅读价值在哪里？为了丰富知识，还是形成语感？我想，这些只是基础，阅读的终极目标是走向表达，走向生活，走向运用。

那么，表达的核心要素是什么？在《叶圣陶教育演讲》一书中，叶老先生说道："说与写均是一种技能，是运用语言文字的技能，可是究到根底，却是思考的技能。思考不是凭空的，必须凭借语言才能思考。思考放在脑子里，拿不出来，必须成为定型的语言才拿得出来（就是说出来或写下来）。这种思考的技能谁都要练好，否则交际与交流经验以及实际工作都会有所妨碍。咱们教语文，必须认清此要点。"从叶老先生的文字里，我们可以清楚地知道，无论是阅读还是表达，首先要训练学生的思维。

回到阅读，整本书读过之后，我们该分享什么？如何分享？从哪里寻找切入口呢？我认为分享哪方面的内容不重要，重要的是以下两个方面：

1. 我们的教学活动是否有思维含量？
2. 活动的目标是否有清晰的定位：通过这样的活动，学生能收获什么？

至于选什么样的方式分享，我认为也可以不拘一格，只是需要考量以下两个方面：

1. 是否以自主探究为原则，让学生经历习得的过程？
2. 是否适合儿童的思维特征，真正激发学习的兴趣？

带着这样的视角再看这节课，我认为教师最初确定的切入口是可行的，关于"友谊"这个主题，是有探究价值的，只是以"朋友"导入课题之后，其余的活动离主题越来越远了。那么，围绕"友谊"这一主题，我们如何开展呢？

【课堂重构】

一、讲"友谊"

1. 导入新课后，以小组为单位，分享文中表现友谊的段落或者词句。
2. 各小组选一位同学综合小组成员的成果上台汇报，并说一说是如何从中体会到友谊的。

二、演"友谊"

1. 以小组为单位，选择最喜欢的、表现友谊的内容分角色朗读。
2. 创造性地使用原文内容，加上一定的神态、动作，小组成员合作演一演。
3. 脱离文本，以小组为单位上台汇报表演，其他组担任评审团，对演员的台词、动作、神态等进行评价或者提出改进建议。

三、写"友谊"

1. 小组交流描写友谊的名言或者诗句。如：
（1）海内存知己，天涯若比邻。——王勃
（2）莫愁前路无知己，天下谁人不识君。——高适
（3）桃花潭水深千尺，不及汪伦送我情。——李白
（4）友谊是两颗心真诚相待，而不是一颗心对另一颗心敲打。——鲁迅
（5）除了一个真心的朋友之外，没有一样药剂是可以通心的。——培根
（6）友谊是人生的调味品，也是人生的止痛药。——爱默生

2. 通过讲"友谊"，读"友谊"，演"友谊"，小组内每个同学逐一发言，交流对"友

谊"的理解和感悟。

3. 在交流的基础上，每个人试着写一句"友谊名言"。小组交流汇报，并评选出"班级十大友谊名言"。

4. 把评选出来的"班级十大友谊名言"写在一张大纸上，然后张贴在班级宣传栏中。

如此，围绕"友谊"这个主题，用简简单单三个板块将文本内容进行了再现和巩固，并在分享中提升了思维，在表演中内化了语言，在拓展中积累了经典，还生成了对友谊的深刻认知。如此，学生的收获不再是零碎的、肤浅的，而是深入的、系统的，有思维含量的。

其实，在一本书中，可以拿来分享的内容很多，从不同的角度解读，价值各不相同。在分享时，我们不可能面面俱到，也做不到面面俱到。那么，选取恰当的主题，或情感体会，或表达特点，或逻辑思维……用一种研究的意识，进行一系列主题探究，学生的收获就不会只停留在知识或者内容的表层。在学习的过程中，知识只是个起点，后面还有比知识更重要的东西，比如思维、技能、态度、价值观等。如果通过课堂学习，学生能够举一反三，并在新的情境下恰当迁移，甚至创新、运用，又或者通过学习，获得合作能力、领导能力，形成做事的动力，获得了一生有用的东西……这样的学习活动才是有价值的、以人为本的、符合新课程理念的。每一位教师，在每一次准备教学内容时，都要想一想：我们的课程目的在哪里——不是教给学生"二手"的零碎知识，而是让学生经历习得的过程，帮助学生学会学习！

（曾海玲　深圳市福田区福南小学）

自主，让课堂灵动

【课堂案例】

一、案例描述

语文即生活，生活即语文，语文学习就是生命的学习。《江南》一课通过移情入境、大胆质疑、互相评价的方式，激发学生的学习兴趣，学生充分参与课堂生活，学习就有了乐趣。在乐趣中思考，在乐趣中求真，在乐趣中创新！学生认知内驱力被激发，昂扬的热情和认知的乐趣成为主旋律。

二、课堂活动

（一）导入

1. 老师今天和你们一起走进美丽的江南水乡，你们从图上看到了什么？（图略）

【设计意图】通过创设情境来营造氛围，激发学生对江南水乡的向往之情，让学生观察图画练习说句子。

2. 出示荷花、荷叶、小鱼嬉戏的图片：我们划着小船看到了什么？

【设计意图】引学生入境主动观察，唤起其对荷叶、荷花、小鱼嬉戏的兴趣。

（二）整体感知全诗

1. 我会读，出示图片引领。（图略）

（1）我们都是爱读书的小学生，请你借助拼音把全诗读一遍。

（2）把蓝字条里边的生字宝宝在诗中圈出来。

2. 我会认（PPT出示）。

（1）生字宝宝从诗里跑出来了，你们还认识它们吗？

江南　田田　可采莲　莲叶

小鱼　东　南　西　北

【设计意图】图片引领调动学生积极性，借助拼音自觉读准字音，认识生字。

（三）提出问题

（1）能提出问题的孩子都是聪明的，你们有问题吗？

（2）老师板书、整理问题：

可采莲？何田田？鱼戏莲叶东？鱼戏莲叶西？鱼戏莲叶南？鱼戏莲叶北？鱼戏莲叶间？

【设计意图】在提问过程中感受快乐，培养自主意识。

（四）解决问题，学习诗文

1.解决问题："可采莲""何田田"——

（1）出示图片：你看到了什么？

（2）齐读：江南可采莲，莲叶何田田。

2.解决问题：鱼戏莲叶间。

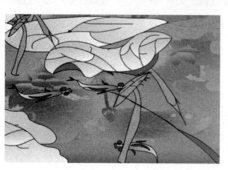 

（1）如果你是小鱼，你想游到哪里去？
（2）鱼戏是什么意思？间什么意思？
（3）朗读"鱼戏莲叶间"。

3. 解决问题：鱼戏莲叶东？鱼戏莲叶西？鱼戏莲叶南？鱼戏莲叶北？

（1）看图说一说：鱼戏莲叶东？鱼戏莲叶西？鱼戏莲叶南？鱼戏莲叶北？
（2）想一想，说一说：鱼戏莲叶间？
（3）朗读：

鱼戏／莲叶间。

鱼戏／莲叶东，

鱼戏／莲叶西，

鱼戏／莲叶南，

鱼戏／莲叶北。

（4）老师提示总分结构。

【设计意图】为学生提供图片，鼓励学生通过观察、想象，自己来解决问题。

（五）整体回顾

1. 看图，了解作者的情感。（图略）
2. 读全诗，体会情感。

3. 小练习：填一填。

"鱼米之乡"江南可真美啊！有的姑娘（　　　　　），有的鱼儿（　　　　　），有的（　　　　　）。我的心已（yǐ）飞到了江南。

【设计意图】入情境感知作者情感，自主读诗文，延伸思维。

（六）学习生字

1. 回忆正确的书写姿势。

提笔就是写字时，拿起笔要牢记：眼一尺，胸一拳，手一寸，头正，背直，脚放平，端端正正来写字。

2. 正确书写：西、可。

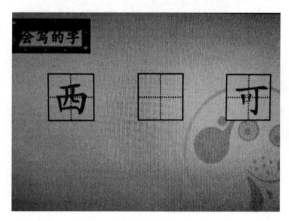

3. 师范写，学生写，讲评。

【设计意图】掌握正确的书写姿势，扎实书写。

（七）拓展延伸

春风又绿江南岸，明月何时照我还？

——王安石《泊船瓜洲》

日出江花红胜火，春来江水绿如蓝。

——白居易《江南好》

【设计意图】激发学生热爱诗歌的情感。

【课堂观察】

一、学生的学习行为

（一）有效学习行为

1. 我会问。

学生初读古诗后提出问题：可采莲？何田田？鱼戏莲叶东？鱼戏莲叶西？鱼戏莲叶南？鱼戏莲叶北？鱼戏莲叶间？学生初次学习古诗，对古诗感到新奇又陌生，他们提出的任何问题都是自心而出，如果能得到老师的肯定，就会有主动思维的积极性。

2. 我会读。

学生自己借助拼音会读全诗，圈出生字强化记忆，并对生字进行检查式的再读。

3. 小练习。

"鱼米之乡"江南可真美啊！有的姑娘（　　　　　），有的鱼儿（　　　　　），有的（　　　　　）。我的心已（yǐ）飞到了江南。

此处填空是对全诗的内容回顾，放飞了自己对江南水乡喜爱的情感，并且适时地进行从不同方面表达同一种意思的语言训练。

（二）无效学习行为

激情导入环节：老师今天和你们一起走进美丽的江南水乡，你们从图上看到了什么？学生在表达时只说一个词，或者说半句话，而且重复的语言很多，向往之情并没有得到充分激发，耽误了时间，实效性不强。

（三）错误学习行为

学生在书写汉字时不规范，评价也不到位。

（四）学习困惑

一年级学生解决问题的目标不明确，容易在回答问题的过程中衍生新问题。其他学生又会顺其道而行，影响课堂进度。而且持久性注意力也需再修行，老师需要反复调控课堂秩序。

二、教师的教学行为

（一）有效教学行为

1. 用图片直观演示，创设情境引导学生自主学习，符合一年级孩子的认知特点，使学生在和谐活跃的氛围里轻松学习。

2. 有意识地引导学生提出问题并肯定他们的行为，在学生心中埋下了主动思考的种子。

（二）无效教学行为

老师让学生体会全诗的情感，以图片的形式呈现内容。"江南是个好地方！那里的孩子可以划着小船到湖面上采莲蓬，看活泼可爱的小鱼在莲叶间嬉戏，真开心啊！"此环节学生根本不用思考，没有必要设置，应将重点放在让学生感受作者的情感上面。

（三）错误教学行为

学习写生字时，老师边讲解汉字结构边板书，导致学生观察和倾听两种能力的混乱，造成学生书写不规范。

（四）教学困惑

如何有效引导学生的学习情绪，调动他们的积极性，顺利完成40分钟的教学任务？

【自主反思】

　　40分钟的学习对于一年级的学生来说是漫长的，因此激发学生的学习兴趣非常关键。体验不同的角色，会让孩子们保持兴奋感，兴奋感就是他们学习的动力！教学中每个环节的直观图片都能很好地刺激他们的学习兴趣。新奇和谐的环境更能维持注意力的持久性，引导他们主动认知。

　　提问是自主学习的开始。一年级的孩子纯净得就像一张白纸，在他们的思维空间上烙下"我要问"的印记，会让他们受益一生。的确，孩子们在课堂上问出了自己心中的不解。"可采莲？何田田？鱼戏莲叶东？鱼戏莲叶西？鱼戏莲叶南？鱼戏莲叶北？鱼戏莲叶间？"古诗本身文字就少之又少，课堂上学生把所有的文字都变成了问题。

　　评价是自主学习的方向。学生读过全诗能够互相评价，学生写完生字能够互相评价，虽然不尽善尽美，只为让他们知道做事之后有结果，结果会有是与非。人人心中都应该有杆秤，衡量别人、衡量自己。对的要坚持，错的要改正。"我会读，我会问，我会写"，老师的评价隐于教学环节里，直接评价、间接评价、学生评价、老师评价，在多元评价定位中让学生找准自己学习的方向。

　　教学相长，老师要低下头来！面对课堂上学生书写不规范的现象，我明白自己边讲解生字结构边范写的方法是错误的。一年级学生年龄小，生理、心理发展规律是不接受多种感官同时使用的！观察就观察，倾听就倾听，模棱两可的场面会造成他们认知记忆的混乱。另外，凡事不能心急，书写后的评价太流于表面，以后要谨记，教师是学生的榜样，学生会成为教师的镜子！

（商文伟　北京市通州区后南仓小学）

让学生在课堂上"动"起来

【课堂案例】

一、案例描述

语文课程标准指出：阅读教学是学生、教师、文本之间对话的过程。学生在教师的引领下，与文本充分对话，真正了解文本内容，体会文本情感，才能真正成为课堂的主人，感受阅读的快乐。《雷雨》一课力求引领学生真正走进文本，在师生、生生互动的阅读实践中，自由、充分地与文本对话，读出自己的理解，体会文本的情感。在课堂上让学生在多种形式的语文实践活动中"动"起来，感悟语言，积累语言，运用语言，习得方法，全面提高语文素养。

二、课堂活动

（一）文字导入，激发兴趣

1. 出示"雷""雨"古文字发展图片，猜一猜这是哪个字？

（1）　　　　　雷

（2）　　　　　雨

2. 一个雷字，一个雨字，组成了一个新的词语：雷雨。你们看，汉字就是这么有趣，一个字就像一幅画，向我们诉说着一个故事。

3. 今天我们一起来学习一篇课文《雷雨》。请同学们跟老师一起书写课题。

【设计意图】从"雷雨"这个词语入手，将象形字、会意字的文字演变过程呈现出来，使学生感受到汉字的神奇，从而激发学生的学习兴趣。

（二）学习生字，理清顺序

1. 用喜欢的方式读课文，注意读准字音，读通语句。

2. 学习生字新词：

（1）压　　压下来　　黑沉沉的（　　）　"黑沉沉"是什么意思？

出示句子：满天的乌云，黑沉沉地压下来。

（2）扑　　扑面而来　　（　　）扑面而来

出示句子：打开窗户，清新的空气迎面扑来。你读懂了什么？

（3）垂　　垂下来　　（　）垂下来

出示句子：一只蜘蛛从网上垂下来，逃走了。你读懂了什么？

（4）蜘蛛　蝉　虹　为什都是虫字旁？

①图片展示蜘蛛和蝉，都是昆虫，所以是虫子旁。

②

出示"虹"字的演变过程：古人认为"虹"是一条大虫悬挂在天空中，把头伸进河中饮水，后来演变成形声字，"虫"表意，"工"表声。

（5）越　　越（　）越（　）　　越来越亮　　越来越响　　越下越大

3. 指定3人分三部分读课文（1—3，4—7，8）。

（1）其他同学边听边想：老师为什么分这样三部分来读呢？

（2）理清顺序：雨前、雨中、雨后（用前、中、后做个标记）。

小结：通过刚才的学习，我们知道了课文按照雷雨前、雷雨中、雷雨后的顺序写的，下面我们细致学习课文。

【设计意图】识字教学中，由字到词，由词到句，让生字反复出现，加强了学生对生字的掌握，达到了识字教学的目的，也为学生正确流利地朗读课文做好了充分准备。在这个过程中老师有意识地根据造字方法将字放在"系统"中，建立字形之间的联系，既提高了识字效率，又教授了识字方法。老师让学生分三部分朗读课文，目的在于让学生感受文章的写作顺序，即雷雨前、雷雨中、雷雨后。同时为下面理解每一部分的内容做好了必要的准备。

（三）品词析句，理解内容

◎感悟雷雨前的景象

1. 默读描写雷雨前的内容，课文抓住了哪些景物来写的？边读边圈出。

填空练习：课文中描写雷雨前的景物有（　）、（　）、（　）、（　）、（　）、（　）、（　）、（　）。

2. 课文对这些景物的描写，让我们感受到了雷雨前有什么特点？结合课文内容说一说。

（1）满天的乌云，黑沉沉地压下来。树上的叶子一动不动，蝉一声也不叫。

A. 满天、黑沉沉、压下来，说明云很厚很低。（笔记：乌云密布）

B. 一动不动、一声不叫说明天气闷热，一丝风也没有。

C. 用你的朗读告诉大家你所感受到的雷雨前的特点。

（2）忽然一阵大风，吹得树枝乱摆。一只蝉从网上垂下来，逃走了。

A. 忽然、树枝乱摆说明风来得猛，刮得大。（笔记：狂风大作）

B. 垂下来的"垂"能换成爬吗？理解"垂"的意思，感受速度之快和害怕的心理。

C. 这一阵大风把蜘蛛吓坏了，谁能用自己的朗读表现出来？

（3）在这个时候，闪电越来越亮了，雷声也越来越响了（播放雷雨前闪电雷声的动画）。（笔记：电闪雷鸣）

3. 练习：

雷雨前先是（　　），然后（　　），接着（　　）。

4. 一场可怕的雷雨快要来到了，让我们再读第一、二、三自然段，一起感受一下雷雨前的景象吧！（指导学生有感情地朗读）

小结：雷雨就要来了，大自然迅速地发生着变化，多么神奇！

【设计意图】 带领学生走进文本，与文本对话，在朗读中感悟，在朗读中梳理雷雨前景物的特点，感受天气的变化，体会大自然的魅力。通过多种形式的阅读帮助学生积累与理解语言文字。

◎感悟雷雨中的景象

1. 雨真的下起来了，请大家观察书上的第一幅图画，看看这场雨下得怎么样？（大、急）从哪里看出来的？请你读读课文，用"～～～～"在书上画出来。

2. 指导朗读"哗，哗，哗，"读出雨下得大、下得急。

3. 雨下起来了，而且越下越大，这时窗外会有一番怎样的景色？（指导学生朗读第五自然段，体会雨大的情景。）

4. 生活中，你见过下大雨的情景吗？结合生活实际跟大家讲一讲。

5. 谁来读读第四、五自然段，看谁体会到的雨最大？（指导学生有感情地朗读）

6. 渐渐地，渐渐地，雷声小了，雨声也小了。

教师范读：一种声音从大到小，另一种声音从小到大。哪一种更合理？为什么？

7. 朗读第四、五、六、七自然段，读出雷雨中雨的变化。

小结：雷雨来了，让我们看到了景象的变化，听到了形象的声音，更感受到自然用它特殊的方式传递的信息。

【设计意图】 本环节设计了一个非常符合学生认知的话题——"从哪里看出雨下得大？"引导学生走进文本，与文本对话，与作者对话，体会用词的准确、生动。通过图文结合及画句子的方法使学生感受雷雨中景象的变化，在学习的过程中渗透学习方法，提高学生的学习能力。抓住"哗，哗，哗"这个象声词及"渐渐地"这个叠词，引导学生感受雨的特点，在充分感悟的基础上指导朗读，在朗读中感受语言文字的优美，培养学生的语感。

◎感悟雷雨后的景象

1. 雨停了，雨后的景色又是怎样的呢？默读课文第八自然段，用一句话说一说：

雷雨后的景色真（　　　　）！

2. 从哪儿可以看出雨后的景色是美丽的？学生进行交流。

预设：

（1）彩虹：这句话中哪个词用得好，说说理由。指导学生朗读。

（2）蜘蛛：从"坐"字体会蜘蛛的心情，与雷雨前蜘蛛的逃走进行对比，指导朗读。

（3）练习：我仿佛看到了（　　），听到了（　　），雨后的景色（　　）！

3.带着你的感受读课文。

小结：雨过天晴，多么美丽的景象！只有大自然这位神奇的画家，才能描绘出这么美丽的画卷。

【设计意图】抓住重点词语"挂"和"坐"，体会雨过天晴的美丽景色带给大家的愉悦心情，从而感受作者用词的准确、形象与生动。通过对比、想象等多种方法，不仅引导学生理解了语言文字，还进行了恰当的积累、运用训练。

（四）回归整体、拓展提升

1.有感情地朗读全文。

2.总结写法：

"雷雨"是夏天常见的一种自然现象，作者为什么能写出这样真实的文章来呢？

预设：因为他能仔细地观察，把看到的、听到的、感受到的都如实地写了下来。

3.下节课，我们学习这篇课文的写法，写一篇观察日记。

【设计意图】把课文的主要内容通过填空的形式清晰再现，加深了学生对课文内容的整体把握，同时提高了学生口头概括能力和表达能力。古人云："授之以鱼，不如授之以渔。"语文教材就是一个范例，在课文结束部分总结本文突出的写作特点，为下节课指导学生写观察日记迁移运用写法做好了铺垫，体现了语文课的工具性特点。

（五）指导写字、夯实基础

1.指导学生书写"垂"字。

提醒大家注意"垂"的笔顺，先写"千"，第三横最长。

2.学生书写，反馈评价。

【设计意图】指导学生写好字是低年级的重要教学任务。在本环节，通过对"垂"字的观察，让学生感悟笔顺笔画的特点，体会汉字的魅力，激发学生的写字兴趣，鼓励学生写好汉字。这不仅落实了写字教学的任务，还会使学生受益终身。

【课堂观察】

一、学生的学习行为

（一）有效学习行为

学生在"雨前、雨中、雨后"这三部分的学习中，能够根据文本信息将景物有序地进行梳理，并结合生活实际进行景物特点的概括，在入情入境的朗读中进一步感受大自然在"雨前、雨中、雨后"为我们呈现出来的神奇景象。

（二）无效学习行为

学生在学习雨中内容时，教师提出了主问题"从哪里看出雨下得大？"引导学生走进文本，与文本对话，与作者对话，体会用词的准确、生动。学生在回答问题时，不仅能够结合文本进行说明，还能结合生活实际去思考和表达，突出雨大这个特点，但是教师在后面的教学中还单独设计了"生活中，你见过下大雨的情景吗？结合生活实际跟大家讲一讲"这一环节，既没有尊重学生的原有认知，又比较浪费时间。

（三）学习困惑

二年级的学生虽然年纪较小，但是也很有必要在课堂上指导学生简单地记笔记，这是培养学生学习习惯的重要环节。但是由于年龄小，书写速度慢，记录笔记确实耽误不少时间，有时不能完成既定的教学任务。

二、教师的教学行为

（一）有效教学行为

1. 导入环节，从"雷雨"这个词语入手，将象形字、会意字的文字演变过程呈现出来，使学生感受到汉字的神奇。

2. 在学习过程中，抓住重点词语理解"雨前、雨中、雨后"的景色及带给大家的不同心情，从而感受到用词的准确、形象与生动。

3. 在课文结束部分总结本文突出的写作特点，为下节课指导学生写观察日记做好铺垫。

（二）教学困惑

低年级的重点仍然是识字写字，本课生字虽少，但是不具备更多的特点，因此教学中不易指导学生放手进行自主识字，更容易使整个识字环节变得枯燥无味，消磨学生的识字兴趣，影响学生对生字的记忆及识字方法的掌握。

（三）解决问题的办法及建议

1. 追根溯源，采用随文识字的方法，将字源字理融入其中进行学习，知道汉字的演变过程，从而理解汉字的意思。

2. 分类识记，本课生字中有三个表示动作的生字，学生在分类过程中将其分为一类，并用做动作的方式理解字义，达到会运用的目的。

3. 温故而知新，将学过的带"虫"部件的字与生字放在一起进行归类，运用形声字的构字特点进行识记。

【自主反思】

自主教育倡导做独立的思考者，做笃实的行动者，做思行并举的自主人。叶圣陶老先生曾说："教是为了不教。"这句话与夸美纽斯的"教师少教学生多学"可看作两句"教经"。

自主课堂力求引导学生高度地参与、密集地体验、有效地合作、灵动地创造，让学生真正"动起来"。本节课，教师通过平等对话的教学，突出学生主体。首先，与学生课前对话，了解学生的认知起点，设计的教学活动突出学生主体。其次，课中设计好学生与文本、教师与学生、学生与学生对话的话题，抓住描写雨前、雨中、雨后的景色，细致研读文本，实现教学在话题中展开、理解在话题中深入、情感在话题中升华。

本节课语文教学的重心放在创设生活化的言语实践环境，引导学生在自读、自思、自议的语文实践中感悟语言、理解语言、积累语言、运用语言，从而提高学生的语言理解能力。音形区别、词句理解、句式训练、说话训练、写字训练，整节课具有浓浓的语文味，使学生的听说读写能力得到培养，语文综合素养得到提升。

自主学习不是放手不管，因此，在教学过程中，教师还要注重学法指导，培养学生良好的学习习惯。本节课在教学中通过对比、想象、图文结合等多种方法，不仅引导学生理解了语言文字，还进行了恰当的积累、运用训练。指导学生在学习过程中养成边读边思、动笔圈画、适当做笔记的良好习惯，让学生在课堂上真正"动"起来。

（吴萍　北京市石景山区爱乐实验小学）

越思越清晰，越辨越明白

——借助思辨课程培养学生的言语思维能力

【课堂案例】

一、案例描述

语言是思维的外衣，要想清晰完整地对某个问题进行表达，必须先具备理性、有条理的思维。可以说，语言是最成熟的思维，思维是深思熟虑的语言。思维离不开语言，同时语言也离不开思维，二者相互依存，如影随形，共同发展。为了提升学生的思维水平，培养其高质量的表达能力，自主思辨课程就应运而生了。该课程每周进行一次，每次都会向学生征集关注度较高的问题，学生围绕这些问题采取多种形式进行调查研究，最终用思维树的方式与大家交流分享。可以说，每一次的思辨课程都是一次别开生面的大讨论，每一次讨论都是拓宽自己思维广度和深度的有趣经历，每一次经历都会让学生的言语思维得到进一步的锻炼和提升。以下是学生围绕话题展开的自主思辨课程。

二、课堂活动

（一）活动准备

1.学生推选代表做轮值主持人，主要负责整个活动的有效组织，适时推进，任务协调，时间统计等工作。

2.学生自愿结成研究小组，根据问题研究的需要明确分工，开展问题的拟定与调研，资料的搜集与整理，信息的反馈与统计，结论的形成与反思等方面的工作。

3.设立观察团，共由3位教师和3位学生组成，学生主要负责记录各小组的研讨情况，通过量化数据评选出思辨最活跃的小组。教师主要负责参与小组研讨、引导学生深入探究、总结研究成果、提出有效建议等。

【设计意图】思辨课程不仅仅是课堂中的40分钟的交流，还是需要学生课前、课中、课后全程参与的言语思维课程。轮流承担相应的职责，能够让学生有更强烈的责任感、使命感，为课堂的深入研讨做好充分准备。

（二）思辨研讨

主持人：在上节课的学习中，我们通过自主提问、民主投票的方式选出了心目中的好问题。屏幕中展示的是同学们评选的结果，本节课我们将重点研讨大家最关注的前两个问题。请各组同学从这两个问题中任选一项开始研讨,并以思维树的方式呈现。

- 1. 汉字书写会不会被电脑打字代替?
- 2. 小学生通过参与家庭劳动来换取报酬,这种行为应不应该?
- 3. 路边摊上的小吃为什么会受到学生的欢迎?
- 4. 明明是宠物狗(猫),为什么会变成流浪狗(猫)?
- 5. 网络语言进入小学生的作文,这种现象该不该鼓励?
- 6. 小学生使用电子产品是好事还是坏事?

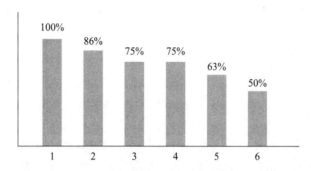

【设计意图】思辨课程中要探究的问题都源自于学生,都是学生日常生活中最为关注的问题,这样更能激发学生主动参与的热情。同时,教师在每堂课中都鼓励学生留心观察、善于思考,学生能够提出有价值的问题说明他们在深度思考,这是进行高水平言语思维的基础。

◎小组 1 的思考

小组 1:我们小组认为电脑打字能够代替汉字书写。为此,我们进行了问卷调研,调查对象包括身边的同学家长和办公室的白领。通过统计发现,家长和白领日常工作中打字比较多,很少提笔写字,这样打出来的字更容易保存,而且字体统一规范,看起来更美观。而日常生活中感觉写字发挥的作用不大,所以,我们认为汉字书写迟早会被电脑打字取代。

主持人:这个小组的同学对问卷结果进行数据分析,发现了电脑打字在生活中的应用很广泛,更受家长和白领的喜欢,所以认为电脑打字能够代替汉字书写。针对他们的观点,哪个组有补充或者想反驳?

【设计意图】引导学生围绕一个问题进行多角度的思考,用深入的探究、全面的思考来充分印证自己观点的正确性。

◎小组 2 的思考

小组 2:我们小组也认为电脑打字能够代替汉字书写。我们主要是通过观察法和访谈法进行研究的。我们的研究对象就是身边的同学。作为小学生的我们几乎每天都要写字,但是有些学生并不喜欢写字,认为电脑打字更加方便。如果将来学生可以用电脑打字完成作业,可以达到省时、省力的目的,而且也会减少错别字的出现。

主持人:这个小组的同学用观察和访谈的方式,了解到部分学生对汉字书写的看法。针对他们的观点,哪个组有补充或者想反驳的?

【设计意图】根据同学的补充将思维树进一步丰富，体现学生思考逐渐丰富的过程。

◎小组3的思考

小组3：我们小组认为电脑打字不能代替汉字书写。首先，教育部《基础教育课程改革纲要》中特别指出"在义务教育阶段的语文、美术课中要加强写字教学"，再次强调了写字的重要性。其次，大家请看两张照片，这是某位同学的日常作业，大家可以看到其中有很多错别字，书写也十分潦草。人们常说"字如其人"，如果照片上的作业变成了我们将来应聘时投递的简历，真不知道哪家公司会接收我们。最后，汉字是中华民族的文化遗产，汉字书写包含着作者丰富的情感。比如王羲之的《兰亭集序》写得多么潇洒自如，被多少后人反复临摹！但是相反，电脑打字就是千篇一律，给人一种冷冰冰的感觉。如果写信时用打印的字肯定会让人觉得冷冰冰的，所以我们认为汉字书写十分重要，不可能被替代。

（三）阶段小结

通过各小组以及观察团的充分研讨，相信大家对这两个问题有了更多、更全面、更深入的认识，从中我们可以看到电脑打字和汉字书写各有优势，如果我们能够根据不同情况，在不同的场合运用恰当的汉字呈现方式，相信会取得更好的效果。通过大家的探讨，我们也能感受到"问题越说越明，理越辨越清"，这也是学校开设自主思辨课程的目的。

【设计意图】交流讨论的目的不在于分出对错，而在于思考的全面性、充分性、准确性。自主思辨课程鼓励学生从正反两方面进行资料的搜集整理，通过小组内对思维导图的研讨，进一步清晰理由和依据，为高质量的言语表达做好充分准备。

【课堂观察】

一、学生的学习行为

（一）有效学习行为

明确每节课的研究问题后，学生能够带着问题去搜集与整理资料，目的性十分明确；学生能够通过多样化的思维导图展现本小组对问题的深度思考，并且大家能够相互补充，丰富自己的认知。

（二）无效学习行为

学生对问题的研究存在着年龄的局限性，有时会出现理解片面化的问题；学生在进行小组合作时有些人发挥的作用较大，有些人的参与程度需要进一步提升。

（三）学习困惑

学生怎样能够提出更有价值的问题，让自主思辨课的研究更有意义？在问题确认后能够采取哪些方式进行研究？学生该如何分工以确保人人都能深度参与，成为学习的主人？

（四）解决问题的办法及建议

1. 教师引导学生留心观察身边的人和事，关注生活问题，留心收听收看新闻及广播中发布的热点内容，关注社会问题，用心思考自己亲身经历的事情，提高反思意识。指导学生采用问卷、访谈、观察、数据分析、资料整理等方式完成研究，并一同交流不同研究方法的优势和不足。

2. 通过交流讨论确认小组合作研究的方式。每小组成员为3—4人，每个研究小组内推选一位组长统一组织协调研究活动，小组长采用轮值制，每位组员都有明确的分工，如可以承担组织调研、搜集整理资料、记录讨论内容、代表小组发言等工作，提升小组成员的参与感和责任感。

二、教师的教学行为

（一）有效教学行为

通过课前的沟通交流，了解学生十分关注的问题，引导学生对问题的科学性、讨论价值做进一步思考，确保可以从多角度思考问题，通过交流让学生对问题有深刻的认识，同时又能促进其言语思维能力的提升。

（二）无效教学行为

有时教师在学生的交流趋势上观察不够仔细，没能及时进行干预指导。

（三）教学困惑

自主思辨课程倡导发挥学生的自主学习探究能力，整个过程由学生组织、学生间进行研讨、学生呈现研讨结果，而教师在活动中言语不多，那么怎样进行有效调控，使学生的研讨不流于形式、不简单重复，并体现学生思考的逐步深入呢？

（四）解决问题的办法及建议

教师作为观察团的成员，首先，要放手让学生参与，大胆表达自己的观点，做到自信表达；其次，要仔细观察每个小组的研讨与发言，随时发现问题并给予引导；再次，教师可以引导学生学习列发言提纲，让表达更有条理；最后，教师要提示学生学会倾听他人发言，并积极发言，体现回应的及时性、准确性、深刻性。

【自主反思】

苏霍姆林斯基曾说："人的心灵深处总有一种把自己当作发现者、研究者、探索者的固有需要，这种需要在小学生精神世界中尤为重要。"新课标也倡导自主、合作、探究的学习方式，发挥学生的主动性，让学生成为学习的主人。作为新时代的教师，必须转变教育观念，在教学中立足于培养学生自主探究、主动学习的能力，挖掘出每个孩子深埋在最深处的潜能，唤起他们对问题研究的热情，培养学生的言语思维能力，最终使学生主动高效地学习。

对于学生而言，学习知识只是在校学习任务的一个方面，而发展思维和表达能力才是学生学习的重要任务，是保障学生今后能够独立自主学习的基本能力。要想完成这一重要任务少不了学生自己去实践，去探究，但是怎样引导学生进行这样的实践探究，从而提升思维和表达能力呢？这是现在教育中所面临的困惑和瓶颈。因此，我校开始进行自主思辨课程的尝试，让学生自主确定感兴趣的问题，自主选择研究问题的办法，自主整理研究成果，自主分享研究报告，使每一名学生都是活动的发起人、研究的实践者、成果的分享者，真正成为思辨能力高水平发展的学习的主人。

自主思辨课程中应当充分尊重学生，给学生自主学习的空间，激发他们自主学习的热情，避免被动地学习，努力在学生能力提升和知识获取方面寻找平衡。当学生在教师自主探究的启发与引导中，逐步掌握了学习方法，思维的广度和深度都有所提高时，他们会惊喜地发现自己身上蕴含着无限的潜力，从而增强学习的自信心和自觉性，增强问题意识，提升自己对问题的思考力和判断力。

在自主思辨课堂上，在教师的指导之下，学生能够掌握让思维系统化的有效方法，也就是以思维导图的方式从多角度思考问题，有效减少对问题思考的单一化、片面化，言语表达能力在训练中得到提升。当然，自主思辨课程还处在尝试阶段，还需要进一步的探索和实践，但是有一点毋庸置疑，它已经成为最受学生欢迎的课程之一，因为它有效拓展了学生的思维，激发起学生强烈的表达欲望，提升了学生言语思维的能力。

（孔磊　北京市朝阳区垂杨柳中心小学）

思辨中的自主课堂
——《真理诞生于一百个问号之后》

【课堂案例】

一、案例描述

这是六年级下册人教版语文《真理诞生于一百个问号之后》的案例，围绕部分片段展开研究，重点体现在自主课堂的合作探究方面。

二、课堂活动

（一）齐读课题，复习导入

1. 这节课我们继续学习《真理诞生于一百个问号之后》，请同学们齐读课题。

2. 上节课，我们通过初读课文，了解了作者的观点，以及证明作者观点的三个事例，请你快速回忆，组织好语言，交流一下这三个事例。

（二）再读文章，发现相同

1. 这三个事例同学们已经梳理成表格，接下来我们近距离地接触这三个事例，借助表格来寻找它们的相同之处。

2. 请同学们以小组的形式进行合作学习，将三件事的相同之处总结在学习单上。（读—说—画）

3. 下面我们一起来交流一下。同学汇报相同点，并说明依据是什么。教师将学生发现的相同之处贴在黑板上。

小结板书：现象—提出问题—实验研究—得出结论。三个事例都是按照这样的顺序来写，所以写作顺序是相同的；

作者选取的三个事例都是源于生活中司空见惯的现象，所以选材角度相同。

4. 还有没有相同？来，看老师这里，（老师用不同颜色的字体标出这三个事例的内容）请你仔细观察，发现了什么？（学生回答）红色字体部分描述的是什么内容？绿色字体描述的是什么内容？蓝色字体描述的呢？你发现了什么？

5. 提出问题的部分详写，实验研究的部分略写，得出结论的部分也是略写。

6. 作者在写作过程中，字数有多有少，这样的安排叫作有详有略。三个故事都是有详有略，详略安排得当。

7. 提出问题的部分详写，实验研究的部分略写，得出结论的部分也是略写。你知道作者为什么要在提问部分详写吗？

学生汇报小结：为了证明真理诞生于一百个问号之后。

8. 如果题目变成"功夫不负有心人"，我们又应该怎样来写？

详写实验研究。

（三）掌握特点，学习运用

1. 过渡：心动不如行动，接下来我们就结合课前查阅的资料，仿照课文的写法，给课文补充第四个事例。

2. 我们应该怎样来写？谁来说一说？

梳理方法：写作顺序相同、选材角度相同、详略安排相同。

3. 同学们写得非常认真，下面请一位同学给大家读一读你写的事例。

4. 请一位同学来给他点评一下，哪里写得好？哪里需要改进？

5. 我们一起来看这位同学写的事例（批注过程和详略）。

6. 请同学们再看一看自己的文章，按照要求再来改一改自己的文章。

7. 再请一位同学读一读修改后的文章。

（四）借助名言，全课小结

孩子们，在古代有一句话："学贵有疑，小疑则小进，大疑则大进。"这句话告诉我们要善于观察生活，勇于提出问题，敢于探索实践，不断去探求生活赋予我们的智慧。

【课堂观察】

一、学生的学习行为

（一）有效学习行为

学生将三个事例梳理成表格，借助表格来寻找它们的相同之处，后将三件事的相同之处总结在学习单上。（读—说—画）

（二）无效学习行为

学生照搬课文，而不是自己概括。

（三）学习困惑

怎样帮助学生养成概括的能力。

（四）解决问题的办法及建议

通过小组合作进行自主学习，借助表格发现三个事例的相同之处，将学习成果总结在学习单上并进行汇报交流。

二、教师的教学行为

（一）有效教学行为

用不同颜色的字体标出这三个事例的内容，请学生仔细观察，发现了什么。如红色字体部分描述的是什么内容？绿色字体描述的是什么内容？蓝色字体描述的呢？

（二）无效教学行为

"提出问题的部分详写，实验研究的部分略写，得出结论的部分也是略写。你知道作者为什么要在提问部分详写吗？"，这个部分的提问无效。

（三）教学困惑

仿照课文的写法写一段话，用具体事实说明一个观点。学生仿写的内容形式比较单一，题材比较少。

（四）解决问题的办法及建议

加强学生平日的阅读量，积累素材。有了积累量，有了大量的素材，写作才能做到言之有物，才能提升学生的仿写能力。

【自主反思】

自主课堂是以学生为主体的课堂，是针对以讲授为主的语文课堂提出的一种课堂教学模式。其目的是真正发挥每一个学生的主体性，避免课堂只是优秀学生的舞台。自主有利于学生兴趣盎然地进入文本，根据自己的兴趣爱好、学习经验和生活体验等来关注文本内容，让学生有更多展示交流的机会，让不同水平的学生相互帮助，共同提升，激发每一个学生的学习自信心。

在小学语文课堂教学中，教师要开展以学生为主体的教学课堂，引导学生进行自主学习，注重对教学观念的改革和教学形式的创新，把学生放在学习的主体位置上，建立小学语文自主课堂，发挥学生的学习主动性。在以学生为主体的课堂教学中，教师是学生的引导者，在学生遇到疑问时，教师要和学生交流讨论，鼓励他们说出自己的看法。在教师的引导和启发下，学生能够大胆探索、积极发现，在获得知识的同时，树立了学习的自信心，产生了主动学习的意愿，提高了自主学习能力。

（李会晨　北京工业大学附属中学十八里店分校）

英语篇

借助 Story Map 促学生自主阅读
——以外研社版英语四年级上册 *What happened to your head?* 和四年级下册 *He shouted, "Wolf, wolf!"* 为例

传统的英语阅读将大部分的课堂教学时间用于语言知识的传授，把学生当作知识灌输的对象，脱离学生经验和认知规律，使学生长期处于消极被动的学习地位，对学生进行自主学习能力的培养没有积极意义，导致教学效果低下。只有将学生放到学习主体地位，通过设置自主学习任务，使学生自主学习探究新知，使教育和学生求知有了内在联系，教育本身才更有意义，学生的学习也才更有兴趣。

【课堂案例1】

一、案例描述

本案例是整节课的教学案例，教学内容为外研社版新标准英语四年级上册 Module9 Unit1 *What happened to your head?* 的课文内容（见图1），通过对话的方式，Daming 回忆了跟 Sam 骑行过程中的遭遇，进一步学习过去时，描述过去发生的事。重点体现学生学习的自主性，能够自主思考，借助 Story Map（故事地图）梳理课文信息，将其转化为一篇故事。

图 1

二、具体案例

（一）Warming up & Lead-in

1. Greeting：打招呼。

2. Topic presenting。

将自行车的话题引入本课。

T: I can ride a bike, too. Yesterday, I rode my bike.

　　Can you ride a bike safely?

【设计意图】通过打招呼的方式自然进入课堂，通过老师骑车的图片创设情境，激发学生兴趣，为本节课的内容进行铺垫。

（二）Text presenting

1. 学生通过教师提供的三幅图片猜测部分故事情节。

T: What happened in this story? Let's talk in pair.

S: Maybe…

【设计意图】通过读图预测故事的活动，在读前给学生一个预测和想象的机会，给学生思考创新的空间。

2. Listen and answer。

听录音，提问两个关键信息：

What happened to Sam?

What happened to Daming?

S1: Sam fell off his bike.

S1: Daming bumped his head.

3. Watch and learn。

通过短片呈现 fell off，学生更加形象直观地理解词汇。

What happened to the boy? Did he bumped his head?

将课文内容与生活相联系，普及安全知识——骑车等运动需要戴头盔。

　　When I ride my bike, I need a helmet.

4. Look and order。

根据事物发展先后顺序将图片排顺序，整体把握故事大意。

T: Let's put the pictures in order.

看动画验证之前排顺序的结果。

【设计意图】通过读图排序的活动，使学生主动构建知识，培养学生的观察与分析能力。

5. Watch and answer。

看动画之后回答问题，询问细节信息，反馈学生对于课文内容的理解。

T: What did they do yesterday?

They went for a bike ride.

They were hungry and thirsty.

They bought a watermelon.

Sam carried the watermelon on the bike.

He took Daming and the watermelon to the hospital.

【设计意图】教师提出问题，让学生带着问题整体听读课文，通过问题让学生理解故事细节，在课文语境中理解语言的使用。

6. Use the information in a new way。

提炼关键信息，借助故事地图，按照时间、地点、人物、事物发展的开端、经过和结果，梳理成一篇故事。（见图2）

最后请学生思考，给故事起一个名字。

T: Let's make a story. Can you make a title for this story?

Story Map

	 (A Bike Accident) 	
Who	Daming, Sam	
When	yesterday	
Beginning	They went for a bike ride. And then they were hungry and thirsty.	
Middle	They bought a watermelon. Sam carried the watermelon on the bike. Sam fell off his bike. Daming bumped his head.	
End	Sam took Daming and the watermelon to the hospital.	

图 2

【设计意图】将课文对话以故事的形式呈现出来，使学生能够自主讲故事。

（三）Extension 拓展延伸

询问学生是否能够骑公共自行车。

T: Can you ride a public bike?

学生思考后认为小学生太小不能骑公共自行车。

教师呈现小黄车上未满 12 周岁禁止骑行的标志。

学生讨论使用公共自行车应该注意的事项。

【设计意图】联系生活中的热门话题，如何安全地使用公共自行车，将教学与生活紧密结合。

【课堂观察】

一、学生的学习行为

（一）有效学习行为

学生能够借助主题图通过讨论、预测故事，发挥主体作用，进行主动的思考而非被动地接受知识。

学生讨论如何安全地使用公共自行车，联系生活中的热门话题，将教学与生活紧密结合。学生在活动中积极动脑思考，交流如何安全地使用公共自行车，进而增强安全意识。

（二）无效学习行为

学生在给图片排序时没有考虑到事物发展的逻辑顺序。学生应先在小组中交流分享一下各自的想法，讨论出最优方案。

（三）错误学习行为

学生拓展生活中使用到头盔的运动，有些脱离课文情景，缺乏实效性。应该围绕课文语境，比如骑行安全，来给学生讲道理。

（四）学习困惑

学生将一篇对话复述成为一个故事要考虑到人称的变化，这一点经常被学生忽视。

二、教师的教学行为

（一）有效教学行为

学生依据图片排序和对课文内容的理解，借助故事地图将课文内容进行运用，提炼重点信息，将课文内容概括成为一篇包括时间、地点、人物、起因、经过、结尾的小故事；活动中发挥学生主体性，根据已知信息，进行加工处理进而实现再创造，给学生提供了独立思考与创新的空间。

（二）无效教学行为

对课文情节进行逐个提问，只体现教师主导的教学活动，没有体现出学生学习的主体性。应该充分放手，由学生根据他们想知道的，自主对故事进行提问。

（三）错误教学行为

将使用头盔的运动一个个呈现给学生，没有充分调动学生的生活经验。如果给学生时间思考骑自行车时如何保护自己，更能引发学生的切身感受。

（四）教学困惑

如何给学生足够开放的思维空间，同时还能紧密围绕本课主题，将课文内容与拓展内容紧密结合在一起。

【自主反思】

学生借助故事地图，通过自主阅读，将一篇对话梳理成为一篇包括时间、地点、人物、起因、经过、结尾的故事，一方面培养了学生信息转化的思维能力，另一方面培养了学生自主阅读能力。学生正是在这样一个自主独立的环境中，通过自主阅读，理解信息，转化信息，整理出一个完整的小故事，完成知识的主动构建。

不急于把知识灌输给学生，读前给学生一个思考提问的机会，学生根据兴趣和经验提出一些有价值、有意义的问题，体现了学生对知识的自主探究和课堂的开放性。教学中鼓励学生大胆提问、质疑，让学生在学习中自由自在，无拘无束。

教学活动要富于启发，教师在课堂教学前要调查、了解学生的兴趣与认知特点，比如本节课引入学生日常生活中非常熟悉的小黄车话题，使教学活动紧密联系学生生活实际，有针对性、有策略地进行教学设计，使学生获得更多的启发，将学生放到学习主体地位，联系生活实际，学生对学习才更有兴趣。

【课堂案例2】

一、案例描述

本案例是整节课的教学案例，教学内容为外研社版新标准英语四年级下册Module3 Unit1 *He shouted, "Wolf, wolf!"* 的课文内容（见图3），通过一个经典的《狼来了》的故事，进一步学习过去时，描述过去发生的事。重点体现学生学习的自主性，借助故事地图工具，学生能够自主阅读、自主学习，最终达到理解故事、讲述故事的目的。

图3

二、具体案例

（一）Warming up & Lead-in

1. Greeting：打招呼。

2. Let's guess。猜谜。

【设计意图】通过课文前的谜语激发学生思考，引出狼和羊两种动物，为故事做铺垫。

（二）Text presenting

1. Listen and answer。

学生听录音，回答两个情节问题。

What did the boy do every day?

Why did everyone run up the hill?

学习词汇 look after, bored 和 shout，分别提供两个情景，使学生体会到词汇在一个故事中和生活中的使用。

【设计意图】通过听录音回答问题，考查学生的信息记忆和理解能力。

2. Look and order。

请学生根据事物发展的先后顺序将图片排序，整体把握故事大意。

看动画验证之前排序的正确与否。

【设计意图】通过读图排序的活动，培养学生的观察与分析能力。

3. Read and Finish。

自主阅读任务，学生阅读故事完成表格（见表1），引导学生关注放羊娃三次喊"狼来了"寻求帮助的原因、经过和结果。

表1 阅读分析

Time of shouting	Reason	People's response	Facts	The boy's response
1st shouting				
2nd shouting				
3rd shouting				

【设计意图】通过阅读填表格的活动，培养学生自主阅读获取信息的能力。

（三）Production

1. Make a Story Map。

学生依据对课文的理解，完成故事地图里的信息，并且能够借助其中的重点信息来讲故事。（见图4）

```
┌─────────────────────────────────────┐
│          Story Map                  │
│                                     │
│         _____        │
│                                     │
│   Setting（背景）:                   │
│   When:_____                │
│   Where:_____                │
│   Characters（人物）:_____        │
│                                     │
│   Beginning:                        │
│   _____          │
│   _____          │
└─────────────────────────────────────┘
```

```
┌─────────────────────────────────────────┐
│         Middle:                         │
│ He shouted  │ He shouted  │ He shouted  │
│ "Wolf, Wolf!"│ "Wolf, Wolf!"│ "Wolf, Wolf!"│
│ ─────────── │ ─────────── │ ─────────── │
│ ─────────── │ ─────────── │ ─────────── │
│ ─────────── │ ─────────── │ ─────────── │
│ ─────────── │ ─────────── │ ─────────── │
│─────────────┴─────────────┴─────────────│
│ End:                                    │
│ ─────────────────────────────────────── │
│ ─────────────────────────────────────── │
└─────────────────────────────────────────┘
```

图 4

【设计意图】通过故事地图讲故事的活动，培养学生自主阅读能力和信息应用能力。

2. Read and think。

通过问题引发学生思考，激发学生对文中寓意的理解。

What do you learn from this story?

Do you like the boy? Why or why not?

【设计意图】通过开放性的问题引发学生思考故事中蕴含的道理。

【课堂观察】

一、学生的学习行为

（一）有效学习行为

学生自主阅读，通过三次喊"狼来了"这一关键信息及借助表格来梳理故事的起因、经过、结果。学生以表格信息为抓手，完成自主阅读，并通过表格进行反馈，有助于其对故事大意的整体把握和对细节信息的关注。

（二）无效学习行为

针对故事中的一些细节信息，学生被动地回答问题，而不是主动地发现问题、探究问题，没有发现故事中的兴趣点。

（三）错误学习行为

对于学生非常了解的经典故事，应尽可能地调动学生的已有认知来预测或讲故事，而不是当作一篇陌生的课文来学，先请学生说一说他们所了解到的故事情节。

（四）学习困惑

学生如何将自己获取的信息以文字的形式呈现在表格上。

二、教师的教学行为

（一）有效教学行为

教师通过故事地图来反映学生的自主阅读效果，检测学生对故事情节的理解，促进学生概括、梳理故事大意，并且借助其来讲故事。

（二）无效教学行为

以逐个反馈问题的方式考查学生对课文的理解，受众面小，会造成个别学生不参与；而以小组汇报的形式能使更多的学生参与，可培养学生分工协作的能力。

（三）错误教学行为

教师指导学生讨论放羊娃喊"狼来了"的行为，引发学生对故事寓意的深层思考，这一问题应在学生充分理解故事和讲故事之后再思考，否则学生很难说出故事的深层含义。

（四）教学困惑

学生在完成故事地图时经常出现拼写或语法错误，是否需要当时就纠正过来。

【自主策略】

教师通过给学生创造轻松自主的学习氛围和布置自主学习任务，使学生充分发挥自主学习、自主阅读的能力，发挥学生的自主性。教师要尊重学生的主体地位，调动学生的学习热情，让学生自主发现和探究。比如本课通过三次喊"狼来了"的经历，发现人们语言和表情的区别，体会人物心理的变化。教师要不断鼓励学生发现图片和语言文字信息传达出的内在含义，通过不断的肯定与激励，使得学生保持学习求知的驱动力，成为学习的主人。

在新授环节，通过自主阅读完成表格的任务来帮助学生梳理三次喊"狼来了"的经历，体现了对细节信息的关注。巩固环节通过故事地图帮助学生梳理整个故事，起到整体把握故事情节、辅助学生讲故事的作用。两个表格前后呼应，起到不同的作用，都达到了发挥学生主体作用，通过自主阅读来实现对课文大意的理解、掌握和应用。

故事地图以图表的方式组织构建信息，是一种能够体现学生自主性的学习策略，使学生不再被动地记忆教师教的知识，发挥学生的自主阅读能力，促进对阅读材料的加工整理，从而对知识信息进行系统化记忆，锻炼了学生的自主学习能力。

（郭金勇　北京第二实验小学朝阳学校）

用自主英语课堂对低年段学生进行正确人际交往观的渗透
——以 *A girl and three bears* 为例

【课堂案例】

一、案例描述

新版深圳英语小学教材更加强调学生的听说能力和实际运用能力,用一批相同的话题反复锤炼学生的英语综合运用能力。低年段的英语课程设计尤其注重这种循序渐进的学习。*A girl and three bears* 这一课被安排在全册(第四册)的最后一课。本单元用一个长故事来终结一学期的学习,如果仅从单词和句式来看,似乎与前面的各单元没有关联,也没有设立新的话题或目标任务。但本课正是贯彻了大教材观,也是对国家新课程标准要求的体现。它要在本册完成一个更宏大的命题,就是通过这个故事培养低年段学生的交际能力,同时使其树立正确的人际交往观。全课讲述了小熊一家三口外出后,一个小女孩误入熊家,在一顿吃喝之后,疲惫地在小熊的床上睡着了。小熊一家归来,发现了这种情况,叫醒小女孩后,小女孩表达了歉意。

二、课堂活动

我就同一课题与本学科教师进行了探讨,同时也现场观摩了一位教师的课堂教学。一般情况下,教师处理教材的方法与前面十一个单元的教学没有太大的区别。主要过程是这样的:

(一)复习

复习上节课所学内容,教师与学生或生生之间进行几个小对话作为课前热身或口语训练。

(二)新授

1. 观看视频,初步学习。教师一般会预先提出几个简单的问题,如:How many bears in the story? Who are they? Does the girl like the food? Where does she sleep?

2. 跟读视频,多次重复。逐句跟读仍然是学生学习新知识、新句子的最原始的方法,某些教师还会安排分小组读或者分男女生读,然后重复以上步骤两到三次。

3. 提出问题，解决问题。教师针对前面提出的问题，通过提问和讲解，与学生共同完成这个活动。一般重点和难点在这一阶段得以突破。这一阶段是班上的所谓优秀学生展示个人能力的时候，往往有几个学生大出风头，获得小红花或者别的方式的表扬与赞美，也是对这几个学生自信心不断强化的过程。

4. 学生展示，强化提升。在解决了一些文本上的问题之后，教师们一般会对学生知识的掌握进行现场检验，要求学生分角色朗读，或者尝试开展一些分小组的表演活动。如果课堂进行得不顺利，这个内容可能就作为家庭作业布置下去，要求学生回家进行练习。

这样，整个流程看起来完美无缺，旁人可以置喙的余地并不多。学生与教师的配合也十分默契自然，无论教师还是学生，甚至观摩的同行也丝毫不会觉得有什么不妥。

【课堂观察】

一、学生的学习行为

（一）有效学习行为

整堂课，学生的所有学习行为都是有效的，都在教师的设计和引导下进行。无论是一开始的复习，还是接下来的新授部分，学生的每一个学习行为都是围绕中心、围绕目标进行的。优秀学生得到了升华，普通学生得到了提高。集体行为中注意突出个体的表现，学生对这样的课堂程序驾轻就熟，对自己和教师的课堂行为能够预知。学生知识的获取与巩固都十分符合教学方法，遵循了教育的规律。

（二）无效学习行为

正是因为学生对教师和自己行为的预知，以及对课堂程序的熟悉，所以课堂效果很自然、很和谐，或者说有些一潭死水的感觉。优秀学生洋洋得意，普通学生有气无力，一切都是老样子，一切都与昨天没有什么区别。这正是自主课堂的大忌。自主课堂应该是创新的、有冲突的、有预设但无法预知的。

（三）学习困惑

课堂是否应该由几位好学生霸占；学生是否可以在课堂上提出新的问题；普通学生怎样才能像一位好学生那样在课堂上有自己的高光时刻；等等。

二、教师的教学行为

（一）有效教学行为

教师对教材知识上的处理是可取的，这体现了一个教师的专业素养。教学程序的设计也是符合教学方法和教育规律的。整体跟进、突出亮点是常规的策略，以点带面、注重差异也是很接地气的教学模式。可以说，整个流程都是有效的，没有被浪费的时间和精力，没有被忽略的要点和难点。

（二）低效教学行为

在该教师的教学中，没有无效的教学行为，但有低效的教学行为。那就是没有能够从更高的层面理解教材、分析教材，没有做到贯彻教学目标、达到课程标准的要求。

（三）教学困惑

如何正确理解这一课的内核，明确它在全册的地位；教师应该怎样联系实际，做出以学生为中心的自主教学设计。

（四）解决问题的办法及改进建议

应该更加深入地思考本课在全册的地位，理解编者的设计目的，从而设计新的符合理念的教学方案。教师应该摒弃前面十一课的教学模式，用全新的视角来看待本课结构的不同之处。为什么不是用之前的任务目标模式来讲，而是用一个故事来呈现？为什么这一课几乎没有新单词和新句式？为什么它显得与前面的十一课很脱节？教师应该多问自己这样几个为什么。

【自主反思】

自主课堂不是自由放任的课堂，它应是经由教师精心策划、细心打造的课堂，应是符合学生身心发展的课堂，同时也是遵循教育规律的课堂。自主课堂并不与常规课堂或传统课堂相对立，它是对传统课堂的反思和发展，是一种与时俱进、更加符合时代特点和地域特点、有利于因材施教的课堂。

我赞同学者里德利（Ridley）的观点：自主课堂必须是个自主负责的环境。自主课堂也必须提供有意义的学习，如此，学生才能体会终身学习的乐趣。要形成自主课堂，造就自主学习者，就必须创建积极的课堂环境。自主课堂应强调学生的自主，以学生为中心来研究课堂教学。

把 A girl and three bears 这一课放在二年级的最后部分，很是体现了编者的深意。深圳市为提升中小学生综合素养而特别出台《关于进一步提升中小学生综合素养的指导意见》，这在国内尚属首创。该意见将八大素养的提升列为主要任务：覆盖品德、身心、学习、创新、国际、审美、信息、生活八个方面；具体提出了构建新型课程体系、建立综合素养"阳光评价"体系、建设新型育人队伍、发挥家庭教育的积极作用，以及营造良好社会环境等五大主要路径和保障措施。该意见秉承"儿童优先"和"一切为了学生健康成长"的核心理念，旨在培养爱学习、爱劳动、爱祖国，身心健康、人格健全、社会责任感强，具备国际视野、较强创新精神和实践能力的特区新一代青少年。"八大素养"的准确定位和深刻阐述，表明了深圳基础教育的三个回归：回归儿童、回归生活、回归审美。编者很好地响应了这一新理念，即回归儿童，回归生活，在生活中学习，在学习中生活。我认为教授本课应注意：

1. 教师应该深刻领会这一层含义，在设计教学时，重在加强低年段学生在英语学习中的人际交往能力的培养，更要注重为学生树立正确的人际交往观。

2. 把教会学生生活放在首要的位置，把提高学生的生活能力放在优先的位置，理清知识与能力的表里关系，正确处理思想与行为的主从关系。

3. 整个教学设计不应脱离低年段学生的生理和心理这个实际大前提，应自主创新地处理这一课的教学模式。

【课堂重构】

我经过深入反思，对本课进行了课堂重构。打破传统英语教学从词音句入手的教学套路，为本课单独进行了一次别开生面的设计，并取得了良好的教学效果。同时我还对课堂教学情况进行了拍摄，与家长们分享，收到了很好的反响。

一、放松心情、欣赏故事

考虑到本课没有什么新单词和新句式，我放弃了从词音句切入的方法。同时出于节省时间的需要，我没有设计复习环节，而是直接进入新课，请同学们观看一个故事视频。

二、发表看法、观点碰撞

由于我的教学设计的目的在于教会学生正确处理生活中的人际交往问题，做一个行为符合社会规范的人，因此，我没有用英语而是用中文提出问题：

1. 你认为小熊一家有做的不对的地方吗？请指出来。
2. 小女孩有哪些做的不对的地方？她又有哪些做的对的地方？
3. 你认为小熊一家是否应该接受小女孩的道歉？小女孩一句道歉真的就够了吗？
4. 你认为后续的故事会怎样发展？

同学们对这种开放的课堂很感兴趣，立即展开了热烈的讨论甚至争辩，纷纷向教师发表看法，请教师做裁判。而故事发展的多样性也出乎我所料，有了好几种有意思的结局。有的同学说，应该让小女孩赔偿小熊一家的损失，而且以后不让她来玩；有的同学说，应该接受小女孩的道歉，毕竟损失不大，小女孩又渴又饿的；有的同学说，应该报警，这样没经过允许就进入别人屋子吃喝并且睡别人床是违法的，不能说一句道歉就算了；有的同学说，小女孩应该回请小熊一家去自己家做客；有的同学说，这个小女孩不是一个糊涂的马大哈，她就是一个小偷。

经过深入的讨论和互相启迪，同学们不断地对人际交往这一主题进行挖掘，各种答案让人惊讶，使我对低年级学生的思维深度和广度有了新的认识。

三、小组练习、表演展示

本课的对白不多，比较简单。我让学生再观看一遍之后，要求同学们把本课作为一个课本剧分角色表演。同学们很兴奋，纷纷找小伙伴组成小剧组。在这个过程中，不少同学起了争执，都想演"坏女孩"的角色，做一些生活中不应该做的事，体验刺激的感觉。我通过本课的小故事，有针对性地因势利导，教育同学们如何面对争执，如何做出妥协、解决矛盾。演出的效果非常好，全班八个小组中有五个小组上场，演出了四个不同的结局。同学们都很兴奋，又笑又叫的。我用手机拍摄了表演过程，并在课后分享到班级 QQ 群里，家长们都表示看到同学们的学习状态很欣慰，并表达了对我的支持和赞赏。第二天还有家长表示学生回去后都很高兴地谈论这节英语课。

我想，通过重构课堂设计，我领会了编者的良苦用心，达到了编者想要的深刻目的。

（刘光辉　深圳市福田区福南小学）

在实践中探索多种途径，
引导小学高年级学生自主进行英语复习

在小学高年级，学生的英语学习已经进入英语知识、技能、文化的综合学习中。随着知识的积累，学生们需要对所学知识定期或者不定期地进行归纳、总结、整理、分析、升华，即对知识进行系统的复习。特别是在小升初阶段，需要学生进行自主复习的时间越来越多，但是，学生在自主复习中缺乏主动性、自主性，复习方法也极其单一，不能对所学知识采取有效的方法进行系统的整理。

现实表明，把复习的时间用来讲考卷、抄单词、做题、讲题，学生的学习心态多处于被动调节状态，对学习活动的参与也多属于被动参与的性质。这种做法不但会使学生感到疲惫乏味，失去兴趣，厌烦学习，甚至会放弃这门课。而且老师不辞辛苦地出题，判题，讲得疲惫不堪，效果却还是不尽如人意。

此外，学生在知识、能力等方面存在的差异也越来越明显，因此，可以尝试让学生通过教师的有效影响进行自主复习，这种复习方式可以促使学生主动积极地参与复习过程，更有针对性地对所学知识进行查漏补缺，对听说读写等方面的学习能力进行更有效的培养。

通过实践探索与尝试，我在所任教的班级中（班级学生总数32人）总结出以下几条策略。

一、使学生明确复习的重要性，产生自主复习的愿望

为了使学生深入理解复习的重要性，产生自主复习的愿望，我没有采取空洞的说教法，而是通过两次真实的感悟和深入的交流使学生深有所感。为此，我设计了两次题型、难易程度相当的测试，选取了两个早早讲过的单元内容作为测试内容。第一个单元我采取了突然袭击法，没有提前通知学生复习，也没有透露一点测试的信息，平时有复习习惯和那些课上学习效率高的学生成绩比较好，相当一部分学生对自己的测试结果表示不满意。第二次测试我提前两天通知，并且建议学生全面复习，重点复习自己掌握得不好的知识，特别是作业中出错的部分。测试结果出来后，绝大部分学生对自己的成绩表示满意。之后我设计了试卷分析表格如下：

表 1 试卷分析表

次数及原因＼项目	听力部分	单词部分	句型部分	课文内容理解部分
第一次测试				
第二次测试				
失分原因				

在对全班 32 名学生进行调查后,分析结果如下:

表 2 结果分析

满意度人数＼项目		听力部分（人）	单词部分（人）	句型部分（人）	课文内容理解（人）
第一次测试	满意	6	8	5	10
	一般	5	8	5	12
	不满意	21	16	22	10
第二次测试	满意	23	20	19	27
	一般	7	5	11	4
	不满意	2	7	2	1

其中在失分原因上,大概有以下几种:第一次测试后有 95 人次归结于没有复习,所以成绩一般或者不满意;有 4 人归结于马虎和不会,所以成绩一般或者不满意。第二次测试后有 20 人次归结于复习不到位,所以成绩一般或者不满意;有 9 人归结于没有认真审题,马虎等原因造成成绩一般或者不满意。我在全班进行说明调查结果,学生们深深体会到复习的重要性。有的学生说:"想在课堂上就把一天所学的知识全部掌握是很困难的,还需要通过课后复习来进一步掌握知识,课后复习是学习的一个重要环节,课后复习是上课学习的继续,哪里掌握不好可以再继续学习。"有的说:"课上有的知识根本没有领会;有的虽然领会了但并没有记住;有的虽然初步领会和记住了,但掌握不深刻,因此,课后复习就显得十分重要,要让学习深入下去,就要及时复习。"从此,学生们自主复习的劲头越来越足。

二、教会学生制订自主复习计划

俗话说:"凡事预则立,不预则废。"面对内容庞杂的复习内容,很多同学复习起来会感到千头万绪,无从下手。小学生年龄偏小,因此需要在家长和老师的指导下制订合理的自主复习计划。我告诉学生至少要把自己的自主复习内容分为三个部分:第一部分是每天坚持自主复习的内容,可以称为"必做部分";第二部分是查漏补缺的部分,可以称为

"每天选做部分"；第三部分是系统整理的部分，可以称为"系统部分"。第一部分的内容可以具体到听说读写的课文、单词、句子等；第二部分可以随时罗列出需要巩固的部分、不明白的部分，每天反思、查找原因、解决问题；第三部分可以是按照不同的方法、不同的类型系统整理的内容，系统整理便于记忆。

三、以任务驱动引领学生自主复习，教会学生自主复习方法

（一）指导学生对学习内容进行归纳整合，使自主复习有的放矢

为使学生更好、更准确、更有针对性地选择自主复习内容，我带领学生把已有的语言知识按类别分为常用短语、语音、语法、常用话题（作文）进行复习，又按照题型分为词语归类、写同类词、找出不同读音、判断读音是否相同、连词成句、连线、根据情景选择句子、选择词语的适当形式填空、根据问题写答语、根据图片或提示回答问题等若干个小项，每一项配有具体的题型和内容。在各类型中还有更多的分类，例如在单词分类中，我们采取词性分类法、首字母分类法、话题分类法。这样学生在面对每一类自己欠缺的内容时，就知道如何去选择复习内容和自主复习的方法，目的是帮助学生自主记忆。我带领学生利用一周的时间，选取六年级上册教材进行了相应的整理，按不同方式把词语、句子进行整理，最后以一篇短文整合所有知识点，为学生自主复习提供了一个方法范例，这使得复习内容更有条理。学生们也了解了归纳整合与记忆效果之间的重要性。

对于教师来说，引导学生去发现规则尤为重要。例如：在复习时态的时候，我让学生通过多种例句总结出各种时态的构成方式，例如，一般将来时是主语+will (be going to)+动词原形。除此以外，我和学生一起把最容易错的题型——根据问题写答语和根据答语写问题，总结出几个最简单的步骤，分别是：一找二抄三复位四整理和一画线二代替三整理。这样学生只需记住结构和熟记步骤，依照这个步骤自主多次练习，使知识的记忆简单化，以此提高学习的效率。

（二）引领学生探究自主复习的有效方法，激发自主复习的兴趣
◎调查采访任务

调查采访法是根据学习内容的广泛性而设计的自主复习任务。在调查采访的过程中，学生不但可以复习单词、句型的使用，练习语言交流，还可以培养自身自主设计表格、画图等的能力。例如，在学习 hobby 这个话题后，教师布置学生调查采访亲朋好友有何爱好的任务。学生接到任务后便会自主设计调查用语，如 hello，good evening 等问候语；thanks，thank you very much，bye，see you later 等致谢与告别语；What is your hobby? Can you tell me your hobby? When do you do it? How do you do it? Where do you do it? 等功能句来完成调查采访任务。调查采访后，多数学生会自主设计简单的表格式调查报告，第二天学生们拿着报告在班级进行自主交流。例如：

表 3　调查报告

Name	What hobby	When (how long)	Where	Who
Mother	reading	every evening	at home	herself
Father	see the film	sometimes	cinema	with family
Peter	playing football	on Sunday	school playground	with friends

在完成任务的过程中，学生根据自己已有的语言知识进行自主语言选择，主动交流，自主设计，交流报告等，整个过程充满趣味与挑战，是培养学生自主复习能力的有效途径之一。

◎画图任务

采取画图任务，最好结合方位学习中的指路来进行。在布置任务时，我结合地区实际，脱离课本，让语言体现它在生活中的时效性。例如：从你的居住地出发，到回龙观美廉美超市该怎样走？请你画图标注，并用简单的语言表述出来。学生接到任务后，脑中就会呈现一个路线图，在自己动手画图之前想到会用到 turn left, turn right, through the cross, south, north, west, east 等方位词和动词。学生所住地点不同，因此设计的路线也不尽相同，再根据这些词语表述出来路线，这样学生不但复习了方位词，也练习了写作。图文并茂的复习方式会大大激发学生的自主复习兴趣。

◎脑图回忆任务

脑图记忆最好根据英语学习的相关话题进行。让学生从话题主题词入手，以树形脑图的方式回忆、复习相关内容，从树干不断分支，再从每一个分支中分支。这不但使学生学的有趣，更锻炼了学生在复习过程中的思维能力。例如：从 animal 想到 home animal，wild animal，farm animal，what animals do you like? 等。又从 home animal 想到 cat、dog 等；从 wild animal 想到 tiger、lion、panda 等；从 farm animal 想到 horse、cow、goat 等；从句子 what animals do you like? 想到 do you like …? Does he like…? I like… 等句子。学生在大脑中形成相联系的网状图，记忆起来更加快速，内容更加完整。

◎搜集介绍任务

学生都有表现欲望，模拟小老师进行话题介绍是满足学生表现欲望的一种很好的方法。我冠以一个美丽的名称——English show（英语秀）。具体做法是学生从已有的话题中任意选择自己感兴趣的内容，进行相关内容搜集，可以结合自身或自己了解的生活实际，把搜集到的内容写成一段段简单的介绍，再配以相关的精美图片和美妙音乐。在实施任务的过程中，学生进入到了一种享受学习的自主复习状态，达到良好的复习效果，也使所学得到运用。

◎网上模拟交流任务

在我们的复习方式中，网上模拟交流成为一种时尚的自主复习方式。我给学生提供了两个模拟真人聊天的网页，学生自己选择模拟的机器人聊天对象，在电脑上进行自由交流。交流的过程中，学生已有的语言材料在不同的话题中被调动出来，而且有语法错误时，电脑会自动提示和更正。这种方式使学生在知识的自由运用上得到很好的复习。

◎出试卷任务

在复习中我们需要经常地进行复习检测，以往都是由教师出试卷，而我在研究中打破以往老师出卷子、学生做卷子的常规，让学生按照测试的标准样卷，每单元学完后出一次试卷，内容不定，并且配有标准答案，还要写上出题人，试卷被采用就会有加分。学生积极性很高，试卷质量也越来越高，采用率也越来越高。被采用的试卷测试完成后由出题人选取助手进行阅卷，教师最后把关。学生们在出试卷的过程中要翻书、思考、选择、确定题型及内容、做出标准答案等，以一种积极的心态去对待这件事情，遇到困难也会主动地想尽办法解决，出试卷的过程成为自主复习的过程。这样做减少了教师的工作量，提高了学生的复习效率，何乐而不为？

四、初步效果及分析

采取以上方法进行自主复习的益处很多，主要有以下几个方面。

（一）激发了学生自主复习的兴趣

学生在了解了复习的重要性之后，依据复习计划，可以选择多种方式进行自主复习。这不再是抄一抄单词，读一读课文，听一听录音，而是在丰富多彩的活动和任务中进行复习，复习方式的多样性和趣味性使学生能积极主动地进行复习，有了兴趣便也有了自控力。有的学生说："以前我考试之前才复习，但是那么多知识点又不知从何下手，觉得自己都会了，所以只是随便看看书，考试成绩也不是很理想。现在我觉得复习的方法很多，也很有意思。"还有的说："我以前复习的时候根本坐不住，总觉得枯燥，现在每一次复习我都会认真对待，也坐得住了。"可见，在教师的有效影响下，学生学会根据自身基础，利用充满趣味的复习方式进行学习。

（二）培养了学生良好的自主复习习惯

好的习惯可以使人受益终身，良好的自主复习习惯更是可以达到温故而知新的目的。学生在教师的有效引导下，对自主复习有了兴趣之后，自主复习便可成为他们经常化地归纳整理、强化学习效果及知识记忆的有效方法，久而久之，便养成了良好的自主复习习惯。根据调查显示，目前全班32人已经有80%的学生养成了自主复习的习惯，该比例比以前有了大幅度的提高。

（三）使学生掌握了一些适合自己的复习方法

俗话说：授之以鱼，不如授之以渔。在教会了学生几种复习方法之后，学生便知道做什么和如何去做，更重要的是，学生们可以根据各自的兴趣、记忆方式的特点，从中选择适合自己的自主复习方式，这样他们对知识的记忆、理解会更加容易。例如：有学生说以前回忆学过的动物的名称时非常吃力，而现在结合脑图按照动物的种类进行分类后，很容易记住几十种动物的名称，自己又根据不同动物单词的首写字母，把动物再次进行分类，这样记起单词来非常方便快捷。

（四）使学生对知识的掌握更加系统

在小学英语学习阶段，知识的复现率比较高，许多话题的相互穿插也很多，因此，学生对许多知识的了解、理解和掌握显得十分凌乱，头脑中没有清晰的脉络。在利用这些方式进行归纳整理后，话题间、知识间建立起相互的联系，学生脑中的脉络清晰起来，学习效果大大增强。

（五）使复习效果达到最佳，学生成绩稳步上升

最佳的兴趣、最佳的习惯、最佳的方法、最佳的记忆，加上对知识最佳的系统化，使得学生的学习效果达到最佳状态，学习成绩稳步上升。下图是全班 32 名学生半年内四次考试成绩的平均分和优秀率的变化，图中可以看出这些指标都发生了明显的变化。

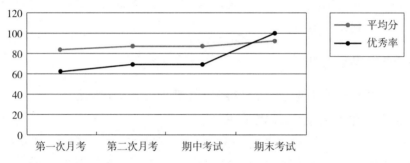

图 1　学生四次考试成绩全班平均分、优秀率变化图

五、讨论和建议

研究过程中，通过教师的有效影响，学生们逐渐学会选择适合自己的复习方法进行自主复习，大大提高了复习的时效性。学生们变得会学、乐学，英语语言综合运用能力有了很大的提高。同时这些复习方法，也锻炼了学生们的思维能力、动手能力、搜集资料的能力、绘图能力、与人合作的能力等，使学生养成了良好的复习习惯。

我想，这些还只是激发学生自主复习兴趣的部分方法，还有更多的策略可以进一步研究，例如：重点词语编故事、角色扮演等。也希望有更多的英语教师进行这方面的研究，使学生的自主复习更加有趣、有效。

（袁宝红　北京市昌平区南口铁道北小学）

综合学科篇

利用电子书包及微课推动自主课堂研究
——以《公民的基本权利》为例

【课堂案例】

一、案例描述

本课是部编版《道德与法治》六年级上册《公民的基本权利》一课的教学案例。在课堂教学中，为了更好地落实教学目标，增强课堂实效，我从学生生活出发，拓展教学资源，选择生活中常见的新闻事件，创设开放、互动、活泼的教学情境，让孩子们在开放的教学氛围中充分去体验、去感悟、去获取。此外，努力拓展教学资源，以信息技术为辅助，借助智慧课堂的设备，通过两次投票，即时展示学生对某一事件的不同观点；通过阅读材料，自主完成练习，实时反馈结果；结合教师讲解，播放音频和视频资料，营造丰富的教学情境，帮助学生运用多种感官不断体验、感悟、提升。

二、课堂活动

（一）创设情境，引入主题

1. 导入：最近发生了一件事情，引发了大家的热议，我们一起来看一看。

周末，初中生小涵到一家繁华地段的大型超市购物，因为没有选到自己心仪的物品，准备从无购物通道离开，谁知此时，超市的防盗报警器突然响了起来……

2. 提问：根据你的生活经验，想一想，接下来会发生什么？

3. 谈话：就像大家推测的一样，防盗警报器鸣响，保安应声而至，同时还招来了大量围观的人。

4. 提出问题：此时，保安要求搜身，假如你在现场，你会怎么做呢？

【设计意图】通过学生身边的案例，唤起学生的已有经验，引发学生共鸣及思考，从而引入主题。

（二）模拟体验，表达观点

1. 过渡：接下来，我们来进行一次模拟体验。

2. 出示规则：当有人被要求搜身时，我在场。

（1）根据人物身份定位，揣摩人物心理并确定自己的立场。

（2）融入角色进行表演。

3. 确定角色：谁愿意进行体验？请大家自行选择角色。

4. 继续出示规则：其余同学都是慧眼观察团的同学，我们来看一看你们的任务。

（1）请认真观察并了解不同身份人物的主张。

（2）投票支持自己赞同的观点或做法，并说明理由。

5. 模拟体验有人被要求搜身。

6. 采访表演人员：你的角色定位是什么？

7. 采访慧眼观察团的同学：刚才那位热心大妈的做法是什么？

8. 投票：每个人都很有道理，到底应该怎么做呢？出示慧眼观察团同学的任务：

（1）投票支持自己赞同的做法或观点。

超市的防盗报警器鸣响，保安要求搜身，你会怎么办？

A. 积极配合搜身，以证清白。

B. 可以搜，但是必须同性别的人搜。

C. 不予理睬，直接离开。

D. 不能搜，想其他的办法。

（2）表明自己支持的做法或观点。

（3）阐明理由或举例说明原因。

9. 小结：看来，每个人都有自己的观点和看法。

【设计意图】通过模拟体验，利用Pad进行投票，让学生清楚表达自己的观点和见解。

（三）法言法语，知道权利

1. 过渡：老师为大家准备了一个小锦囊，大家小声读读，读完以后互相说说什么意思，一会儿我们重新进行投票，也许你会有不一样的选择。

锦囊：宪法第三十七条——公民享有人身自由权。

2. 再次投票：了解了宪法的相关规定，再进行投票，你会怎么投呢？快拿出你的Pad

投票吧。

3. 追问：怎么两次结果不一样呢？谁来说说。

板书：公民　人身自由权。

4. 追问：快对照这些规定回顾一下刚才我们的做法，此刻有什么想法？

5. 提问：在这个案例中，仅仅保护了小涵吗？

6. 小结：是啊，宪法保护了我们每个人的权利。

7. 案例结果：实际生活中这个案件的最终结果是什么呢，我们来听一听。

录音：因为超市防盗报警器鸣响，女孩被强行带到商场办公室搜身，但是并没有发现什么……受这件事的影响，女孩经常做噩梦，患上了严重的抑郁症……女孩在妈妈的陪同下向当地法院提起诉讼，法院依法判决该超市公开赔礼道歉，赔偿精神损害抚慰金。不久以后，涉事保安和经理也被超市开除了。

8. 追问：看了这样的结果，此时你又有什么想法？

9. 网络截图：其实如果在网上搜索一下我们就会发现，类似的事件在不同地方经常重演。

10. 小结：看来保护自己、维护正义需要勇气、智慧，更需要了解相关法律知识，运用法律武器。

【设计意图】通过阅读宪法条文以及再次投票，让学生知道公民享有人身自由权，初步理解宪法是公民权利的保障书。

（四）有效引导，明确权利

1. 过渡：除了我们刚刚解读的人身自由权，宪法中还规定了公民享有哪些基本权利呢？

2. 我们来进行挑战学习，先来看一看要求：

（1）学习任务：了解宪法第二章中公民的基本权利，完成挑战赛。

（2）时间：5分钟。

3. 在答题的过程中，你又了解到了哪些权利呢？快跟我们分享。

4. 宪法第二章中规定的权利很多，我们不能一一罗列，但是我们发现，公民享有很多的权利。

5. 接下来我们来完成第二个挑战任务，出示要求：

（1）小组10秒钟快速选定任务（A或B）。

（2）合作完成任务卡，并做分享。

（3）时间：6分钟。

6. 小结：是啊，人这一生都享有广泛的人身、政治、经济、社会、文化等方面的权利。

【设计意图】通过答题，学生了解公民在人身、政治、经济、社会、文化等方面所享有的权利，进一步感受宪法与每个人的关系。

我们的任务卡（A）

1. 依据宪法第二章中公民的基本权利的内容，试着将公民的基本权利梳理在成长年代尺上。

2. 通过梳理我们发现：

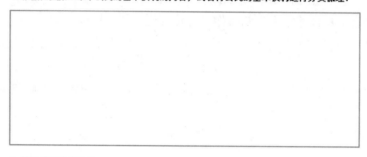

我们的任务卡（B）

1. 依据宪法第二章中公民的基本权利的内容，试着将公民的基本权利进行分类梳理：

2. 通过梳理我们发现：

（五）总结梳理，深化体验

1. 过渡语：通过今天的学习，你有什么收获？

2. 小结：今天我们了解了公民的基本权利。宪法是公民权利的保障书，保障每个公民的基本权利，让我们可以安心地工作、学习和生活，在遇到困难时还能获得帮助，因此我们要多关注、了解相关法律常识，关键时刻有维权意识，通过正确的程序和途径，行使宪法赋予我们的权利。

板书：常识 意识 程序。

3. 拓展：宪法赋予了我们权利，同时我们必须履行宪法规定的义务，课下大家搜集相关资料，下节课我们继续探讨。

【设计意图】进一步明确公民意识——法治思维。

【课堂观察】

一、学生的学习行为

（一）有效学习行为

《品德与社会课程标准（2011年版）》指出：体验学习的重要价值不在于学会某种操作方式、获得某种技能，而在于每个人在活动中获得真实的感受，这种内心体验是形成认识、转化行为能力的原动力。在本节课的教学中，我从生活中真实的案例入手，让学生进行模拟表演：超市的防盗报警器突然鸣响，保安要求搜身，如果你在现场，你会如何做？在学生的表演中，我们听到了生活中真实的声音：不能搜，违法了；不能搜，男保安不能对女顾客进行搜身；能搜，以证清白……到底哪种观点是正确的？学生陷入了迷茫。在这样的情境中，教师一步步引导，最终让学生明白公民享有人身自由权。这种体验为学生树立权利意识奠定了基础。体验教学，增强了课堂教学效果。

（二）无效学习行为

在挑战任务中，只有一个组的同学选择了任务 B，因为没有相应的知识储备，类别的选择以及划分都不是很准确。

（三）学习困惑

公民的基本权利对于学生来说比较陌生，虽然本节课学生对公民的基本权利有了一些了解，但是如何学以致用是他们面临的一个困惑。

二、教师的教学行为

（一）有效教学行为

本节课，我利用智慧校园项目中的"电子书包"和孩子们共同度过了快乐、充实的课堂时光。教师和学生人手一个 Pad，我使用了 Pad 的几个功能：一是课堂互动功能，教师发布投票，学生通过自己的 Pad 终端进行选择，即时展示学生对事件的观点，教师和学生真实互动，而不是表演；完成挑战任务，实时显示答题情况，教师随时了解教学效果，确保课堂效率。二是课堂展示功能，通过 Pad 的投屏功能，展示学生作业。在师生的合作下，课堂变得民主、高效、灵动。

（二）无效教学行为

在教学中，我设计了一个挑战学习的教学环节：学生选择任务 A 或者任务 B 进行合作学习，任务 A 是依据宪法第二章中公民基本权利的内容，试着将公民的基本权利梳理在年代尺上；任务 B 是依据宪法第二章中公民基本权利的内容，试着将公民的基本权利进行分类梳理。大部分小组都选择了任务 A，少数选择了任务 B，这和我的预期相违背，不能充分说明公民在政治、经济、社会、文化等方面都享有权利。

（三）教学困惑

本节课设计了一个模拟体验的活动，体验、分析、投票等环节占用了大量的时间，导致后面绘制思维导图时间不够，如何分配时间是我面临的困惑。

（四）解决问题的办法及改进建议

细细分析造成课堂头重脚轻的原因，是课前的准备工作不足，宪法第二章的条文，读起来需要花费很多时间，更不要说短时间内提炼、梳理、分类。所以，我们要重视课前预习探究。有效的预习能提高学生学习新知识的目的性和针对性，可以提高学生课上听讲的效率，改变被动学习的局面。

【自主反思】

课堂是引领学生生命发展的主渠道，而自主课堂是学生在树立学习目标、掌握学习方法、形成自主学习能力等方面均具有自主性的课堂。品德与社会课程标准指出，要引导学生自主学习和独立思考。学生是学习的主体，教师应由单纯的知识传授者向学生学习活动的引导者、组织者转变。这与自主教育的理念不谋而合。因此，在教学中，教师要通过创设任务情境或问题情境，激发学生主动学习和探究的兴趣，鼓励他们大胆尝试解决问题的多种方法，还要为学生自主探究和解决问题提示方法与步骤，实现学生自觉主动地学习，真正让学生站在课堂的正中央，让学生有实实在在的获得感。

在培养学生养成认识、分析事物的习惯过程中，很重要的一点是内化运用，就这节课来说，内化运用的过程就是学生们及时提取信息、解释说明问题的过程。正是运用内化策略，在问题提出后，才呈现出多样化的支架，同时教师指导学生分组精选自己的材料，并用不同的方式加以呈现，这样既提高了学生的学习积极性，又促使学生进一步内化吸收。

学生是学习的主体，只有真正调动学生的学习主动性，学习才有效果，因此，无论是在探究之前的自主选择，还是在分享交流环节，始终都要尊重学生的学习意愿、自主选择。学生在提问和追问过程中，通过对比、分析等活动尝试解决问题，从而提高了观察及分析、解决问题的能力。

（冯婷婷　北京工业大学附属中学十八里店分校）

关注自闭症儿童,做自主参与的志愿者
——以社会服务"温暖'来自星星的你'"主题活动为例

【课堂案例】

一、案例描述

"温暖'来自星星的你'"属于综合实践课程中的社会服务领域,这是一个大的主题活动,分为三个阶段:准备阶段,借助"爱心语润康复中心"这一资源,初步了解自闭症儿童,提出开展志愿服务的主题活动,并以此研讨调研方式及调研内容,制订志愿服务计划。实施阶段,学生在充分准备的基础上走进特殊教育机构,通过助学、陪伴、游戏、体验等多种形式全员参与志愿服务活动。总结阶段,通过学生、家长、康复中心工作人员对共同参与志愿服务的交流、总结、反思,让学生感受到服务他人的幸福,激发志愿服务的热情。整个主题活动都是在学生自主参与、自主实践、自主思考、自主反思中进行的。每个学生在实际参与、体验中提高志愿者服务意识,明白这既是"助人"也是"自助",既是"乐人",也是"乐己"。参与志愿服务,在帮助他人、服务社会的同时也传递了爱心、传播了文明,提升了学生的责任意识和担当能力。

二、课堂活动

本次案例以活动实施阶段为例,活动过程如下。

(一)组织活动,回顾志愿服务要求

(1)根据前期沟通,准时带领学生走进特殊儿童康复机构——爱心语润康复中心。

(2)请同学们回顾一下,我们进行志愿服务过程的要求是什么?

学生活动:学生依据前期参观、调研的情况按要求进入机构,并回顾志愿服务的注意事项。

【设计意图】让学生明确志愿服务的内容和具体要求,保证志愿服务的顺利进行。

(二)学生就位,分组开展志愿服务

1.组织学生到志愿服务区域,和康复中心的老师及学生见面。

2.请同学们根据指定计划的内容,到指定区域开展志愿活动。

注意事项:和小朋友相处时要自然,有问题及时向老师和康复中心的老师询问。

3. 学生活动：学生分组开展志愿服务。

（1）第一组：学习陪伴。

学生协助康复中心的老师帮助学生学习使用学习用具，理解学习内容，带动志愿服务对象学习，共同完成任务。

出现的问题：孩子们对简单的知识理解困难。

解决的策略：语言简洁、反复示范。

（2）第二组：生活帮助。

学生帮助康复中心的孩子整理生活用品、分餐、倒水等，与孩子们进行交流。

出现的问题：孩子们情绪激动，自理能力弱。

解决的策略：安抚情绪、调动兴趣。

（3）第三组：模拟情境。

利用康复中心"星星超市"的活动场所，模拟超市购物，教孩子们认识价签，使用货币进行交易等。

出现的问题：特殊的热情方式吓哭学生。

解决的策略：了解特点、主动接触。

（4）第四组：运动体验。

学生与康复中心的孩子一起做游戏，和他们在游戏中建立亲密关系，发展他们的运动能力。

出现的问题：不配合活动，总是走开。

解决的策略：引导参与、坚持不放弃。

【设计意图】通过不同情境、不同方式的志愿服务，让学生与康复中心的孩子产生良好的情感交流，并借助资源协助中心教师进行志愿服务，在相互融合的过程中，不仅帮助了患有自闭症的孩子，同时也提升了学生的能力及责任感。

（三）机构总结，颁发志愿服务证书

1. 志愿活动结束，组织学生集合。

2. 请机构负责人对今天的互动做小结并为学生颁发志愿者证书。

【设计意图】通过总结和颁发证书，学生感受到了作为一名志愿者的光荣，激发了他们对志愿服务的热情。

（四）教师总结，提出交流分享任务

今天我们走进"爱心语润康复中心"参与志愿活动，同学们都能用自己的实际行动帮助这里的孩子，践行一名志愿者的责任。我们根据今天活动的情况，总结志愿服务的收获以及需要改进的地方，下节课进行交流总结。

【课堂观察】

一、学生的学习行为

（一）有效学习行为

学生按照制订的计划有序开展志愿服务，引导自闭症小朋友开展活动，特别是运动体验组的学生，在遇到自闭症小朋友在活动中出现不断走开、不积极参与活动的情况时，主动带领他们参与，自主研究处理问题的方式，坚持不放弃，最终完成得较为顺利。

（二）无效学习行为

学生在开展志愿服务之前制订了各自小组的计划，活动内容都具有一定的目标，在学习小组中，有的学生给自闭症的小朋友读书，但对方明显对书的内容不感兴趣，但学生还是继续，没有及时进行调整，显然这样的活动已经不能起到提高他们接受能力的作用。

（三）错误学习行为

学生在开展志愿服务中遇到一些自闭症小朋友不配合，不参与活动，有些同学会按照自己的方式继续进行，但没有收到很好的效果。

（四）学习困惑

虽然也进行了前期调研并且制订了志愿服务计划，但在实际活动过程中还是出现了特殊情况。克服交流中的心理障碍，选取恰当的活动方式以及遇到特殊情况该如何应对是学生开展此次志愿服务活动的困惑和难点。

（五）给出相应的解决办法及改进建议

面对这样的问题，教师积极引导学生自主想方法解决，同时爱心语润康复中心的老师及时提供专业指导，针对特殊人群会出现的特殊情况，可以采取何种方式进行解决。

（六）学习行为呈现递进性

此次志愿活动充分体现了学生自主参与活动、自主发现问题、自主解决问题的特征。

二、教师的教学行为

（一）有效教学行为

对于在志愿活动中出现的突发情况，教师及时进行监控指导以保证志愿服务的顺利进行，这些都体现了教学的有效性。一位女同学正在带领自闭症小朋友选择商品，另外一个小朋友突然跑过来，猝不及防地拍打了她一下，这位女同学一下子就吓哭了。面对这样的情况，老师及时安慰她，并和康复中心的老师一起告诉她这些特殊儿童表达喜欢的方式有些特别，让她消除心里的恐惧。在老师的安慰下，她很快平静下来，还要求继续开展活动。

（二）无效教学行为

为了促进学生自主解决问题，当出现特殊状况时，教师只是一味地让学生自己去想办法，实际效果不好，老师在此过程中要起到引导作用。

（三）错误教学行为

因为这次志愿服务的对象有些特殊，所以在活动中出现了很多意想不到的情况。比如生活帮助区，有的小朋友出现哭闹的现象，学生束手无策，老师此时出现，告诉了学生解决方案。这种方式不利于学生自行解决问题，老师没有把自主的空间还给学生。

（四）教学困惑

当学生出现问题时，教师如何进行有效的引导，以便学生自主解决问题是教学过程中的困惑。

（五）解决问题的办法及改进建议

先让学生聚焦问题，在此基础上分析原因，根据问题和特殊儿童的实际情况设计解决问题策略，并引导学生学着自主解决问题。

【自主反思】

自主课堂应该是生命课堂、生活课堂、生态课堂。在这里，学生不是简单被动地接受，而是对外部信息进行主动选择、加工和处理，从而获得知识。学习的过程是学生自我生成的过程，这种生成是他人无法替代的，是由内向外生长，而不是由外向内灌输。这次主题活动的主要特色有以下三个方面：

1. 活动主题具有鲜明的教育价值。

本次活动选择的主题是走进资源单位——爱心语润康复中心，为自闭症孩子送去志愿服务。选择这样的主题活动为的是培养学生的公民责任意识和担当能力，也是推进"立德树人"教育根本任务的有力途径。相信通过这样的活动，孩子们的心中一定会埋下一粒相互了解、彼此尊重、互相接纳、和谐相处的爱的种子。

2. 活动过程体现道德成长与知识学习的有机统一。

尽管进行志愿服务的时间只有短短的两个多小时，但学生完成这个主题却历经一个多月的时间。这个过程，充分体现了学生自主参与、自主实践、自主思考、自主反思，让学生在道德成长和学习上相互促进。

3. 活动分享触发自我成长。

每个小组学生在活动后自主准备并介绍他们开展志愿活动的过程，这里有成功的经验也有遇到的困难，并且能在反思中提出改进和完善的方式。通过来自各方的交流，让学生感受到志愿服务的价值，让立德树人的教育在课程活动中真实地发生。

（许芳　北京市朝阳区垂杨柳中心小学劲松分校）

让音乐之花在孩子心中美美地绽放

【课堂案例】

一、案例描述

这是五年级下册花城版音乐课《打起手鼓唱起歌》的案例，围绕新歌学习部分展开研究，重点体现自主课堂的学生合作探究。现在小学生关注流行音乐比较多，对民族音乐不感兴趣，这个年龄段的孩子比较喜欢律动。本歌曲民族特点突出，欢快，节奏感强。通过对歌曲的自主学习，让学生掌握新疆歌曲的基本节奏；通过不同歌手的演绎，学习新疆舞的基本舞步，让学生了解并喜欢上新疆歌曲，进而喜欢民族音乐。学生提前自主预习，感受新疆地区独特的民族音乐风格和欢快热烈的情感，了解新疆维吾尔族的音乐特点。

二、课堂活动

（一）导入

1. 课前律动。

播放克里木的《掀起你的盖头来》，教师带学生随音乐走进教室。

2. 发声练习。

3. 欣赏舞蹈《达坂城的姑娘》。

互相提问：这是哪个民族的音乐、舞蹈？你们了解新疆吗？（多媒体显示新疆简介）

请同学们想一想：刚刚跳舞时手里拿的是什么啊？

【设计意图】通过听音乐自然引出课题，学生自主联想和回忆预习的内容，并在互相提问中完善知识点。

（二）听唱歌曲《打起手鼓唱起歌》

1. 作品分析。

师引出小导游：现在，让我们来聆听具有浓郁新疆特色的歌曲——《打起手鼓唱起歌》。

这首歌带给我们什么样的感受呢？（欢快、活泼、明朗、朝气蓬勃）

请小导游带领我们了解一下。（学生汇报作品分析的自主学习成果）

（1）有一位伟大的作曲家，叫施光南，《打起手鼓唱起歌》就是他创作的一首富有浓郁的新疆特色的歌曲。全曲由主歌、副歌两个部分构成，旋律优美而富有弹性。歌曲的第二部分紧凑的节奏以及独特的衬腔富于情趣,情绪欢快、热烈,抒发着人们对家乡和幸福生活的热爱之情。

总结新疆维吾尔族的音乐特点:热情、活泼、欢快,节奏多附点音符、切分音、弱起;具有律动感和舞蹈性;歌与舞相结合。

(2)歌(乐)曲多数是从强拍开始的,但我们也常见到部分歌曲从弱拍或次强拍开始。从弱拍或次强拍起的小节叫作弱起小节。弱起小节的歌曲最后结束的小节也往往是不完全的,首尾相加,其拍数正好相当于一个完全小节。弱起小节也叫作不完全小节或不完整小节。

(3)介绍手鼓:手鼓是新疆少数民族中最常见的打击乐器,可用于歌曲伴奏和舞蹈演出道具。新疆手鼓又称达卜。达卜是以其音响命名的。达卜:因敲击时发出"达""卜"两种音响而得名。手鼓是新疆各族人民庆祝丰收、节日的常用乐器。

【设计意图】学生都有外出旅游的生活经验,整节课由"小导游"(一名男生)作为课堂流程的引导者,而学生更喜欢这种方式,觉得自己是"游客",带着游戏的心态来学习,更轻松,更有趣。

2. 铃鼓打节奏。

刚刚有同学提到新疆歌舞的节奏特点,那么,在演唱歌曲的过程中,你们能否从歌谱里面找出新疆歌曲中典型的节奏型?(十六分节奏、附点节奏)

复拍子学习:四二拍的强弱规律是什么?四三拍呢?那么我们在演唱的时候就要注意到他们的强弱变化了。练习复拍子节奏。

3. 按节奏朗读歌词。

强调:弱起节奏。变换拍子,在同一首歌曲中,两种或两种以上的拍子交替出现的叫变换拍子。

师:四二拍的强弱规律是什么呀?四三拍呢?小老师朗读四二拍歌词,大家朗读四三拍歌词。

4. 轻声随歌曲旋律用 Lai 来哼唱歌曲。重点学唱副歌部分歌谱。

5. 找出最爱的乐句,师生一起分句解析、演唱。

6. 伴随多媒体显示的新疆风光和歌曲旋律歌唱。

(三)歌曲处理与拓展延伸

1. 舞蹈队学生示范舞蹈动作,学生欣赏学习。

2. 以小组为单位进行分析讨论后,选择自己喜欢的舞蹈动作创编律动或利用手鼓为歌曲伴奏表演。

3. 全班同学拿起手鼓,用圆润、自然的声音,充满激情地演唱一遍。

【设计意图】学生自主寻找节奏规律,自己来打节奏,互相聆听,互相学习,彼此提建议,并在相互模仿、评价中掌握音乐技能。

(四)小结

伴随多媒体播放新疆歌曲,呈现新疆风光。

师：我们伟大的祖国妈妈，有56个孩子，那就是56个民族。美丽富饶的新疆令我们神往，欢快的新疆歌舞令我们陶醉。歌曲展现了新疆人民热爱生活、热爱艺术的精神风貌，同时也让我们感受到了祖国丰富深厚的文化底蕴。（伴随音乐走出教室）

【课堂观察】

不难发现，课堂"活"起来了，学生"动"起来了。让学生亲自尝试操作，是体验的关键，是个体通过反思、同化等方式，将亲身经历中对事物、知识的感知觉转化为自身观念、知识的过程。课堂设计可以让学生通过演绎不同角色，感受不同音乐，加以不同的感情色彩，最大限度地为他们提供尽可能多的表现形式，使学生在各个层面可以达到不断体验尝试、讨论学习、共同进步的机会，以增强其自信心和学习兴趣。让他们头脑中的认知结构与个体实践相互作用，实现个性张扬的特点。他们在自主、合作、探究中学习，在学习实践中进行评价式、探究式学习，他们的音乐感受和鉴赏力、表现力、创造力都在逐渐提升！

（一）有效教学行为

通过学生之间互学的模式学习弱起、复拍子节奏；副歌部分"来……"音阶下行的音准。

（二）无效学习行为

在运用铃鼓这个乐器的分发和收回环节，本班学生的常规意识和行为导致延误了几分钟。

（三）教学困惑

1. 学生的"喊唱"现象普遍。学生对歌曲有了演唱的积极性，并在一定程度上已经能熟悉旋律、熟悉歌词，这时候的"兴致"导致"喊着唱、大声唱"的现象比较明显。

2. 如何让学生爱上民族音乐和乡土音乐。

（四）解决问题的办法和建议

1. 加强发声练习，用科学的方法和良好的发声习惯来演唱歌曲。多进行"气息训练"，孩子们一对一自主练习，彼此发现问题所在，自主交替进行"轻声唱""循环唱"。

2. 充分利用社区、家长等社会资源，感受祖国文化，开展民间特色艺术活动，激发学生爱家乡、爱祖国的情感。认识民族乐器，尝试着学习简单的演奏。

【自主反思】

新课程标准要求把学生的音乐素养放在重要位置，让音乐教学发生质的改变。音乐教学不仅要在课堂激发学生自主参与音乐活动的意识，而且要持续保持参与音乐活动的热情和积极性。因此，要唤醒孩子们的主体意识，创设自主、合作、探究的学习氛围，提供在丰富的音乐活动中"主体参与"的教学形态，引导学生自主学习，有效提高课堂效率。

作为新时代下的音乐教师，我们已经踏上改革之路，学生享受到美的韵律，我也收获了幸福与成长。这快乐的探究过程更加坚定了我进行教与学方式转变的决心。转变后开放、多元的模式大大提高了孩子的学习兴趣和求知欲望，而我们追求的是什么？就是让孩子们在快乐的课堂中，体会音乐之美。我们将坚定不移地进行音乐教学改革，和孩子们一起享受音乐课的快乐，让孩子们的心中绽放美丽的音乐之花！

（金莺　深圳市福田区福南小学）

自主学习型信息技术课堂建构初探

【课堂案例】

一、案例描述

《创作新图画——小小城市景观设计师》是川教版信息技术教材三年级《合成新图画》一课的重构，本课新的操作技能并不多，主要包括双窗口切换，通过复制、粘贴等操作完成多个图画的合成。涉及的旧知识较多，比如打开已存盘的图画，撤销、恢复操作，图画大小、位置调整，复制粘贴图画的方法等。在教学过程中应特别注意引导学生迁移旧知，点拨学生将已习得的知识和技巧加以综合应用与创新。

在教学内容组织方面，本节课对教材内容进行了二次开发。结合德育"爱成都"教育，将画西瓜、蘑菇的例子以及瓢虫树叶合成的例子重构为"小小城市景观设计师"的主题系列活动，通过画小树和种小树两个部分，巧妙地容纳本节课学习内容，又将两部分学习内容更好地衔接起来，使得本节课更具有系统设计和完整性，同时学习内容更加丰富、实用，更好地激发学生对信息技术的兴趣，信息技术学科特征和价值得以彰显。在完成学习内容的同时，也加强了学生对城市的认识，这也是对学生核心素养中"社会参与——责任担当""社会参与——实践创新"等目标的培养。

本节课学习方法主要为自主学习。学生借助"小小城市景观设计师"设计单，开展自主学习以及自评。

二、课堂活动

（一）激趣

教师出示提示词：它能美化环境、防风固沙、调节气候、净化空气、制造氧气，引导学生猜猜它是谁。

学生根据提示词，头脑风暴，猜谜底（树）。

教师根据谜底引出"树"是城市必不可少的组成部分，不仅仅是因为树木对环境和我们有好处，更因为树木是城市中一道亮丽的风景线，是城市形象的重要体现。城市中的树并不是随意种植的，而是城市景观设计师精心设计的，从而引出本课课题"小小城市景观设计师"。

学生知道"树"的好处，了解城市中树的重要性和城市景观设计。

【设计意图】课前利用竞猜的形式，快速将学生卷入课堂学习。同时将竞猜内容与本节课学习内容紧密联系，引导学生明确本节课学习主题，激发学生的学习兴趣。

（二）自主探究画小树：工具巧配合

◎ 想一想

教师引导学生观察示例小树的树冠和树干的基本形状。

学生观察示例小树树冠的形状（半椭圆）和树干的形状（长方形）。

教师引导学生结合自己画图软件的学习经验，分析绘制树冠与树干相关的工具。

学生结合画图软件学习经验，明确直接绘制长方形的工具。

教师引出工具箱中没有直接画半椭圆的工具，建议学生可以通过工具的巧妙配合，将基本形状创作为新的图形。

学生思考半椭圆的绘制方法。

【设计意图】本环节是学生表达思维的训练，即通过分块（树冠、树干）—观察基本形状（半椭圆、长方形）—方法预设（矩形、椭圆、直线、橡皮擦等），提升学生使用软件的思维和表达能力，同时也为学生开展有效的自主学习做好铺垫。

◎ 试一试

教师引导学生结合画图软件使用经验，自主探究半椭圆的画法，教师巡视，个别指导，鼓励学生探索不同的画法。

学生自主探究半椭圆的多样性画法（画一个圆/椭圆，用直线进行分割，用橡皮擦去多余的部分等）。

【设计意图】本环节的设计是学生自主探究，让学生结合自己的经验，尝试、体验不同的方法，构建知识，加强对工具巧配合的理解。

◎ 方法秀

教师请学生上台展示自己的方法。注意引导学生规范地讲解自己的操作过程。

学生上台分享自己的做法，一边演示一边讲解。

教师总结工具箱中的工具绘制，更多的是通过工具的巧配合，创作新图画。（板书：工具巧配合）

学生理解创作新图画的常见方法之一：工具巧配合。

【设计意图】本环节是本课的一个生成点，通过展示学生们自主探索的方法，提高了学生自主解决问题的能力，也让教师更准确地掌握了学生的学习情况。

◎ 画一画

教师引导学生结合半椭圆的画法，绘制一棵小树。

学生独立绘制一棵小树。

【设计意图】本环节一是对半椭圆画法的应用，二是为下一个环节做好准备。

（三）思路清晰种小树：画面巧合成

◎**整体规划**

整体规划

教师引出第一步：整体规划。我们需要根据一个地方的环境、地形特点设计小树种植的位置和排列形式。引导学生注意近大远小以及遮挡关系等。

做一做

1. 从四个种小树的地点选择一个，根据地点、环境，对小树位置进行规划，并用小圆圈〇标注出来。

2. 根据自己的规划，完成设计图。

学生知道种小树的第一步是根据种小树的地方环境、地形特点等进行整体规划。

教师为学生提供相关的种小树位置的素材，引导学生根据自己的兴趣在设计单上选择一个种小树的地点，进行整体设计。

学生在学习地图上选择一个种小树的地方，进行整体规划和设计，用笔在纸上标注。

【设计意图】本环节是引导学生明白在应用软件前需要前期的设计，再用软件进行表达。这是软件应用和表达思维形成的重要训练点。

◎**学一学**

教师请学生协助，和学生一起种一棵小树作为示范。

学生打开一个窗口，在新窗口中打开自己选择的素材；在小树窗口中复制自己绘制的小树；将窗口切换到素材窗口，进行粘贴；调整小树的大小及位置。

【设计意图】本环节以教师启发、学生协助的方式进行操作演示，引导学生回顾旧知识。

◎**理一理**

教师引导学生回顾种小树的操作过程，梳理思路：（1）整体规划；（2）打开两个窗口；

（3）在小树窗口复制小树；（4）切换到城市窗口粘贴；（5）调整小树位置和大小；（6）保存为"种小树+姓名"。

学生回顾种小树的操作过程，理清思路，查缺补漏。

教师结合种小树的操作，引导学生理解可以通过巧妙地合成多幅作品创作新图画。（板书：画面巧合成）

学生理解创作新图画的常见方法之二：图画巧合成。

【设计意图】这一环节的目的：一是引导学生梳理操作思路，提升软件应用的思维能力；二是帮助学生查缺补漏。

◎做一做

教师引导学生动手实践，完成作品。然后巡视，个别辅导。

学生结合新知和自己的设计规划，完成作品。

【设计意图】本环节学生通过动手实践，将自己的设计规划转换为作品，在"做"中提升了自身的信息技术素养。

◎作品秀

教师引导学生从三个方面介绍自己的作品：（1）我把小树种在哪里了？（2）我最满意的设计是什么？（3）有没有遇到困难？

学生从"我的作品""最满意的设计""遇到的困难"三个方面分享作品设计和制作心得。

【设计意图】作品分享环节，为了帮助学生更有效地表达，教师设计了三个问题引导，通过引导提高学生分享的质量。

（四）拓展延伸

教师出示图片，引导学生了解信息技术在其他行业的应用（室内设计、建筑设计、服装设计等）。

学生了解信息技术的应用领域，拓展知识。

【设计意图】本环节的拓展，一是激发学生对信息技术学科的学习兴趣，二是拓展学生视野。

（五）课堂小结

教师总结本节课活动主题，对学生提出鼓励和期望，期望他们将来成为建设成都的栋梁之材。

学生回顾本节课活动，通过"小小城市景观设计师"的体验，从小树立环保意识，同时增强小公民的责任感，树立远大志向。

【设计意图】本环节主要通过总结，引导学生回顾课堂活动，同时也是对学生进行德育的体现。

【课堂观察】

一、学生的学习行为

在"自主探究画小树：工具巧配合"环节，学生在分析思考的基础上，自主探究半椭圆的画法，绘制小树素材。这个过程中，学生大胆尝试，试探出了多种绘制方法，通过已有经验的应用，解决了问题，有效地达成了学习目标。

在"思路清晰种小树：画面巧合成"环节，学生在做整体规划的时候，并没有体现整体规划的思想，学生自主完成任务的效果不够理想。深入反思，导致这样结果的原因之一是学生对城市景观设计的理解不到位，知识不全面，教师应该在结合典型案例深入分析之后，总结出关键的整体设计思想，并在板书或者 PPT 中罗列出来，以加深学生的理解。清晰的思路，以及掌握解决问题的知识，都是有效自主学习的重要前提。

二、教师的教学行为

本节课中，教师主要扮演学生学习的引导者的角色，在"自主探究画小树：工具巧配合"环节，以及"思路清晰种小树：画面巧合成"环节，充分发挥了教师的引导作用：一是教师利用问题串，引导学生学会思考；二是教师通过引导学生回顾知识，让学生明晰思路，提升思维能力。在自主学习为主的课堂里，教师及时有效的引导，是提升学生自主学习效果的关键所在。

【自主反思】

对于信息技术学科，构建自主型学习课堂具有得天独厚的优势：一是信息技术学科学习内容具有独特性——知识更新速度快、注重实践操作；二是信息技术学科学习环境具有独特性，既作为学习内容又作为学习工具的计算机的介入，是自主型学习课堂建构的重要保障。但是，因为中小学生自我控制力较差，对学习活动的自我导向、监控能力较薄弱，所以学生有效开展自主学习的能力就成了自主学习型课堂构建的关键。

一、保鲜动机，唤醒自主学习意识

要使学生积极地发挥自己的主体作用，主动去学习，必须保鲜学生的内部学习动机，点燃学生对学习内容的兴趣火焰。要针对具体的学习内容，创设情境，精心设计导入，激发学生的学习兴趣，增强学生对某一知识点的求知欲，唤醒学生开展自主学习的意识。在本节课中，"激趣"教学环节，利用竞猜的形式，借助城市中树的作用，创设"小小城市景观设计师"来引入课题，以唤醒学生自主学习的意识，将学生卷入学习场。

二、巧设活动，确保自主学习效果

在自主学习中，学生能否有效地进行自主学习活动，主要取决于教师对自主学习活动的设计，特别是对于正处于学习能力初步发展阶段的学生。

教师需要为学生制定自主学习的总体目标，使学生明确通过自主学习应该达到的水平或获得的能力，其中也包括与学生养成自主学习能力有关的目标，然后由学生根据自身实际情况，制定学习的阶段性目标，从而锻炼学生制订学习计划的能力。在确定自主学习的总目标之后，还需要将目标具体化，设计统摄整个自主学习活动的任务或问题，以驱动学生开展自主学习活动，并且提出完成任务的时间要求，以增强学生时间管理的意识，提升时间管理能力。

对于培养学生有效管理和利用学习资源的能力，教师应该及时对学生查找的资源给出方向和要求，以防学生找不到重点，提不出问题，学习不能深入。另外，在设计自主学习活动时，自主学习开始前的准备环节以及自主学习后的总结提炼环节，教师应该充分发挥引导者的作用，借助问题等方式，引导学生构建知识体系，提升思维能力，增强学生获得成功的体验，帮助学生提升自主学习的效果。

三、激励评价，促进自主学习发展

对学生自主学习的评价，首先必须以学生为出发点，不能只关注学习成果，更要关注学生开展自主学习活动过程中的情感投入、阶段性目标设置、计划安排、时间管理等方面，开展全面、多元、过程性评价。其次，对于学习能力较差的学生，要给予更多的关注，关注他们的成长和进步，并及时进行表扬和奖励，以激发和保护他们学习的积极性和主动性。再次，对于自主学习评价，应通过自评和他评相结合的形式，促进学生自我反思，以提升自己对学习过程的调控、监控能力。

在学生自主学习活动的评价中，对学生进步的关注和鼓励比什么都重要，只有学生在每一次自主学习活动中体验成功，获得自信，产生高度的自我效能感，才能保证学生自主学习能力的不断提升，才能使学生的自主学习自觉化、持续化。

总之，鉴于信息技术学科学习知识和技能的特殊性，信息技术课堂对于培养学生自主学习能力有得天独厚的优势。在信息技术课堂大力开展自主学习的同时，更要着眼于学生自主学习能力的培养和提升，只有学生对自己学习活动的自我向导、自我激励、自我监控能力提高了，才能保证信息技术课堂自主学习能力的有效性，也才能真正引导学生学会学习，实现自主发展。

（韩欣　成都高新新源学校）

如何创建小学信息技术自主课堂

学科核心素养是学科育人价值的集中体现，是学生通过学科学习而逐步形成的正确价值观、必备品格和关键能力。课程标准明确提出信息技术学科核心素养包括"信息意识""计算思维""数字化学习与创新""信息社会责任"四个方面，都突出强调培养学习个体在信息时代主动参与信息构建的能力。信息技术学科要实现核心素养的培养，需要创建自主课堂来引导学生自主思考、自主解决和自主实现。

通过实践与研究，我总结了创建小学信息技术自主课堂的三个关键方法。

一、主题性设置任务

目前小学信息技术教学主要采用任务驱动法。此类任务一般具有分散性，基本上是一课一任务，这样虽然方便教师组织教学，但会造成学生知识点的学习比较松散，容易记不住、学不牢。为了解决这个问题，我提出了主题性设置任务。

主题性设置任务，可以在教学内容整合的基础上为学生营造自主探究的氛围，有利于创建自主生成性的学习模式。

以川教版信息技术三年级下册为例，第二课到第九课都在不断强化画图软件的基本工具（刷子、铅笔、喷枪、椭圆、方形、直线）和基础应用（选定、裁剪、绘制、涂色、保存）的学习。在实际教学中，我通过知识整合，将教学内容分为水粉画、素描画、沙画、家园建设四个主题来设置任务。

下面以沙画主题学习为例。

（一）导课环节

先播放沙画艺术的表演视频（时间为3分钟），让孩子感受艺术的同时体会沙画的笔触，看清楚沙子的走向和形成的脉络。然后组织学生谈一谈感受，向学生提问："在画图软件中，哪个工具可以画出和沙画一样的感觉？"留时间让学生讨论，并尝试找出符合要求的工具。最后引导学生发现喷枪工具可以实现目标，于是这节课就来探索"使用喷枪工具绘制沙画"这一任务主题。

（二）学习环节

为学生提供相应的沙画素材，包括风景图、人物图、漫画等，也准备相应的任务小助手文档，方便学生在遇到困难时自己查看解决，有效加深喷枪这一工具的使用。

（三）学习效果

在整个学习过程中，从发现喷枪的特点、研究喷枪的样式到应用喷枪绘制沙画，学生都以自己的内在学习需要为动力，学习积极性很高，而且交上来的沙画作品也具有鲜明的个性特点。

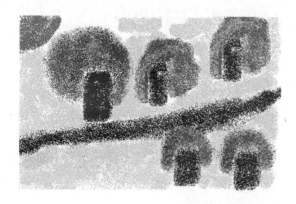

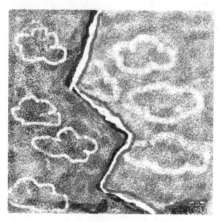

图1　学生沙画作品

二、灵活设置游戏

灵活设置游戏，可以为学生提供轻松、愉快的自主学习环境，有利于激发学生的自主学习兴趣。

小学信息技术课堂一定要做到丰富儿童的精神世界，重视儿童在学习过程中的快乐体验。在知识点的学习过程中可以灵活地设置游戏，寓教于乐，让儿童愉悦学习。我在信息技术课堂教学中，不断尝试各种丰富有趣的游戏，取得了理想的效果。

（一）"输入输出我来画"游戏

三年级学习"信息的输入与输出"，我设置了"输入输出我来画"游戏，在黑板中央画一台大大的电脑，左侧画输入信息，右侧画输出信息。请学生举手上台按照自己的想象来画，有哪些信息可以输入电脑中，又有哪些信息可以被电脑输出。孩子们高兴极了，在黑板上快乐地画，有画音乐符号的、有画动漫人物的、有画动物和植物的。引导学生想到输入输出信息是声音、图片、文字等后，再提问这些信息是通过什么设备传出来的，进一步分析输入、输出设备。这样的学习既有趣味，又有深度。

（二）"单位蹲"游戏

四年级学习"计算机的存储器"，里面的存储单位 B、KB、MB、GB、TB 的名称和数量关系对孩子们来说比较难记。我设置了"单位蹲"游戏，这是结合经典游戏"萝卜蹲"改编而成的。四人一个小组，分别叫 KB、MB、GB、TB，然后由组长第一个喊，顺序不限，可以是"KB 蹲完 MB 蹲"，也可以是"GB 蹲完 TB 蹲"。等孩子们熟悉这些名称以后，再玩听口令做动作的游戏。四人全部站起来，按照由小到大的顺序坐下。然后两两站起来，小的坐下，让孩子们在游戏中记住单位之间的大小关系。

孩子的天性是玩，而游戏就是学习与玩之间的桥梁，只要用心，儿童的学习可以很自主、很快乐、很有趣。

三、创新性引进资源

创新性引进资源，可以为学生创建更加丰富、开放的学习环境，有利于学生自主创造力的培养。

现在学生获取知识的途径很多，仅仅学习课本知识远远不能满足学生的学习需求。在小学信息技术教学中，趣味性与应用性是同等重要的。作为小学信息技术教师，必须时刻关注儿童的兴趣意识，找寻最适合儿童学习的资源平台。因此应利用多余的教学时间拓展学习资源，包括创意编程、3D 打印等创客教育内容。这些学习资源以生活实际应用为主，结合其他学科知识一起学习，比如我就以 Scratch 软件为平台进行创意编程教学。Scratch 软件可以让孩子通过拖拽鼠标、搭建积木的方式学习程序编写，创作动画和游戏等，这是一个能激发孩子创造力的软件。下面以具体案例进行说明。

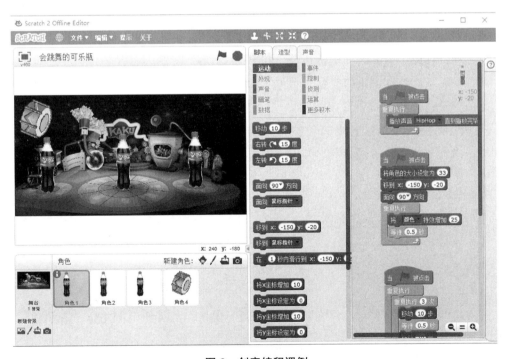

图 2　创意编程课例

（一）课例描述

这节课以"会跳舞的可乐瓶"为题，结合音乐、美术学科讲解 Scratch 软件的特效功能。课例中，有一个舞台背景，有四个角色：三个可乐瓶和一个小鼓。当点击舞台右上角的"绿旗"，可乐瓶会随着音乐左右移动、上下翻转地跳舞，并且一边跳一边变幻瓶身的颜色。小鼓鼓面会跟着音乐膨胀、缩小，很有动感。课堂上我会引导学生观察并说出四个角色的动作和颜色变化，教会学生用指令去实现这些变化，包括重复命令、初始化命令、动作设置、特效设置等，让学生通过体验范例、分析范例、模仿范例、创造范例来学习编程，培养编程思维。

（二）体验范例

师：之前同学们已经接触过 Scratch 编程软件，认识了这只可爱的猫咪。今天这节课郑老师给大家带来了新朋友，他们是三个会跳舞的可乐瓶。

（播放范例"会跳舞的可乐瓶"）

师：大家想不想学习制作"会跳舞的可乐瓶"？

生：想。

师：这节课我们就一起来学习如何让可乐瓶舞动起来。

（三）分析范例

师：点击"绿旗"开始时，音乐响起，可乐瓶在做什么动作？有什么特殊变化？画面左上方的小鼓又在干什么呢？

生：可乐瓶在左右移动、旋转。可乐瓶颜色发生变化。小鼓在跳动。

师：这些动作和特殊变化我们可以用什么脚本来实现？请大家打开"会跳舞的可乐瓶"，仔细分析角色 1 和角色 4 的脚本。

师：哪一条指令让可乐瓶左右移动、旋转了起来？

生：动作模块中的移动、旋转指令。

师：哪一条指令让可乐瓶改变了颜色？

生：将颜色特效增加 25。

（师介绍"将颜色特效增加 25"模块中的颜色特效）

师：为什么每次开始都要设置可乐瓶的大小和方向呢？

生：恢复初始动作。

（师讲解初始化概念、意义及方向的实际含义）

师：哪一条指令让小鼓扑通跳动了起来？

生：将鱼眼特效增加 10 或减少 10。

（师介绍"将颜色特效增加 25"模块中的鱼眼特效）

（四）模仿范例

师：请同学们尝试用"将颜色特效增加 25"模块编写类似范例角色 1 和角色 4 的脚本，测试运行效果。

（师展示学生作品）

师：刚刚演示的可乐瓶不止一个，怎么创作两个及两个以上会跳舞的可乐瓶呢？

生：可以使用角色复制的简便方法。

师：请同学们完善自己三个可乐瓶的跳舞动作。

（五）创造范例

师：除了"颜色"和"鱼眼特效"以外，还有哪些特效？

（播放一个引导范例，运用了"将颜色特效增加 25"模块中包括颜色、鱼眼特效以及旋转、像素化。）

师：请同学们自己尝试使用以上特效创作更加生动的舞蹈动作。

师：请两个同学演示他们的作品，讲解自己的创作思路，其他同学点评。

学生在这样的教学过程中，充分发挥自己的学习主动性，课堂参与度非常高。目前，除了 Scratch 软件，还有源码编辑器、Mixly、mBlock 等优秀编程软件。这些新的教学资源需要教师实时掌握，及时引入到课堂。

四、鼓励性设置评价

鼓励性设置评价，可以帮助学生形成良好的学习习惯、建立自主学习的信心，让他们在自主学习的道路上走得更远。

小学信息技术教学很重视儿童的过程性评价，实践一段时间后发现这样的过程性评价具有很强的约束性，学生很多都是被动接受，显然还不能满足自主课堂的需要。因此，我进一步改进学生过程性评价方法，改强制为鼓励，设置"守护笑脸"评价表。

表 1　"守护笑脸"

评价中，以小组为单位，每组四个学生，每个学生按照常规纪律、任务学习、信息比赛、团队展示四个方面进行过程性记录评价。其中常规纪律、任务学习每人有 20 个笑脸，每违反一次，扣除 1 个笑脸。期末留有 15 个及以上的为"优秀"；信息比赛和团队展示为附加项目，凡是参加的，额外加笑脸，算入期末评价中。孩子们每节课都为了守护笑脸，发自内心地遵守课堂纪律、认真完成每节课的主题任务。有的孩子还会提醒身边的同学遵守纪律，不要影响团队。集体荣誉感在评价体系的激励下找到了发芽的土壤，效果让人欣喜。

综上所述，创建信息技术自主课堂需要每个信息技术教师在课堂实施过程中结合自身特点、学校环境、学生需要进行校本实践与研究。

（郑国庆　成都玉林中学附属小学）

参考文献

1. 王吉庆.信息技术课程论［M］.保定：河北大学出版社，2004.
2. 牟琴，谭良.计算思维的研究及其进展［J］.计算机科学，2011（03）.
3. 魏雄鹰.小学信息技术教材设计原则及使用策略［J］.中国信息技术教育，2011（20）.
4. 周建平.游戏教学观论要［J］.教育理论与实践，2002（05）.
5. 齐仁德.任务驱动教学法在信息技术课中的运用［J］.中国教育技术装备，2008（23）.
6. 李达.从"踊跃展示"看自主课堂的价值逻辑［J］.教师教育论坛，2018（10）.

滴水穿石，金石可镂
——阅读习惯从点滴抓起

良好的阅读习惯可以使学生终生受益，没有良好的阅读习惯何谈自觉地学习。现在很多老师都是到了中高年级才发现孩子的阅读能力有待提高，但是却很难纠正孩子的很多不良习惯，因为在低年级的学习中，老师没有注重孩子阅读能力的培养，致使一些孩子在低年级养成了不好的阅读习惯，甚至不喜欢阅读，讨厌阅读。在低年级语文教学中，识字、写字、朗读是非常重要的，让孩子初步养成阅读的习惯，学会品词、品句，对今后的语文学习会起到良好的促进作用。下面我就以《恐龙的灭绝》一课来说明我的观点。

一、案例背景

《恐龙的灭绝》是人教版二年级下册的一篇文章，打开课文，精美的画面映入眼帘，仿佛把我们带入中生代时期，漫游在遍布恐龙的世界里。看，不同种类的恐龙，有的在空中飞翔，有的在地上行走，有的在水中戏耍。看到这般景象，人们不禁会想："为什么今天的人类只能在博物馆或者电影、书籍中，来想象恐龙往日的辉煌了呢？"是地球突然变冷，它们耐不住寒冷，还是行星的撞击破坏了它们的食物链？是越来越多的哺乳动物偷吃恐龙蛋切断了恐龙的繁衍之根，还是流行的传染病带来毁灭性的灾难？这些都是至今尚未解开的谜团。教师要和孩子们一起带着这些疑问阅读课文，在想象中漫游恐龙王国，在漫游中轻松愉快地朗读课文，激发孩子们对科学的好奇心。我以二年级（7）班为教学班——这个班是电脑教学实验班，100%的孩子会利用电脑网络搜集图片、做文字介绍，92.5%的学生能够根据自己学习的需要对资料进行整理加工、进行说明。

二、案例描述

在授课的开始，用课题导入，激发学生的兴趣，同时出示一个关于课文主要内容的填空，让孩子初读课文后，对全文有一个整体把握，这样的填空训练难度比较低，是适合低年级学生感受主要内容的训练。在课堂上提高学生整体把握课文的能力，为今后中高年级的篇章教学打好基础。

曾经在地球上称霸的（恐龙），消失在茫茫的历史长河中。课文中介绍了（5）种说法来解释他们的灭绝。但至今他们灭绝的原因还是一个（谜）。

为了激发低年级孩子的学习兴趣，我给孩子们播放恐龙的影片，这段影片带领孩子们回到了恐龙时代，感受到那时地球上的景象和我们现在生活的世界迥然不同。课文的第一自然段，也向我们说明了这些。让学生朗读第一自然段，进行字词的对比，体会课文含义。

对比数字：　　400 万年　　2 亿年　　20000 万年　　换算对比

让学生通过自己搜索资料，了解恐龙，并向大家介绍，锻炼学生搜集资料的能力和口头表达能力。

请对课文的第一自然段进行补充：

我们人类只有三四百万年的历史，恐龙却在地球上生活了大约两亿年。人类的历史与恐龙的历史相比，可就短多了。_____龙，生活在_____时期，身高_____，体重_____，习性_____。但是，庞大的恐龙为什么会消失呢？

很多孩子都在课前制作了幻灯片，这样的环节设计让孩子多方面地锻炼了能力，激发了他们的学习兴趣。

下面是一些孩子的作品：

人类的历史和恐龙的历史相比，可就短多了。彩蛇龙生活在晚白垩纪早期，生活在澳大利亚，长度能到 2.5 米，是食肉的恐龙。但是，庞大的恐龙为什么消失了呢？

我们人类只有三四百万年的历史，恐龙却在地球上生活了大约两亿年。人类的历史与恐龙相比，可就短多了。波塞东龙就生活在那时候。波塞东龙是目前已知最高的恐龙，估计有 17 米高，而身长接近 30 米。但是，庞大的恐龙为什么会消失了呢？

我们人类只有三四百万年的历史，恐龙却在地球上生活了大约两亿年。人类的历史与恐龙相比，可就短多了。三角龙发现于北美洲，身长5米，体重1吨。它是大家非常喜爱的恐龙之一。但是，庞大的恐龙为什么会消失了呢？

让学生默读课文第二自然段到第四自然段。边读边标出文中列举了几种关于恐龙灭绝的说法。让学生养成不动笔墨不读书的好习惯，教师帮助学生总结出严寒说、行星说、偷蛋说、疾病说、雄性说等五种说法，并要求学生将批注写在自己的书上。同时让学生再次完成上课之初概括全文主要内容的填空：

曾经在地球上称霸的（恐龙），消失在茫茫的历史长河中。课文中介绍了（严寒说）、（行星说）、（偷蛋说）、（疾病说）、（雄性说）来解释他们的灭绝。但至今他们灭绝的原因还是一个（谜）。

这样的训练，有层次，有目标，和前面的训练相呼应，也提高了学生把握课文主要内容的能力。

此外，在作业布置方面，我也让学生利用课余时间阅读相应的书籍，如推荐孩子读《恐龙问答101》《恐龙灭绝之谜》等。在班级中，我还经常开展类似的活动，下面是我面向家长展开的关于学生课外阅读的一份调查问卷，希望学生做好课外阅读。

学生课外阅读调查问卷　　班级：　　姓名：

我们已经开展了一段时间的课外阅读活动，课外阅读越来越引起家长的关注。我们身边虽然没有很多具有深远思想、博学知识的伟人，但通过阅读我们可以轻松地走进他们的思想。自古就有开卷有益的说法，希望家长通过本次问卷能够更加关注孩子的课外阅读，合理安排学生的课余时间，请如实填写。

1. 学生是否进行了推荐书目的阅读？（用"√"选择）

课文学习	书目推荐	没看	看了一部分	完成
《我不是最弱小的》	《骑鹅旅行记》			
《恐龙的灭绝》	《恐龙灭绝之谜》			
《丑小鸭》	《安徒生童话》			
《阿德的梦》	《怪老头》			

2.如果没有看推荐书目或有更多的时间,孩子是否有自己的阅读计划,最近看了哪些书?

_____

3.平均每天的阅读时间(用"√"选择):
  没有(　　) 30分钟以下(　　) 30—60分钟(　　) 60分钟以上(　　)
4.平均每天完成下列事情的时间:
  玩电脑游戏(　　)分钟　看电视(　　)分钟　完成作业(　　)分钟
  与家长沟通(　　)分钟　其他(比如　　　)(　　)分钟

通过这样的调查问卷,可以让家长更加重视阅读,从而让孩子养成更加良好的阅读习惯,从低年级就让学生畅游在书籍的海洋中。

三、案例反思

(一)课堂教学

◎**重视积累**

不动笔墨不读书。为了激发学生的兴趣,每次看一本好书,读一篇好文章,我们都要让学生动手写一写体会,摘录下优美的词句,在本课中也让孩子了解篇章的结构,概括文章大意,对重点词语进行理解,让孩子学有所获。

◎**展示交流**

在本堂课中,我让学生对第一自然段进行补白,激发学生的兴趣,让学生学会了第一自然段的表达方法,让他们既对恐龙的种类、生活、灭绝感兴趣,同时又培养了学生搜集资料的能力、整理加工资料的能力,使得学生的知识面更加广博。学生通过交流,课下深入阅读的积极性被调动了起来。

◎**课外阅读**

在学生每学完一篇课文后,只要图书室有相关资料,就向学生介绍与这篇课文有关的课外书,让学生去阅读,并指导学生怎样读。开展班级共读一本书的活动,让学生有了共同的话题。

当然,这个过程中也有不足之处:在本次的教学中,在句子训练上还有待提高,阅读方法的教授还不够扎实,应该帮助学生总结阅读的技巧,让学生独立发表自己对这篇文章的看法,学生的主动性还没有被完全调动起来。

(二)课余辅导

◎**家校结合**

定期进行家长调查问卷,让家长了解孩子所读的课外书,让学生能够在家长的辅导下进行阅读。因为低年级学生的阅读正处于启蒙阶段,需要适当的指导、帮助,万事开头难,只要能够坚持下来,学生的阅读能力定能得到显著的提高。

◎ **开展各项活动**

组建课外阅读小组，开展小组间的阅读比赛。在课外阅读的指导中，我还尝试让学生自己选择阅读伙伴并组建课外阅读小组，自己命名并列在教室后面的板报上。同时还鼓励学生完善自己的读书博客，把自己对这本书的理解、感到有意思的地方表达出来，和同学进行交流。

当然，也有不足之处：对于后进的学生的辅导还应加强，这一活动在班级中开展后受到了学生和家长的欢迎与支持，很多家长都能为孩子置办小书架，陪孩子读书。但是，一些学生还是遇到了问题，需要对这些学生进行辅导，争取不让一个学生落队，让每一个孩子都能够畅游在书籍的海洋中。

良好的阅读习惯可以使学生终生受益，而阅读习惯的培养非一蹴而就，作为教师，要根据所学内容，适当设计语文实践活动，帮助学生培养阅读习惯，这样，学生的阅读水平才会逐步提高。

（史屹　北京第二实验小学朝阳学校）

自主演绎精彩，成长与发展同行

后南仓小学是一所拥有百年历史的学校。然而，面对当今教育改革的大潮，百年老校也需要谋求新的发展，需要在继承中推动特色教育内涵发展，进一步提升学校的教育品质，激发干部、教师迸发新的活力，打造更具魅力的学校。

在追求新发展的关键时期，我们有幸加入了全国自主教育联盟，通过学习与培训，对自主教育有了深刻的认识。基于自主教育的内涵，学校以"做不一样的自己——要有规划，工作要因计划而扎实，生活因策划而精彩"的发展理念为引领，找到了前行的方向，走出了惯有的思维误区，用创新思维思考学校的未来发展；学校用"改进在日常，做最好的自己"的务实行动，带领干部、教师进行自主探索与实践，我们在身体力行中感悟着自主改变的魅力。

一、激发自主意识，催生动态管理模式

学校的发展要靠睿智进取的干部队伍引领，形成科学的动态管理模式。因此，加强干部队伍建设就成为我们改变的起点和重点。

（一）自主改变：让计划在融通与整合中诞生

在自主理念的引领下，通过严训式学习及多次走进联盟校，学校干部对计划的认识发生了从感性到理性的改变，经历了从引入到内化的过程，明确了计划是落实学校发展规划的桥梁，更是促进学校日常变革和发展的重要依托。

因此，改变管理行为从计划的制订开始，学校干部打破了固有的制订计划的方式，由学习后的心动变成了行动，采用自下而上的互动方式。暑期组织教研组长、市区级骨干班主任、骨干教师进行"改变从计划开始"的校本培训，同时下发了"教育教学工作计划制订征集意见表"，从"教育教学常规管理、智慧课堂模式的构建、校本教研（包括教学研讨、教师队伍建设、家校合作、主题教育活动）、课程建设、节日体系的主题系列活动"等五方面开展了调研与座谈。研讨交流后，我们获得了来自一线老师的第一手材料，经过整合分析，成为制订计划的依据。这次研讨，也使老师对制订计划有了全新的认识，他们变被动为主动，激活了参与的灵感，点燃了智慧的火花。

全体干部在充分参看教师们的意见和建议后，分头汇总学校的各项重点工作及具体措施。初步制订计划后，集中对计划内容进行整合，整合后又请专家及领导进行审阅与指导，而后再次走近教师，与他们沟通交流。这是一个令人极其疲惫而又兴奋的过程，一次次辛苦的付出，一份日臻完善的计划在融通与整合中诞生了。

（二）自主改变：贯穿于计划落实的进程中

集多方结晶的计划诞生以后，就成为我们行动的指南。我们以计划中"自主改变"的发展思路为引领，在计划的执行中，干部们以身作则，率先垂范，使"自主改变在日常"成为一道新的管理风景。

作风在改变：每位干部都树立"一切为学校发展服务"的管理理念，在工作中形成"团结、公正、实干、服务、创新"的管理文化，践行着"我发现，我实验，我创造"的动态管理模式，突出了闭环管理（计划—行动—检查—改进—再循环），努力做到有理念，能引领，接地气，重总结。

行为在改变：工作中，我们倡导改变从"我"做起，突出接地气的工作方法，切实落实走动式管理。干部具体做到了六个走：走进校园值班，走进课堂听课（校长60节，副校长80节，教学主任60节，德育主任、办公室主任40节，总务主任20节），走进教研组活动，走进书本学理论（每周至少学习一篇管理文章），走进教师学生心里，做他们心灵上的疏导者，走上学校的科教论坛，与老师一起分享新的教育理念与先进的经验。此外每周三下午设立校长接待日，听取干部、教师的意见、建议和心声，校长还不定期地与教师谈心，关心教职工身心健康。设立校长信箱，面向师生、家长等群体征求意见。

在学校整体工作思路的引领下，各部门也需制定本部门的工作目标和工作重点，以及相应的落实措施，提高计划的针对性和执行性。制订计划与落实计划的改变，催生了我校动态管理模式：计划引领—策划落实—总结反思—行为更进。在思考中我们不断调整管理行为，提高了管理实效。

二、精彩的自主策划激活多元管理智慧

如果说计划是一条工作的主线，那么一个个精彩的自主策划就是装饰这条线的璀璨的珍珠。精彩的自主策划不仅助推计划的落实，更是激活干部管理智慧的源泉。

（一）主动认领：激发承担策划的源动力

多次走进合作共同体学校，感受着他们一个个精彩的策划活动，干部们尘封已久的心被激活了，被策划的热情深深地感染着。我们在不断反思自己的工作，并思考着前行的方向。正是在这关键时刻，崔校长作为睿智的引领者，明确地为每个人进行了角色定位：在学校发展的进程中，人人都重要，个个都精彩，释放每个人的最大管理能量，提升自己的策划力和执行力。

为了更好地落实学期计划，将工作做得有声有色，每位干部都主动请缨，结合自己的工作承担了一个策划任务。主管工会工作的李桂芳校长策划了教师节"快乐生活，快乐工作"教师社团启动仪式，丰富多彩的教师社团活动成为校园里每周三的一道风景；吕桂红校长策划了区教师研修中心八大部门联合的全学科视导活动，全学科视导工作为各学科教师搭建了展示自我的平台；主管德育工作的杨雪梅主任、汪多策划美德节、科技节、入学季系列活动，使学生在多彩的主题系列活动中成长；王海霞主任策划区校本课程建设研讨活动，闻君主任、刘艳红主任分别策划教师基本功朗读比赛和骨干教师工作室等活动。主

动认领的多样的策划活动，激发了干部们创新工作的源动力，这种源动力激励着每个人把策划活动做得更加扎实而精彩！

（二）策划务实：不断提升管理能力

一个个活动的策划是落实计划的具体跟进措施，我们关注策划，时刻确保策划的落实。因为从计划到策划是一个理性思维的过程，只有活动的策划到位，准备充分，具体的活动才能成功。

学期初，德育部门策划的入学季活动拉开了新学期的序曲，新生培训，让孩子初步了解了学校生活，激发了他们热爱学校的情感；项目组李文华老师生动的家长讲座，使每位家长明确了自己的角色，要做孩子成长路上的帮手，做老师工作上的助手；十月初的新生满月汇报"自立能力大比拼"，展现了孩子们在学校的成长，满月汇报课，更展示了师生共成长的风采。

凸显科技特色的"后小第三十二届科技节"在发现、实验、创造的核心理念引领下，以"让梦想插上科学的翅膀"为主题的系列科技活动，引领学生走进了科技探索之门。依据各年级段学生的特点策划的科技趣味运动会，激发了全校学生的参与探究兴趣，（低年级）"科学我来做"栏目——鸡蛋撞地球、飞键竞走、瓶子吹气球，掀起了实践与创造的热潮；（中年级）"科学我来想"栏目——科学小建议、小发明、金点子等，激发了学生的创新意识；（高年级）"生活我发现"栏目——科技小论文、小摄影、微视频等，让孩子们学会在生活中去观察、去感受、去体会、去发现、去创造。彰显科技特色的策划活动在校园里营造了浓厚的科技氛围，后小的每个角落都洋溢着"发现、实验、创造"等自主教育的热情……

教学部门精心策划的"七彩课程·七彩课堂·七彩童年"的区级课程展示彰显着自主策划的风采。活动的成功举办离不开管理、骨干团队的精心策划。活动前，主管干部就与区课程中心的赵美荣老师沟通交流，一起商榷主题，认真研究展示内容及环节。商讨后，又走近教师，与他们一起交流碰撞，将初步拟好的方案在班子会进行研磨，最后定出策划方案，让专家与领导进行审阅。一份精心策划的方案成了活动成功举办的保障。展示活动中，四节"七彩课堂"的校本课充分体现了小手册大课堂的魅力，体现了学科整合的特点，做到了不同学科的穿越与无界；多样的五小课程及主题系列活动课程展示了小舞台大发展的魅力；课程专家的点评更为我们今后的课程建设指明了前行的方向。

三、在反思中不断提升管理素养

自从加入自主教育联盟校以来，我校干部团队已经逐步形成了反思的习惯，在一个个务实的策划中，我们深刻地认识到，一个团队犹如一部机器，各尽其能才能运转自如，就像一座堡垒，没有空隙才能稳固坚强。

（一）总结反思，增强团队凝聚力

变集中总结为及时总结：每次活动后，我们都会及时召开班子会，对完成工作的情况进行小结，总结优势，提出不足及改进意见，在相互沟通与交流中，每个人都能收获和感悟到凝心聚力的团队力量。

变常态例会为培训会：把每次行政会作为培训干部的机会。我们力求通过对干部进行管理，使其成为管理的一把能手。行政会轮流主持更为干部提供了一个考虑学校全局的平台，透过每次主持会议，就把必不可少的行政会变成了中层干部培训会，让行政会多了一种责任与使命。

（二）交流分享，共同提升

我们的行政会是分享会，每次例会第一项就是外出学习分享交流，每位干部都能把外出学习的先进教育理念、管理经验及时与大家分享，分享后还能联系自己的工作进行深刻的剖析，时时反思与改进自己的工作。

"问题沙龙"是行政会必不可少的环节，针对每位干部的月工作总结表发现的问题及学校出现的一些危机事件，或个别教师、学生、家长存在的棘手问题集中会诊，集体反思，让所有的干部共同思考解决难题的良方，通过集体会诊的形式形成集体智慧，以回避个别决策的危险，实现管理的合理化、最优化。

四、自主改变带来收获与成长

在专家及教委小教科的正确引领下，我们始终坚持自主改变在日常，从计划的制订到计划的执行，从计划的执行到策划再到总结与反思，在闭环管理中收获经验。

（一）自主改变营造着管理文化

我们这个平均年龄已经四十几岁的管理团队，在引领学校发展的路上，将"我发现、我实验、我创造"的核心理念打造成动态的管理工作模式，致力于改变，改变在日常，注重实践得来，捕捉智慧亮点，不断反思提高，营造了注重团结、讲求公正、真抓实干、真诚服务、勇于创新的管理文化。

（二）自主改变收获着喜人成绩

在致力于改变的前行之路上，干部个个都力争成为成功的策划者和部门工作的引领者。全体干部在区级全学科视导活动、课程建设研讨会、承办区级秋实杯大赛等活动中，周密策划，精心部署，活动中团结协作，相互补台，活动后反思更进。

教师成为活动的主动参与者，干部们积极向上的精神引领、感染着教师们。多样的策划活动同样也为教师搭建了展示自我的舞台，他们热情参与，充分发挥，一节节精彩的课堂逐渐凸显"三我"理念，一篇篇论文诠释着新理念下对教育教学的深度思考，一张张荣誉证书印证着教师们的成长。

学生成为最大的受益者。丰富多彩的策划活动为学生的成长拓展了无限发展的空间。秋实杯大赛的课堂上、课程建设研讨活动的展示课上，科技节系列活动中，孩子们变得会发现、善实践、敢创造。

自主改变之路上，我们在一起，做自己，也在不断耕耘收获。《在思考中前行》《策出精彩》《静候花开》几本书的出版，就记录了我们自主改变在日常的务实行动。

五、未来的工作设想

在学校发展的进程中,在自主教育共同体的伴飞下,我们对今后的工作有了一定的设想:

1. 进一步打造引领者:在干部队伍建设中,将以建立《干部管理手册》为平台,深入研究探索"行为更进式"的动态管理策略,人人成为助推师生发展的引领者。

2. 发现培养超越者:各层教师都能在项目组的"自主改变在日常"的理念下务实工作,主动发展,真正做到超越自我,超越他人。

3. 吸收多元策划者:我们关注未来的教育,跨界穿越思维旋风,要求我们打开教育的大门,深呼吸,抬头远望,张开臂膀,拥抱社会,吸纳学生、家长、社会等成为多元策划的主体,实现教育开放性。

4. 拓展课程实现穿越。跨界穿越的思维方式给我们的启示是:把学生的一切尽收眼底,放入心间,每一位教育者的内心都装有一位全信息的孩子,这样的教育才能真正进入理想天地。实现这样的教育理想,就要在课程建设中进行探索,在整合课程中实现无界与穿越。真正促进学生个性发展、主动发展、全面发展、可持续发展,真正为孩子的智慧人生奠基!

迈克尔·富兰曾说:变革是一项旅行,而不是一张蓝图。聚焦于日常生活变革的学校自主发展与改进更是一项复杂工程,变革之路上充满荆棘,但我们并没有停止探索的脚步,因为我们相信改变会演绎精彩,成长与发展同行。我们相信"让后南仓小学成为每一个孩子智慧人生起航的地方;成为每一位教师价值与尊严实现的地方;成为每一名家长放心托付孩子和孩子明天的地方"的美好愿景一定能够实现!

(吕桂红　北京市通州区后南仓小学)

自主课堂专家课例精选篇

问题驱动,增强学生数据分析能力
——《〈复式折线统计图〉——谁选上场踢点球》课堂实录

【专家介绍】

吴正宪,全国著名数学特级教师,全国自主教育联盟专家顾问。多年来,致力于小学数学教学改革。从"小学数学归纳组合法"到"在小学数学中培养创新精神的四部曲",她创造了儿童数学教育,她的数学教学被称作"爱与美的旋律"。

【教学过程】

一、学始于思,学贵有疑,通过选择性问题引入课题,让学生发现数据的重要性

师:假如五(3)班要和五(1)班的同学搞一次踢点球比赛,你们班的同学我记不住名字,我就用甲、乙、丙来代替,好吗?我们想在这三位同学当中,推荐一位同学去和五(1)班的同学比赛,你们准备推荐哪一位?

(生意见不同:乙,甲,丙)

师：有没有人此时没表态？你为什么没表态？

生1：因为我不知道甲、乙、丙他们三个谁踢得好，就不能确定该让谁上场。

生2：我觉得我们应该先了解究竟是谁踢得好，才能让谁上场点球。

师：你们现在有什么依据吗？为什么要选择甲或者乙上场发点球？没有依据就这样做决定不靠谱。刚才有同学提出来了，得看什么？

生：看这三个人谁踢得好。

师：你怎么才能知道谁踢得好？你现在需要什么？

生：我们需要更多的是谁踢得更好的依据，再来确定让谁上场。

师：那依据该怎么找？

生：先让他们比一下，看谁踢得好。

师：什么才叫好？

生：比如让他们每个人都踢点球五次，谁踢进的多，谁就踢得比较好。

师：这位同学说得踢一踢，对不对？然后把数量记一记，对不对？什么是依据？

生：数据。

师：对，得需要重要的数据，数据就来自我们的调查研究。（出示表1）

表1　甲、乙、丙第一周进点球的情况记录

	第一天	第二天	第三天	第四天	第五天
甲	2	6	1	4	7
乙	4	5	4	5	5
丙	2	3	4	5	6

师：我从体育老师那里拿来了三位同学的数据，我们一起来看一看。看明白了吗？每天甲、乙、丙都在训练。最后每人踢十个点球，第一天甲进了几个球？乙呢？丙呢？第二天甲进了几个？乙呢？丙呢？以此类推。

师：既然数据来了，你们快看一看，这时候你们推荐哪一位？四个人一组开始讨论。

【设计意图】利用学生熟悉的学习和生活中的问题情境，让学生投入到统计的过程中，体会到数据的重要性，形成初步的统计意识。

二、数据图形化，绘制复式折线统计图，依据自己所绘制的折线统计图，分析图形，发现图形趋势，进行新的决策

（此处省略学生绘制复式折线统计图的过程实录。在学生绘制复式折线统计图的过程中，学生发现并尝试解决问题，学生深刻体会数据到图形的转变，加强学生数形结合思维，加深学生对数据和图形意义的理解。）

师：学会画统计图，这只是万里长征走完了第一步。接下来咱们继续认真观察，换一个角度来分析。刚才大家根据"总数量""平均数"一致选择了乙。此时此刻，同学们能不能再打开一扇窗来分析，并做出决定？

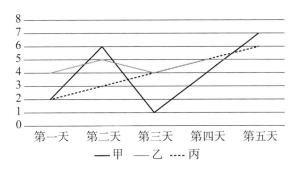

图 1 甲、乙、丙第一周进点球情况统计图

师：看到新的统计图，你又有什么新的想法？四个人在小组里再商量商量，每个人要充分发表意见。说说理由。

（学生分小组积极讨论，然后分小组汇报。）

生1：我们小组选择丙。

师：为什么？

生1：从复式折线统计图上可以看出来，丙进球的数量持续上升或保持。

师：（边描边说）丙的成绩一直在持续上升，说不定他是个潜力股，选丙有没有道理？

（很多学生答"有道理"）

生2：我们选乙。表示乙进球数量的这条折线是平稳的，说明他的成绩很稳定，比赛时会很稳定地发挥。

生3：我选丙，他的成绩持续上升或保持，比赛的时候，他有可能会进球6个或者7个，而乙最多也就5个，所以我选丙。

师：你的意思是丙还能上升呢，那现在还有人比他高，你们怎么不选呢？

生4：我们组觉得三个人都可以选。甲曾经进了7个球，得分最高。乙发挥比较稳定，平均数最高；而丙是一直在上升，说不定他的优势可以在后续发挥出来。

师：你们第一组坚决不选甲，说说理由。

生5：因为我觉得甲成绩波动比较大。

师：什么叫波动？

生6：就是一会儿高一会儿低，上下起伏不定。

生7：不能确定比赛那天他会进7个球。

师：看来不管选择谁，你们都有自己的理由。

师：复式折线统计图把一个一个零散的数据点用一条折线连起来，让我们看到了一组组数据发展变化的趋势，使零散的数据具有连续性，这正是复式折线统计图独有的特点。

（板书：连续性）

（增加数据，继续绘制复式折线统计图，让学生进一步体验数据的魅力。）

师：这事让我们好纠结。你说没数据吧，我们不好判断；数据来了，又给我们找了很多的麻烦。

生1：第一周，丙和乙的成绩差不多，看看第二周会发生什么情况。

师：看来你已经不满足于现在的数据了，你想要什么？

生2：让甲、乙、丙再比一比，再多一些数据。

师：需要更多的数据来支持判断。刚才你们选甲、乙、丙都有自己的理由。看来这些数据还不能满足你们的要求，你们想到了要更多的数据。我又给你们带来了第二周三人进球的数据。（出示表2）

表2　甲、乙、丙第二周进点球的情况记录

	第六天	第七天	第八天	第九天	第十天
甲	3	8	3	10	7
乙	4	5	6	7	6
丙	6	5	8	7	8

（此处省略学生第二次绘制复式折线统计图过程实录）

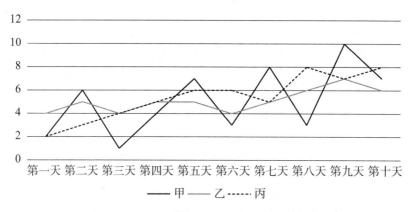

图2　甲、乙、丙两周的进点球情况统计图

生3：选甲、乙、丙都可以。

生4：我选甲，我想让甲赌一把，万一他得到进10个球的好成绩呢……

生5：对甲我不放心。

生6：选乙，乙稳定，我放心。

生7：选丙，他在进步。

师：甲的确有过进10个球的记录，也有过1个球的记录。到赛场上会怎么样？（生答"一切皆有可能！"）

师：这位同学坚持选乙，你们为什么不选？

生8：乙的成绩虽然稳定，但是对方万一进10球，乙输的概率就太大啦。

生9：我们想要对手的数据。如果对手进球多，我们选择乙就不合适；如果对手进球少，我们可以选择乙，因为乙稳定，赢的可能性就大。

师：知己知彼方能百战百胜啊！

师：那么，到底选谁呢？

（生意见不统一）

【设计意图】学生通过分析所绘制的复式折线统计图中的数据，判定甲、乙、丙踢球的表现趋势，利用图形趋势进行问题推理，并进行说理，从而做出决策和判断，提升学生的图形思维、逻辑思维推理和说理能力。

三、回顾总结，反思提升

师：同学们，就要下课了，我们五（1）班没能有个统一的意见，你们每个人心中都选出自己认为合适的人选了吗？

生：（齐）选出来了。

师：你们是依据什么选出来的？

生：（齐）数据、复式折线统计图。

师：我们虽然没能统一意见，但我相信你们经历了这样的统计过程，一定会有收获。请谈谈你们的收获。

生1：我学会了怎么去统计这类数据，然后比较他们谁更适合。

生2：我从这堂课中学会了一种记录数据的方式。

生3：今天我们知道了折线统计图可以把什么数据都统计得非常清晰，并且我们还在错误中不断进步。

生4：我觉得今天学的折线统计图非常有用，它可以让我看到一些事情发展的趋势。

生5：我认为这节课我学到了很多知识，以前的条形统计图虽然可以清晰地统计出数据，但是不能明显地看出变化过程；而折线统计图让我们清晰地看到了变化的过程，有的高，有的低，很不一样。

生6：今天我知道了统计图在生活中怎么运用，怎么对比，知道了这个过程的变化，这让我明白以后选择时不要那么冲动，要思考数据。不要一拍脑袋就想出一个答案，要有数据的对比。

生7：今天最重要的收获是折线统计图，它比我们以前学的方式更简单，又多了一种选择。

生8：折线统计图的这种比较方法十分简洁，并且能看见数据的变化趋势，我今天主要学到的是折线统计图的用法，还有它的规律和画法。

师：好了，过去我们用总数量来判断，用平均数来判断没有问题，对不对？那么今天我们还用图像和数据的走向、发展趋势来判断，脑袋里又多开了几扇窗，对不对？同学们的统计没有对错，选谁都可以，只不过是谁会更合理一些而已。你们今天对数据有什么态度？数据很重要，我们不能没有数据，但是数据也让我们很纠结，所以跟它打交道的时候，我们得多开几扇窗户。

【反思提升】学生在这节课中进行数据分析，绘制复式折线统计图，分析、决策、反思出现的问题，谈谈得到的收获，体验数据和统计图学习的整个过程，提高自己的数据和图形思维能力，以及分析问题和解决问题的能力。

一堂别开生面的数学课

【专家介绍】

钱守旺，全国著名数学特级教师，全国自主教育联盟副理事长，北京市朝阳区教育研究中心课程室负责人，"动感课堂"的倡导者和实践者。被同行亲切地称为"有水平，没架子的特级教师"。

【课堂再现】

一、为什么四年吃一次蛋糕

不久前，记者走进了全国著名特级教师钱守旺老师的"下午第一堂课"，却发现枯燥的数学课上，同学们正笑得前仰后合，原来课件投影正在播放一连串儿童搞笑视频。在同学们响亮而又整齐的"不困"的呼声中，钱守旺一边和同学们一起倒计时读秒，一边向孩子们渗透计时器、太阳系的动态图表示的时间概念，"时间是由年、月、日、时、分、秒构成的。"他指着屏幕上的字让同学们大声读，"敢想、敢说、敢问、敢辩、敢错。"他说，这就是今天的口号，教室就是出错的地方，人人都会错，出错并不可怕，"所以，你们要大胆表达你们的想法，大声说话，不要怕出错。"在他的鼓励下，教室里的气氛明显轻松了许多。

今天学习的主题是"年月日"，钱老师点开制作精美的课件，给学生播放了一则新闻，是一位五年级的小学生给校长写的一封信。根据学校的规定，每位小学生在生日的当天都会收到一枚校长特意制作的小蛋糕，因为自己的生日是一个比较特殊的日子，四年才能吃一次，她便写信问校长，可不可以在2月的最后一天吃蛋糕？在校长温馨而肯定的回信后，钱老师抛出一个问题："这位同学上次吃蛋糕是在几年级？"同时，屏幕上出现了一行年级和年份相对应的彩色表格，同学们根据屏幕上给出的表格找到2016年对应的二年级，又根据提示找到了下一次吃蛋糕将是在2022年初中二年级，以此类推，同学们纷纷回答了钱老师"关于年月日你们还知道哪些知识？"的提问，有的同学回答"四年才有一次闰年"，有的同学回答"每个闰年2月份就会少一天"，同学们看着日历上每隔四年才出现一次的"2月29号"，揭开了为什么这位五年级的同学四年才能吃一次蛋糕的谜底。

"关于平年、闰年你们还知道哪些知识，或者还有哪些问题？"钱守旺提问后，同学们一片沉默，这时，课件的屏幕上跳出一位萌萌的卡通小助手，它奶声奶气地问："我是钱老师的教学小助手小灵通，我的问题是：什么是平年？什么是闰年？"

据钱老师介绍，为了吸引孩子们的注意力，活跃课堂气氛，他请专业人士设计了三位卡通人物做他的教学助手，这不，在孩子们沉默时，助手小灵通跳出来提问了，它呆萌认真的样子煞是可爱。

"同学们，你们知道这个问题吗？我们请北斗博士来告诉大家。"随着钱守旺移动鼠标，一位戴着眼镜、打着领带的博士彬彬有礼地和同学们打招呼："大家好，我是北斗博士，是钱老师的助手，有什么问题我随叫随到。我的回答是：地球绕着太阳转动，绕一圈约需要365天5小时48分46秒，公历中将一年定为365天，这就是平年，每隔四年差不多就要多出一天，就把这一天加在2月里，这一年就有366天，这就是闰年。"

"为什么要加在2月份呢？""为什么只有2月份是28天呢？"这时同学们纷纷站起来提问。

"这个问题问得非常好。"钱老师赞许地说，并请端庄优雅的亚美老师来回答，随着鼠标的移动，教学助手亚美老师开口回答："公元前46年，古罗马凯撒大帝是7月份出生的，为显示他的尊严，规定每年12个月，逢单是大月，每月31天，逢双是小月，每月30天，这样一来，全年就有366天，但回归年只有365天多一点，怎么办呢？当时，罗马帝国处决死刑犯都是在2月份，为了使这个不吉利的月份快点过去，便决定从2月份减少一天，成为29天，并规定从改历的下一年起，每隔三年设一个闰年，第四年的2月为30天。公元前9年，恺撒的侄子奥古斯都继位，他是8月份出生的，想把自己出生的8月改为大月，一年中多出的一天从2月扣除，这样2月就成了28天。同时，为了避免7、8、9一连三个大月，又把9月和11月改为小月，10月和12月改为大月。这也是为什么7、8月连续两个大月的来龙去脉。"

"原来，这是人为规定的呀，还以为是神秘的自然规律呢。"同学们一片释然之声。

二、"2035"你几岁

"从以上学习的内容中，你们得出什么规律了吗？"随着钱老师的提问，有的同学大声回答"每四年一次闰年"，那通过什么来判断这一年是平年还是闰年呢？钱老师继续启发学生，有的同学回答："通过看2月份的天数，如果是28天就是平年，如果是29天就是闰年。""如果不知道2月份的天数，如何判断呢？"有的同学提出了异议，课堂上寂静无声，孩子们屏住呼吸，聚精会神地倾听，"请大家注意一个关键的数字4，如果用判断的年份除以4，能够整除就是闰年，不能够整除就是平年。"钱老师引导学生们用查证2月份天数的方式来验证这个判断方法，果然，同学们兴奋地发现，只要年份被4整除，2月份一定是29天，也就是闰年；相反，不能整除的，2月份一定是28天，为平年。钱老师又引导同学们根据平、闰年说出每一年约有多少天、几个大月、几个小月。

就在同学们议论纷纷时，屏幕上滑出一帧色彩明丽的年份表，钱老师指着2019到2050的年份表让学生们判断哪一年是平年，哪一年是闰年，"2035年是平年还是闰年？

2035 年你有多大？"在同学们给出答案后，钱老师继续引导："谁知道 2035 意味着什么？"面对求知若渴的眼神，钱老师说："2035 年，我们国家将会基本实现社会主义现代化，到那个时候，你们正是 25 岁、26 岁的大好年华，正是你们为祖国的建设施展才华的大好时光。"

鼠标移动，屏幕上出现了一帧精心设计的页面：一轮红日冉冉升起，群山巍峨，泽被霞光，悠远的天际现出三个精美的大字"致未来"，下方一行小字注脚：给 2035 年的自己。接着播放了一段 2019 年两会现场和习近平总书记发言的视频剪辑，同学们静静地听着习近平总书记的发言："青年兴则国家兴，青年强则国家强，青年一代有理想、有本领、有担当，国家就有前途，民族就有希望。""建成社会主义现代化强国，实现中华民族伟大复兴，是一场接力跑，我们要一棒接着一棒跑下去，每一代人都要为下一代人跑出一个好成绩。"这样的设计，德育渗透水到渠成。

"好了，同学们，这节课就上到这里，希望你们认真过好每一日、每一月、每一年，为 2035 年接好棒而努力学习，为实现中国梦而奋斗，下课。"钱老师话音刚落，孩子们欢腾着涌出教室，操场上一片生机勃勃。

（本文经原文作者许可，转自《人民政协报》，记者郝雪。）

爱国诗两首：《示儿》和《题临安邸》教学实录

【专家介绍】

张立军，北京市基础教育研究中心小学语文教研室主任，全国自主教育联盟专家顾问，提出要"以学定教，能学不教，先学后教，少教多学"，对语文教学改革起到了引领作用。

张立军通过大量的教学实例和专题讲座对语文学科教学改进意见进行了解读，强调依据课程开展教学，培养和践行社会主义核心价值观，构建开放性的教学模式，鼓励运用多样化教学方式，关注教育改革评价。

【教学过程】

一、导入

（师生对诗环节略）

师：今天很多文人也会以文会友。咱们这节课，要学习两首诗，一首是陆游的，一首是林升的。读过的人举手，读来听听。

（学生纷纷举手）

生：《示儿》，陆游，死去元知万事空……

生：《题临安邸》，林升，山外青山楼外楼……

师：都认识字，而且有的同学读得很投入，我说认识字没有含金量，下面我问一个有含金量的问题：今天为什么把两首诗放在一起学？

生1：我认为这两首诗都是爱国主义的诗。

生2：他们都是同一时期的人。

生3：我觉得他们写这首诗的时候心情都有点落魄。

师：落魄指一个人的处境，这里不是指他们落魄。

生：是国家。

师：是国家的命运现在很不幸，还有第四点吗？

生：两首诗的作者对当时的情况很困扰。

师：只能说一首诗对当时的局面表示愤慨，你们猜是哪首？

生：《题临安邸》。

师：对，所以不要说两首诗都这样。你要说第二首诗表达的是愤慨，那第一首诗呢？

生：是告诫自己的儿子。

师：对，这位同学说这里面有告诫，其实不止有告诫。

生1：还有对国家的期望和希望，希望能统一。

生2：觉得自己很无力。

师：还有吗？

生3：两首诗的作者都受到了压迫。

师：都是受压迫的劳苦大众，是吧？你用的词不太合适，他们不是被压迫的，那算是什么人呢？待会就有一个正确的解读。其实有一点至关重要，怎样才能准确地认识两首诗呢？有一个背景要知道，那就是那段历史。

（板书：1 2 3）

师：1 2 3 是解读这首诗的密码，我说 1 2 3 你们就能找到。3 就是指三个地点。第一个地点是中国，诗中有没有？

生：有。

师：第二个地点，北宋的都城。

生：汴州。

师：也叫汴梁。第三个地点，南宋的都城。

生：杭州。

师：杭州也是临安。2 指的是两个朝代。

生：南宋和北宋。

师：1 指的是一支军队。

生：王师。

师：三个地点，两个朝代，一支军队，就是一段历史。想不想看这段历史？这段历史有两个版本，一个是豪华版，一个是简装版，想看哪个？

生：豪华版。

师：宋朝开国时都城在汴梁，也就是诗中的汴州（后人称北宋）。北宋是中国历史上一个强盛而繁荣的王朝。当时疆土面积达到二百八十万平方公里，所管辖的州达到数百个。后来金国入侵中原，攻陷了北宋都城汴梁，北方大片土地被金人占领，失去土地的面积达到八十万平方公里。北宋当权者逃到了江南，在临安（杭州）即位，建立南宋。老百姓期盼着南宋王朝的军队挥师北上，收复中原，但南宋王朝始终没有发愤图强，收复失地。

师：看懂这段历史的举手？

（学生纷纷举手，师生进行历史背景分析和作者情感分析。）

师：第一首诗写了一个满怀期望的人，写了一个因国家没有收复而满怀遗憾的人。第二首诗写的是什么人？

生：写了对国家命运视而不见的人。

师：对。你们有没有发现，当我们说这两类人的时候，是用的什么方法？

生：对比。

师：咱们用的是对比的方式，第一种人是？

生：对国家满怀情感的人。

师：对，第二首诗呢？

生：昏庸的人。

师：所以，把这种人称为窃国者或亡国者。现在我说一种人，你们说另外一种人吧，对比而行。爱国者是"死去元知万事空，但悲不见九州同"。亡国者呢？

生：山外青山楼外楼，西湖歌舞几时休。

师：爱国者是"王师北定中原日，家祭无忘告乃翁"。

生：亡国者是"暖风熏得游人醉，直把杭州作汴州"。

师：爱国者是即将死去，遗憾地没有看到中原统一。

生：亡国者只在乎自己的利益，不在乎国家的一切。

二、角色扮演，展开想象

师：我给他们做了一个假设，有朝一日他们会不会相见，他们的相见会不会有一番对话呢？他们到底说什么呢，谁也没写过。但咱们在学古诗时，可以利用一种思维，让他们对话。这种思维不知道大家知不知道，其实咱们常用。这种思维可以让一首诗变成一幅画，让一首诗变成一段故事，让诗里面没有的语言都出现。

老师给出以下思维支架：

陆游说：_____；
林升说：_____；
陆游又说：_____；
林升又说：_____；

生：想象。

师：没错，这就是想象的作用。

师：看一下诗句，想象一下他们的对话，再看一下诗句，再想象他们的对话，这个过程，心要动。有人说，心不是一直在动吗？谁懂我这里的"心动"指的是什么？

生：心里要想到诗。

师：这就是学习当中的心要动。好，现在开始吧。

师：国家的命运牵动着陆游和林升的情感，他们本来坐在屋里，把所有的话都憋在心里。但是终于憋不住了，两个人推门而出，开始聊了起来。

（生想象中，然后小声交流。）

师：就交流到这里，因为我发现有的"陆游"和"林升"聊得格外开心，不知道他们遇到什么喜事。一边聊着国家的命运，一边嬉笑，显然不太合适，因为国家的命运是这样一种不好的状态。所以我们要调整心态。

生（陆游）：你看这南宋的江山，不能让这万里江山付之一炬，肯定还有挽救的余地。

生（林升）：但是啊，你看看那些南宋官员，整天饮酒取乐，一点都不关心国家大事。

师：这两人都太有文化了……

生（陆游）：达官显贵固然是多，但是关心国家命运的人也不少。他们联合起来，肯定能收复失地。

师：这恰恰是陆游一生的写照，因为陆游一生并非无奈，也没有遗憾，他更多的时候是坚守自己的信念。

生（林升）：我也是这么想的。可是，咱们手中没有兵权，兵权都掌握在昏庸无能的人的手上，咱们又不能弹劾，每次都会被反驳回来，我们又能有什么办法呢？

师：没想到林升居然有这样的遭遇，在呐喊，但只是社会中的小众，微乎其微的一个群体。那些大众，却没有去想国家的命运。

生（陆游）：就算是这样，我一个人也要跟他们一决生死。

师：别着急，陆游有些冲动。别着急，调整一下心态。

生（陆游）：就算是这样，也不能放弃，就算凭一己之力，也要尽最大努力收复失地。

师：说得太好了，哪怕只剩我一人，我也要凭一己之力收复失地。这是他心中真正的呐喊。

生（林升）：但并不是只有你一个，有这样信念的人有很多。比如我，我相信还有很多人，和我一起弹劾官员，只要皇帝看了这些弹劾，一定会打倒这些官员，收复失地。

师：林升也太气愤了，居然用到了"打倒"这个词。当然，不管怎么样，我们已经看到他们两人的内心世界是一致的，那就是特别期盼收复中原地区。谢谢"陆游"和"林升"。

三、整体感知，深入了解

师：陆游和林升内心的豪情确实体现得非常好。我们可以从多次的对话中，感受陆游和林升的爱国心：陆游有对国家不幸的悲伤，哀其不幸，这更体现出他热爱国家的情感；林升则对达官显贵怒其不争，这种恨就藏在很多诗句里。来，我们再读一读，开始。

（生读《示儿》《题临安邸》）

师：还不是太满意，我来读第一首——《示儿》，你们想听出什么感情来？

生：爱国情。

生：对国家统一的期盼。

生：陆游内心的想法，内心的呐喊。

生：内心的想法，重振宋朝。

师：重振不了了，因为他想死去。

生：内心的悲痛。

师：他这种悲痛是不是因为将要死去而悲痛。

生：不是，因为国家的命运而悲痛。

师：因为自己的国家没有收复而悲痛，有悲痛，有期望，还想听出什么来？

生：陆游对国家未收复的遗憾。

生：对国家肯定能统一的坚定。

师：我发现了，你们都会读，但是对老师的要求格外高。读诗一定要读到人心里去，这就是读诗的高水平，叫诵读。其实不止陆游和林升有话说，连现代著名诗人臧克家也有话说。

四、互评深究

师："有的人活着，他已经死了；有的人死了，他还活着。"这两句话是臧克家为纪念鲁迅而写的，谁看懂了意思？看出这两句话和这两首诗两种人物的关系了吗？好多人都看出来了，如果你看懂了，把这两句话抄写下来，这是没含金量的事，还有一件有含金量的事情。

生：背诵。

师：背诵算什么？

生：默写。

师：默写算什么？大家看，批注者的任务：选择恰当的句子抄写在相应的古诗旁边。还有一个挑战性的任务，大家想不想完成？

生：想。

师：评论家的任务——接着这两句话继续写。这叫创作，能结合你的认知去创作。你可以挑选其中一个去写。但如果我们班当中真有评论家，我要给他一份特殊的礼物，好，现在开始。（板书：评论）

师：想让我看看的人，可以示意一下站起来。你们站起来这么多人，坐着的人心里不好受，心里会想你们会怎么写呢，所以坐着的人不能当吃瓜群众，要做评论家，评论站着的人。站着的同学自告奋勇开始评论。

生：有的人活着，他已经死了；有的人死了，他还活着。活着的人没有抱负没有理想，不算是死吗？死了的人生前有抱负有理想，有圣贤之心，他的精神可以流芳百世，难道他的精神死了吗？

师：大家听懂了吗？听懂的请举手。（指一生）你来说。

生：是对亡国者的批判和对有理想有抱负的人的赞扬。

师：确实好，谢谢你。有能超越他的吗？有没有人挑战？

生：有的人活着，他已经死了；有的人死了，他还活着。有的人没有眼睛，但他却为国家作贡献；有的人有眼睛，但他却不如没眼睛的人。

师：没错，有的人有眼睛却什么也看不见，有的人闭上了眼睛，却把这个世界看得很清楚。谁还敢挑战她？

生：有的人活着，他已经死了；有的人死了，他还活着。有的人一直操心国家大事，有的人关心自己的利益，有的人留着遗憾死去，有的人为国家大事而死。

师：这就叫诗人。好的诗值得一品再品。还有吗？

生：有的人活着，他已经死了；有的人死了，他还活着。有的人一生隐姓埋名，默默地奉献着；有的人一生大肆张扬，只为了那虚无的声誉。

生：有的人活着，他已经死了；有的人死了，他还活着。那些活着的人，就是为我们国家奉献的人，而他们的精神永远在我们心中长留。

生：有的人活着，他已经死了；有的人死了，他还活着。有的火苗烧得猛烈，却存世不久；有的火苗如风中残烛，但却可以燎原。

师：已经到了圣贤的精神境界了。好了，谢谢各位的付出，各位的表现都像评论家。很高兴与大家度过了一个很开心的下午。大家冒汗了没有？

生：没有。

师：没冒汗就没成功。

生：冒汗了。

师：学习就是冒汗和快乐的过程。这节课我们就上到这儿，再见。

《明锣移山》教学实录

【专家介绍】

王文丽，全国著名语文特级教师，全国自主教育联盟专家顾问，北京市骨干教师。荣获"北京市优秀教师，优秀知识分子"等称号。2007年，先后应邀到印度尼西亚、马来西亚、新加坡讲学，传播教育理念。

【教学过程】

一、引入课题

师：很多同学尤其是到了六年级以后，读得更多的是文字多的书，对不对？谁来介绍一下你一般都读什么书？

生：我会读一些科幻小说，如《流浪地球》。

生：我会读一些故事类的，如《鲁滨逊漂流记》。

生：莎士比亚的《哈姆雷特》。

师：真的很了不起。既然你们自然而然就可以读那么多的文字书了，怎么还要读绘本呢？但是有人说，一本好的绘本不仅适合几岁的孩子读，甚至99岁的人也可以读。我就找到了这样一本绘本，前一段时间请你们的老师发下去，让你们读一读，你们读了没有？今天我们来分享这本绘本，看看这本绘本真的有价值吗？

师：你们既然已经读过，谁来帮大家回忆一下《明锣移山》讲了一个怎样的故事？

生：我认为这本绘本主要讲的就是明锣，他和妻子住在一个大山的山脚下，山上经常会有小石块把他们家的房顶打出很多洞，下雨的时候，水容易漏进去，于是他们就想方设法地把山移走，三番五次去找聪明的人，最后只能跳移山舞让自己远离大山。

师：这就是这个故事的内容，对不对？好，这是一个故事。要想讲好这个故事，我觉得你们可以把握这样几点——故事的起因、经过和结果。

二、深入课文，了解内容

（朗读：这真是一种奇怪的舞……）

师：非常好。但是他们不管这些，他们只顾跳移山舞，最后的结果是——你来读。

生：跳了很多个小时的移山舞……

师：移山的结果如何？

生：我认为明锣和他的妻子成功地把山移走了，他们是让自己远离了山，所以这个移要加引号。

生：我感觉就是目的达到了，他们远离了这座山，但是这座山是没有动的，只是他们移走了而已。

生：其实他们本身的目的就是远离这座山。尽管他是自己退到那里，但是他还是远离了这座山，所以我认为应该是完完全全地成功了。

师：好。老师和你们一样，读完这个故事后脑子里也有一些问题，有的问题甚至和你们的一模一样。第一个问题就是这个人到底聪明还是不聪明？请你们小组讨论一下。

三、深入探究，引发思考

师：谁来说说你们组的看法。

生：我感觉这个人不聪明，我们小组讨论的是，这个村子里的人不善于思考，总是请教别人，而这个人讲出一些方法，让别人觉得他是聪明的人。

生：我们组认为因为他帮助过村里的人，所以大家一致认为他是聪明人。

生：我认为这个人很聪明。他是自己移走了，但是他确实达成了目的。可能明锣夫妇也并不知道他们自己走了，他们睁开眼睛的时候就会很开心。

师：好。我们一起来看看。聪明人想出的这几种移山的办法，背后是不是有什么秘密呢？

师：第一招，用树去撞山。这代表哪一种解决问题的方式？谁来说说？

生：我观察这四张图，一开始聪明人给他们想到的办法是用树撞这座山，很粗鲁，很莽撞，到后来越来越……

师：他说第一种方法代表了粗鲁，莽撞，谁能换一个词来表述这种解决问题的方式？

生：暴力。

师：很好，他发现原来这种方法代表了用暴力去解决问题，还有不同的表述吗？

生：蛮力。

师：你们发现没有，暴力和蛮力有时候是不能解决问题的。现在想想第二招代表了什么呢？

生：恐吓。

师：还可以叫什么？

生：威胁。

师：原来有时候有的人也用恐吓和威胁的办法去解决问题，可取吗？也不可取。

第三种代表什么呢？去讨好人家。那这种解决问题的方式表现出的是什么呢？有人知道吗？

生：表现出了自己的无能，只能靠别人来帮助。

师：那第四种呢，这不是更无能吗？

生：我感觉就是退一步，不要跟他较劲。

师：我们有一句话叫什么来着——

生：退一步海阔天空。

师：对，说的就是这个意思，你想说什么？

生：我打不起，我还躲不起吗？

生：用一个词语就是"以退为进"。

师：以退为进，还有吗？你看很多老话你们都想起来了，（指一生）你说。

生：我认为退体现出他对自己没有信心，而且无能。

师：是吗？刚刚我们说了退一步海阔天空，在西方谚语里，有一句话特别流行，你们知道是哪句吗？

生：条条大路通罗马。

师：所以什么叫退？退就是要变，就是要换。

四、联系实际，领悟道理

师：明锣对生活有追求，对不对？他想过快乐的生活，所以他一直在尝试，一直在努力。

生：明锣说了，山那么大，他也没有办法移走，那么他为什么就不能直接把这个房子搬走，而是一直去反复地跟山较劲，我认为这可能是因为他懒。

师：要是你的话，直接就搬了，不去找什么聪明人，对不对？你真的相信有明锣这样的人存在吗？你觉得这是一个真实的故事吗？如果说它不是一个真实的故事，这叫什么呢？

生：寓言。

师：寓言里面藏着道理，所以哪里会有明锣那么蠢的人，人家只不过是借这个人，借这个事儿在说理。但是我觉得明锣身上有特别可贵的一点——特别相信聪明人，特别执着，对不对？关于移山的故事还有一个叫什么？

生：《愚公移山》。

师：这个故事你读过吗？老师带来的是古文版的《愚公移山》，我来挑其中的几句读，看看你能不能听懂。

师：好。"太行、王屋二山，方700里，高万仞。本在冀州之南，河阳之北"，这句话听懂了吗？

（"愚公移山"内容讲解）

师：很好，这就是愚公移山的故事。这个故事距离今天大概有两千五百多年的历史了。我接下来想问的是，你觉得明锣移山的作者阿诺罗贝尔，读过我们的《愚公移山》吗？你能列出一句吗？请你们在小组里讨论，用简练的语言做记录，开始讨论。

（学生小组讨论）

师：好，我们先讨论到这儿。你认为他没读过的，先来说说理由。

生：阿诺罗贝尔没有读过《愚公移山》，因为一个讲的是自己移走大山，一个讲的是选择后退，两个故事想表达的内容不一样，所以没读过。

师：大多数人都认为读过是吗？好，你们说说理由。

生：他最早创作《明锣移山》，就是因为看过《愚公移山》，他想跟别人表达不一样的观点，而且画风很中国风。

生：愚公和明锣两个人都达到了目的。

师：你发现没有，《愚公移山》真的是存在的吗？也不是，看来《愚公移山》也是一个寓言故事。人们借这个故事想表达什么呢？

生：要坚持不懈，不能半途而废。

师：好。我想问你的就是，你觉得愚公愚吗？（不愚）愚公不愚，体现在哪里呢？

生：他有坚持不懈的精神。坚持就是胜利，坚持就是愚公身上最明显的标记，最宝贵的精神。

师：孩子们，你们看，愚公移山真的是我们中国人非常推崇的精神。王老师小的时候就看过这个故事的小人书。现在有动画片《愚公移山》，还有很多电影电视剧都以愚公移山为主题。我们在很多地方还可以看到愚公移山的塑像。很多书法家把愚公移山这几个字作为书写内容。其实还有这样一首歌，王老师小时候听过。可能现在对于你们来说，不常听到。（放音乐）

五、回顾总结、反思提升

师：你看愚公就这样从历史中走来，从故事中走来，这种精神一代又一代地传承下来，开山架桥铺路，人们用自己的双手改变着这个世界，改造着我们的生活。

师：所以，做愚公，会有愚公的坚持，愚公的执着，愚公的不放弃，生活中有时候我们会碰到各种各样的山，有的山是要靠我们一己之力去移走的，有的山是需要我们退一步，换一换，用另外一种眼光去审视和思考的。

师：最后我想问的是，假如再遇到大山，你是做明锣还是做愚公？

生：我认为如果做明锣的话，你肯定是遇到一个根本不可能改变、不可能解决的问题，那么你一定要换一换；如果是做愚公的话，比如做事情，你不能半途而废。对于自己的梦想，我相信同学们肯定都很执着，所以说在面对梦想的时候就可以选择做愚公。

师：其实你刚才说了那么一大堆话，我们用一句话就可以概括，那就是：具体问题具体分析。好，下课。

学校发展篇

让孩子在实践活动中实现生命的自由舒展
——以成都玉林中学附属小学综合实践活动课程建设为例

综合实践活动是从学生的真实生活和发展需要出发,从生活情境中发现问题,将其转化为活动主题,通过探究、服务、制作、体验等方式,培养学生综合素质的跨学科实践性课程。成都玉林中学附属小学在"用仁爱呵护,让生命舒展"的办学理念指导下,开展了丰富的学生实践活动,在中国学生核心素养体系公布以及教育部《中小学综合实践活动课程指导纲要》颁布之后,进一步明确了以实践活动为载体,发展学生综合能力的小学综合实践活动课程建设的方向。

成都玉林中学附属小学的综合实践活动课程以主题式的方式开展,每个课程都围绕一个主题,引导学生走进生活、走进大自然、走进社会、走进世界,用自己的眼睛去观察世界,用自己的语言去描绘自然,用自己的脚步去丈量祖国的大好河山,用自己的心去感悟生活的美好。

一、整体构建课程体系,关照儿童的自由生长

从 2015 年开始,成都玉林中学附属小学依托中华传统文化和悠久历史的地域特色,紧扣学校的育人目标和办学特色,结合学生的年龄特征及身心发展需求,将节气、节日文化、学科知识、地域文化相结合,以 24 节气为线索,围绕"走进自然、认识社会、感受

文化、体验民俗、学习技能"等主题，设计了一系列综合实践活动，通过五年的试验和完善，系统化构建了"节气＋节日的综合实践活动"课程。

表1 成都玉林中学附属小学综合实践活动课程一览表

学期		学年下期		学年上期	
学校活动	四季节气	春（立春—谷雨）	夏（立夏—大暑）	秋（立秋—霜降）	冬（立冬—大寒）
	节日活动（必修）	开学典礼——嘉年华	情韵端午·祭屈原	开笔礼（一年级）	英语节
		播种·植树节	成长礼（三年级）毕业典礼（六年级）	开学嘉年华	元旦送福
		全民阅读节	采摘节	诗韵中秋	乐考嘉年华（年级）
		数学节	乐考嘉年华（一、二年级）	庆祝国庆	体育节
		体育节		科技节	
	节气活动（必修）	惊蛰——川剧博物馆（一年级）	芒种——种水稻（二年级）	白露——收水稻（三年级）	霜降——绵竹赏年画（一年级）
		清明——茶文化（三年级）	端午——赛龙舟（五年级）	寒露——徒步登高（六年级）	霜降——川菜博物馆（二年级）
		谷雨——夹江纸坊（四年级）	芒种——酒文化（六年级）	秋分——都江堰（五年级）	霜降——竹编（四年级）
班级活动或亲子活动	节日活动（选修）	春节·武侯祠/家庭活动	研学旅行	重阳——敬老爱老活动（班级）	五一劳动节
		元宵·家庭活动			
	节气活动（选修）	立春——郊外赏花	立夏——大邑采桑果/石象湖	白露——汶川祭禹王/十八月潭	大雪——青城脆肉香
		雨水——草堂怀杜甫/水墨古镇	小满——盐亭拜螺祖/熊猫基地	秋分——新都赏桂花	冬至——闻梅识陆游/海螺沟
		惊蛰——青川祭白虎/龙泉桃花节	芒种——广汉看麦浪/国家森林公园	寒露——采菊东篱下	
		春分——蜀州放纸鸢	小暑——邛崃赏红莲/青城山	霜降——岷江寻芦荻	
		清明——古堰观放水/茶道祭祖	立秋——栖贤去啃秋/天台山	立冬——米亚罗醉红/锦绣巷	
		谷雨——丹景觅牡丹/锦里	处暑——乐山品甜鸭/蜀南竹海	小雪——西岭千秋雪	

为了让孩子们感受24节气、中华民族传统节日，学校在一学年中以立春、立夏、立秋、立冬为界限，根据学校的传统特色，梳理和挑选出了孩子们非常喜欢的节日主题课程和节气活动课程。如：在春分时节可以玩竖蛋游戏，放纸鸢；在惊蛰时节走出学校去参观川剧博物馆，感受天府文化的魅力；在谷雨时节走进夹江状元纸坊体验古法造纸技术；在芒种时节，可以下田捉泥鳅，跟农民伯伯学习如何插秧播种，待到白露时再来收割自己种的麦穗，吃上自己栽种的大米，甜蜜的滋味会留下长久的回忆；在端午时节，师生会一起包粽子，划龙舟；在中秋之夜，孩子们提着自制的灯笼在校园赏月、吟诗；在冬至时节，孩子们会喝上热腾腾的腊八粥……这些活动都是学生最喜欢的综合实践活动课程。

实践活动课程按照活动场地，分成了校内活动和校外活动两种类型；按照参与的方式分为必修和选修两种方式；按照组织者分为学校活动（必修）、班队活动（必修）、亲子活动（选修）三种类型。除了在中华传统节日时开展丰富的庆祝活动外，还保留了我校一些优秀的学科活动。节气活动（必修）主要以校外活动为主，总共12个主题课程，每个年级每学期开展一次，六年，十二个主题，十二个地方，十二个节气或节日，十二种品格的涵养，或文化熏陶，或民俗体验，或训练生存技能……形成了六年一体的序列课程，让学生在节气中享受有趣的诗意生活。

班级活动（选修）一般利用节日主题开展活动，各班级依据情况而定。亲子活动一般每学期1～2次，由家委会组织，内容可以按照学校的主题开展也可以由班级自己确定，但都是通过走进博物馆，走进基地，走进社区，走进大自然等方式让学生去了解、体验、感悟各种真实的世界，并用学习的知识解决活动中的问题，培养其综合能力。

表2 成都玉林中学附属小学校外综合实践活动课程一览表

年级	课程名称	实施主题及实施时间	
一年级	民俗课程	绵竹赏年画（霜降）	崇州川剧博物馆（惊蛰）
二年级	劳动课程	川菜博物馆（霜降）	花溪农场种水稻（芒种）
三年级	草本课程	花溪农场收水稻（白露）	茶马世家学茶道（清明）
四年级	历史课程	青神竹编（霜降）	夹江纸坊（谷雨）
五年级	水上课程	都江堰水利（秋分）	龙泉蔚然花海赛龙舟（端午）
六年级	行走课程	大邑鹤鸣山徒步登高（寒露）	崇州酒文化馆（芒种）

二、精心设计课程内容，培育学生的核心素养

综合实践活动是学校课程的一部分，所以学校在进行综合实践课程开发时，严格按照教育部《中小学综合实践活动课程指导纲要》，与学科教学进行了有机结合，在课程目标的规划方面特别关注了学生的发展需求，以"立德树人"为根本任务，突出培养了学生的综合素养，最终指向学生核心素养的养成。

以学校的节气课程为例:课程内容不只是活动体验,而是一系列的综合学习过程。每一个季节都有六节气的学习,要去了解节气的名称、字源、物候、谚语、风俗,还要阅读民间故事、诵读相关诗词和小古文,欣赏与节气有关的艺术作品和音乐,了解节气物候特征和科学常识,然后才开展和节气相关的实践活动。为了让综合实践课程科学化、规范化,常态化,学校还按照学段设计了相关目标和要求。

表3 成都玉林中学附属小学24节气活动学段学习要求

学段	学习要求
低段 1—2年级	1. 了解24节气的名称,背诵《24节气歌》。 2. 熟悉传统节日(春节、元宵节、清明节、端午节、中秋节、重阳节)的来历、风俗。 3. 吟诵和节日有关的童谣、谚语等,展开"四季古诗词"积累。 4. 了解"立春、雨水、清明、夏至、白露、霜降"这六个节气的来历、风俗习惯等。 5. 在美术老师的指导下进行与传统节日及"立春、雨水、清明、夏至、白露、霜降"节气相关的绘画和写绘。 6. 开展剪窗花、包粽子、做香包等手工实践活动。 7. 开展和节气相关的实践活动,亲近自然,体验民俗。
中段 3—4年级	1. 了解24节气的名称、字源、物候、谚语、风俗。 2. 阅读有关节气的民间故事,诵读与节气相关的诗词、小古文。 3. 欣赏与节气相关的国画、民乐、书法作品,感受传统文化的魅力。 4. 在科学老师的带领下深入了解节气物候特征及科学常识,记录自然笔记。 5. 开展和节气相关的实践活动,亲近自然,体验民俗。 6. 在美术老师的指导下进行节气诗歌及诗配画的创作。
高段 5年级	1. 探究蜀地24节气的物候特征,形成相关调查报告,附上摄影、绘画、诗文等资料。 2. 结合节气,展开主题诗词诵读,走近人物,触摸诗词中的民族精神。 3. 开展学生自主体验活动,拜祀先祖,缅怀圣贤,感受人文。 4. 开展和节气相关的实践活动,亲近自然,体验民俗。

学校全学年开展的活动,我们以"立春、立夏、立秋、立冬"为起点,以一季中最后一个节气为终点,按照自然变化的规律,通过活动创造性地展现文化,让中华优秀的传统文化根植于孩子们的心中,滋养孩子们的精神世界。我们以一年级的综合实践活动为例,展示学校校外活动课程环节及内容。

在每次的主题综合活动课程中,学生都要经历三个环节:前置先学、出发研学、拓展延学。出发前孩子们会进行相关主题活动的前置学习,如:相关的来历、涉及的诗词、基本的常识等等。出发研学则有一本详细的活动指南,包括活动要求、物品准备、分组情况、活动流程等等。拓展延学即活动总结评价,一般包括作品的展示、自我的评价反思、讲述活动的故事等等。

所有综合实践活动主要凸显了以下几个特点:

(一)以"融合"为主要特征,培养学生的综合能力

综合实践活动最显著的特征就是"融合",这里的"融合"不仅是学科间知识的融合,即打通学科知识之间的内在联系；还要去发展知识与事物的连接点，即真正把学习与生活联系起来，把知识与行动连接在一起，能综合运用知识解决问题，最后还要善于把知识与自我联系起来，培养学生的"融合"思想，提升自我的综合能力。

（二）以实践为主要形式，改变学生的学习方式

综合实践活动另一个最为明显的标志就是"实践"，在整个活动中，学生都是以体验的方式参与，去经历每一次活动。这里的实践首先是自己积极主动地参与，同时还有自己与同伴的相互学习，合作学习。在学习中不仅有模仿，更多的是一种创造，或是在实践后的再创造。最终，在这样不断实践、创造的过程中，学生的自主学习能力也在逐步形成。

（三）以"传承"为主要思路，培养学生家国情怀

24节气作为中国人特有的时间知识体系，深刻影响着中国人的思维方式和行为准则。24节气中的节是生命与事物发展的节点，体现了自然内转换的临界点，有自然的节，也有人设定的节，人类生活中形成的节，这些都是历史的沉淀，人类智慧的结晶。我们所在的城市——成都，是一座历史文化名城，作为古蜀国的中心，千年不改城市名称，保留着很多自然的、人文的景致。所以我们立足于中华优秀传统文化，结合天府文化和地域特色，让学生摆脱学科的限制，把自己与自然、社会进行了连接，把自己的生命成长和大自然的运行规律进行了连通，让人的生命成长随着四季的律动，实现生命的自由舒展。

（四）以"自主"为主要方向，建构自主学习能力

小学生天生具有好奇心，天性好玩、好探索，而实践活动刚好就是让学生去体验、去探索、去挑战，完全符合孩子的年龄特征和发展规律，所以小学生参加综合实践活动都很主动，保持一种积极的心态。活动的设计思路是：要充分调动学生的身体和头脑，让每个孩子时刻都处于一种高度专注的深度学习状态。每完成一项活动，孩子们都会获得成功的体验，感受自信与自律所带来的快乐和喜悦。

三、反复考察实施路径，确保活动的顺利开展

学校的综合实践活动除了整体构建外，还精心设计、实施各个环节，让孩子们真正通过综合实践活动用眼睛观察，用心灵感受，用理智判断，把中华文化和传统美德真正内化于心，外化于行。

（一）精设学习资料，激发活动兴趣

在每次活动前，我们都会给学生布置前置学习，让学生提前了解和学习相关的知识与信息，让学生带着问题和好奇心开启活动之旅。

（二）精挑活动地点，体现活动价值

不同的活动地点带给学生不一样的感受和体验，为了达到活动目标，我们从价值取向上做了整体规划，让每个孩子在每一个地方都能有知识的获得、精神的洗礼、思想的熏陶，灵魂得以滋养，在潜移默化中形成正确的世界观、人生观和价值观。

例如，在春分时节，我们组织学生在班级开展立蛋活动，去参观川剧博物馆，让孩子

们感受川剧文化的魅力。在端午节，我们开展纪念屈原的活动，让学生体验划龙舟的热闹及团队的分工与协作。重阳节去敬老院开展敬老爱老的活动，给老人们做饭、打扫卫生，表演节目，陪老人聊天，让孩子从小树立爱老敬老的好风尚。霜降时节恰逢孔子诞辰，我校举行了"传吾文化，尊吾师道"祭拜孔子主题，同时鼓励孩子们利用假期同家人一起去参观孔子的故乡，感受祖国的大好河山和悠久的历史文化。

（三）精研活动内容，丰富活动内涵

每次活动都应该有一定的收获，所以每次活动的内容设计从学生的年龄特征出发，根据主题开展观察、欣赏、表演、制作、体验等多感官参与的活动，每一项活动内容都丰富多彩。

四、创设科学评价方式，促进学生的持续发展

综合实践活动的最终目标指向学生核心素养的提升，因此，对活动进行及时的评价尤为重要和必要。为此，在开展活动前，我们都会根据活动目标为活动的每个环节设置相应的评价内容。

（一）完善评价内容，做好评价记录

在评价中，注重多主体的评价，既尊重孩子的自评，又关注同伴互评、师长评价。在评级内容上既关注活动内容，又关注学生品格的养成和行为习惯、意志品质的培养。在评价工具上一般采用观察法，同伴评价采用小组讨论法，自评则采用记录的方式进行。最后形成客观、公正的评价结果。给优秀学生以鼓励和表扬，给其他同学树立好的榜样。（附"情韵端午"活动评价单）

（二）做好评价引导，展示活动成果

学校每完成一个活动，孩子都可以从多个角度、多方面展示自己的实践成果。可以是自己的照片，可以是自己的活动成果，可以是自己的心得，也可以是自己的作品等等。

我们校园里有一棵生命之树，每到春天都会实现生命的一次蜕变与重生，孩子们在各种综合实践活动中，享受生命的四季律动，生命的拔节生长和生命的自由舒展。希望通过这样的学习和体验，玉娃娃们能"质朴如树（扎实根基，坚定不移，成全生命，自由舒展），温润如玉（历久积淀，散发光辉，琢玉成器，悦人悦己），善良如水（上善若水，灵动自然，自由自在，顺应天性），绚丽如花（静候花开，守候成长，绚丽多彩，快乐幸福）"。

（凌乾川　成都玉林中学附属小学）

开展主题融合教育戏剧研究，深化课程教育实践

戏剧作为一种独特的艺术形式，能以直观有效的方法使人产生感同身受的直接体验，是一种最容易与学生精神世界契合的综合性艺术。教育戏剧是通过运用戏剧的元素、方法、手段及戏剧的结构与过程，把学生的情感和认知导向教育目标，进而提高教育教学效果，发展学生能力，促进学生全面和谐发展的教育活动。2016年9月，我们把探索主题融合教育戏剧课程纳入学校工作计划之中，并作为重点项目推进。下面看看我校所追求的教育戏剧常态生活是怎样的吧。

一、引入教育戏剧的背景、认识和理解

（一）对国家、学校两个层面教育改革整体动态的把握

2014年11月，北京市教委印发语文、英语、科学三个学科的改进意见，强调了四点意见：依据学科标准开展教学；培育践行社会主义核心价值观，重视传统文化、阅读、科学素养；构建开放式教与学模式，学科内容与社会、自然联系，探索综合实际活动课程；运用多样化教学方式，增加体验、合作、探究活动方式，整合社会教育资源。2016年9月《中国学生发展核心素养》总体框架正式发布。中国学生发展核心素养，以科学性、时代性和民族性为基本原则，以培养"全面发展的人"为核心，综合表现为人文底蕴、科学精神、学会学习、健康生活、责任担当、实践创新六大素养。

我校自2013年1月确立了"和育"文化教育的特色发展道路，开启了以"五大体系"为路径的"和育"策略探讨，积极建构以三级课程一体化实施为目标的"和育"课程体系。把语言、品格、科技、体育、艺术五大素养作为教育培养目标的具体要求，探索推进国家基础课程、拓展必修课程、社团选修课程的一体化实施。北京教育学院协同创项目——"学校课程体系化、综合化设计与实践"引发了老师们的思考，结合2016国际戏剧教育大会的启发，在2015—2016学年第二学期末工作研讨的基础上，学校确定将主题融合教育戏剧作为我校课程建设的支撑点。

（二）对引入教育戏剧理念的认识、理解和把握

教育戏剧与戏剧教育是两个不同的概念。教育戏剧重点落在教育上，戏剧是手段、方法，目的是教育；而戏剧教育的重点是培养从事戏剧表演的专门人才。我们选择的是教育戏剧，这是一条多数人不愿走，而且没有更多经验可借鉴的"黑道"。教育戏剧在欧美以及我国台湾、香港地区发展得较早，基本上被纳入学校课程体系之中。中国内地近两年刚刚兴起，但多以戏剧教育的方式出现，只有少数地区如江苏、成都的一些学校真正在探索

教育戏剧。

我们将主题融合教育戏剧课程定义为将教育戏剧的理念、元素、策略、方法运用到教育教学实践中，进行跨学科主题融合教学活动策略的探讨，包括渗透性戏剧教育和活动性戏剧教育两部分。开展主题融合戏剧教育，旨在推动学科教学整合，提高综合实践活动效果，培养学生核心素养，提升和丰富学校"和育"文化的内涵。

二、开展主题融合教育戏剧的探索实践

（一）成立以校长为首的学校课程研究管理中心，制订实施方案

成立课程研究管理中心，实施项目管理，是学校管理机制的创新改革。中心成员由校长聘任，采取能进能出，能上能下之原则，可根据工作状态及需要进行必要调整。成员按照项目性质、特点，承担项目研究、管理、指导工作。课程中心的老师们在学习、探索方面领先一步，在最初的寻路、探路方面发挥了重要的引领作用。

课程中心不仅积极组织教师开展教育戏剧的学习培训，而且结合学校整体教学工作研讨制订出每学期教育戏剧研究推进计划。教育戏剧的研究推进主要通过渗透性教育戏剧与活动性教育戏剧来展开。渗透性教育戏剧是基础，主要从学科教学入手，通过戏剧元素作为方法、工具的教学融入，为学生营造一个更加开放、互动的学习环境，发展学生智力，培养学生能力。活动性教育戏剧则是以年级组的形式开展研究。各年级组师生在组长的带领下，通过确定主题、组内分工、师生剧本创作、研讨修改、联排预演以及最后展演，将教育渗透到整个活动过程中，使学生综合素养得到全面提升。

（二）对教师开展教育戏剧理论学习及体验性培训

2016学年第一学期主要进行教育戏剧有关知识、理论的培训，使全体教师对教育戏剧基本理论及引入探讨的意义有了初步了解。

第一次通识培训的主要内容是：主题融合教育戏剧课程推进实施方案解读；教育戏剧基础理论知识；结合视频资料，初步了解教育戏剧的组织形式。第二次通识培训的主要内容是儿童剧的创作与排演。第三次、第四次是邀请中国戏曲学院导演系的老师进行教育戏剧体验培训。所有参加培训的老师都体验了编制、导演、剧务等角色，深切领悟了教育戏剧的内涵、意义，仿佛看到一缕阳光，照亮了前进的路。

2016年12月31日，我校举办了"体验戏剧艺术，展示自我风采"新年联欢会。戏剧表演《路人》《雨中情》，戏剧游戏"大象转""皮球运输""踏石过河""平稳托球"等让教师深切感受到戏剧的魅力。老师们在戏剧游戏体验中褪去紧张和疲惫，解放了身心，尽情欢笑、尽享快乐。经过一学期的努力，戏剧的种子已经在我校老师的心中生根、发芽，每一个被触动的细胞都催生出改变的力量。

（三）进行主题融合教育戏剧课题立项申报

2016年12月，学校以"小学主题融合教育戏剧课程实施策略的研究"为题，向昌平区教育科学规划办进行了立项申请，后被批准为昌平区教育科学"十三五"规划2016年度一般课题。用课题研究的方式进行主题融合教育戏剧课程的探索实践，更有利于我们全

面、深入地思考教育戏剧课程建设，更有利于调动全体干部、教师的积极性，同时也利于把我们的理念思想转化成教育成果。

（四）研究推进项目计划，进行教育教学融合性、体验性探讨

根据项目推进计划和课题研究的要求，经课程中心研究讨论，制订了2016至2017学年第二学期推进计划。2017年5月23日、24日利用两个下午开展"长本领，我能行"教育戏剧展演。以年级组为单位，1—5年级共22个剧目，参演人数多达317人。老师和学生经历从确定主题、编写剧本、角色分工、排演指导、道具制作，到最后上台演出的全过程，对教育戏剧有了更深切的认知和理解。六年级学生在毕业典礼上用戏剧演绎了过去、现在、未来，真实再现了他们现在的学生生活和十年后可能发生的生活，让老师和家长看到了孩子们的成熟与成长。随后，课程中心和年级组长召开了"活动性教育戏剧第一阶段总结交流研讨会"，各年级组长对第二学期以年级组为单位进行活动性戏剧探讨总结，进而梳理总结出推进实施策略。经过研讨，我们总结出推进教育戏剧实施的六点策略：

1. 教育戏剧作为教育手段、策略，可以融合到课程、课堂、活动中。

2. 教育戏剧可以分为渗透性教育戏剧、活动性教育戏剧、课程性教育戏剧，三者有不同的作用、意义，可以同步进行。

3. 渗透性教育戏剧适宜在教研组中研讨，活动性教育戏剧适宜以年级组为单位进行探讨。

4. 渗透性教育戏剧要以戏剧基础理论为基础，在课堂教学中加以灵活运用，重在让学生感悟、体验、理解，训练、培养其基础能力，如朗诵、角色扮演、情感体验等，可以是情景、片段式的。

5. 活动性教育戏剧，可以采取殊途同归式的任务驱动法，在不甚了解的情况下先做起来，经历选题、编剧本、分角色、排演练习、道具制作、上台演出这样的过程，有了感受、体验，再去学习相关理论知识，效果更好。

6. 始终明确一点，不是为了戏剧而戏剧，而是把它作为手段、策略，实现的是教育目的，提升的是学生核心素养，关注的是学生实际获得。

2017—2018学年我们的工作重点：一是继续提高对教育戏剧的认识理解，加强对剧本创作改编、各环节的基本知识的培训学习；二是渗透性教育戏剧作为教学的一种手段，要落在课堂上，深化"和育"课堂的教学实践；三是活动性教育戏剧将所学知识通过戏剧元素、手段进行综合运用，对培养、提升学生综合素养有着不可拟的作用，需要进一步完善校园教育戏剧节来推进；四是积极营造教育戏剧的校园文化环境，形成常态的教育戏剧生活。

三、主题融合教育戏剧研究实践取得的初步成果

（一）在教育戏剧的实践探索过程中，找准了研究的方向和目标

经过了两个学年艰难的探索实践，我们已经有了信心，教育戏剧的实践之路要坚定地走下去！纵观两年多的探索之路，我们基本上把握了如下几点：

（1）坚持搞教育戏剧的初心。（2）坚持普惠性原则，从渗透性戏剧、活动性戏剧入手，补充学科性戏剧。（3）构建教育的常态生活，教师和学生都是教育戏剧的主体，广泛地参与、合作、探究应是常态。（4）不贪多，反复修改和完善一个剧，经历一个过程，体验参与创作的乐趣，深入体会每一个戏剧元素带来的收获。（5）课题领导小组成员经常性认真反思总结，明确下一个阶段的方向和目标。

（二）教育戏剧的研究探索使学校课程建设、课堂教学实践进一步深化

课程建设和课堂教学改革一直是推进学校教育发展的重点工作，教育戏剧的引入探索为此增加了新的动能。

◎ **深化课程中心学习研讨机制，提升了课程领导力**

为将教育戏剧的研究一步一步向前推进，学校课题领导小组即课程中心成员发挥了至关重要的作用。大家主动认真查找资料，学习有关教育戏剧和课程建设的理论知识，研究探讨工作思路，制定推进方案和工作计划，组织召开研讨会、培训会、总结交流会，不断增强教师对教育戏剧探索实践的认识理解和广泛参与的积极性，及时梳理总结阶段性研究经验，发现问题，解决问题，提出下一阶段的工作思路。

比如活动性教育戏剧选题会，首先，课程中心组李跃老师带领与会教师一起学习了"小学主题融合教育戏剧实施策略的研究"课题开题报告中的相关重点内容，保证各年级组对活动性教育戏剧研究方向、研究重点的准确把握。其次，各年级组按照前期的工作部署，从活动性教育戏剧的选题内容、背景分析、实施步骤、人员分工、时间安排等各方面进行了具体介绍。针对各组的汇报，大家畅所欲言，交换意见，统一认识，为课题研究的深入推进奠定了坚实的基础。最后，校长对下一阶段工作提出希望和建议，特别强调在课题研究推进的过程中，要关注细节，落实和彰显教育戏剧的过程性育人功能。

◎ **深化"和育"课堂教学策略研究，提高课堂教育的教学实效**

以"实、美、谐、悦"为特征的"和育"课堂是学校"和育"文化教育的重要载体，也是重点研究的课题。"和育"课堂的核心是追求课堂中教与学的协调统一。它通过深入研究教与学的关系，激发学生积极、主动、有效地学习，培养自主学习能力。教育戏剧作为策略、手段引入课堂教学，不仅符合"和育"课堂追求的实质，而且利于发挥主导和主体作用，激发学生积极、主动、有效学习，培养素质能力。

两年多以来，我们从实践中总结出许多有益的经验做法。比如在语文学科教学中巧借戏剧元素以促进学生朗读能力的提高，采用动作模仿，调动多种感官参与学习；即兴表演，感悟恰切的修辞描写；创设情境，在激活想象中品味语言等方式激发学生学习。数学学科则是根据学科特点，通过"小老师"的培养这一戏剧元素的课堂融入，让优生带动学困生一起投入到课堂学习活动中，使学生在帮助与被帮助的过程中，取长补短，共同进步。美术学科则是通过所谓"戏剧情境教学"，在教学过程中，教师有目的地创设一些情境，将枯燥而又抽象的教学内容，寓于一个生动的、有趣的、引人探求的情景之中，以引起学生的情感体验，从而帮助他们理解和获取知识与技能，并使课堂教学形象化、趣味化。

渗透性戏剧融入课堂教学的研究实践，让"和育"课堂的理想追求找到了恰当而有力的支撑点，不仅激发了师生主导与主体互动学习的热情，促使教与学达到协调统一的状态，而且让课堂教学变得生动、有趣，提高了实效。

（三）教育戏剧的研究实践，让学生的核心素养得到有效提升

"'戏'美少年，'剧'在霍小"校园教育戏剧节已经成功举办了三届，在学校教育戏剧文化的影响和推动下，学生的核心素养得到了全面而有效的培养，取得了良好的效果。下面以第一届戏剧节为例，看看学生们的真实感受和收获。

2017年5月23日、24日下午，霍营中心小学"长本领 我能行"教育戏剧展演活动在学校体育馆拉开了序幕。本次戏剧展演内容十分丰富，有惟妙惟肖的课本剧创编，有以爱为主题的绘本剧表演，有喜闻乐见的民间故事剧，还有源于生活的校园情景剧……共22个剧目，直接参演学生达到了300多人。在编排准备的过程中，师生们一起编剧本，改剧本，揣摩人物性格，诠释角色细节，精心设计每一个动作，深刻体会每一句台词。再看那一个个手工制作和改造的道具，无不体现着师生、家长们的热情与创造。每一个精彩的呈现都包含着班级每一位成员的汗水与心血，活动中每个人都悦动起来，在教育戏剧的舞台上成长着、收获着……

我们组演的是《绿野仙踪》，在这之前我们已经换了三个剧本了。排演戏剧最重要的是选择一个合适的剧本。在更换剧本的时候，我们因为个人的喜爱不同产生了矛盾。最后选择《绿野仙踪》是因为我们都体会到朋友是很珍贵的，多萝茜与稻草人、铁皮人和狮子，从不相识到成为朋友，然后一同共渡难关，互相帮助，结果实现了心愿。同学就是朋友，朋友很珍贵、很重要，我们应该互相帮助，彼此珍惜，让友谊的花朵永远盛开。从这个故事中，我们还明白了一个道理：人必须朝着自己既定的目标前进，在前进的道路上不畏艰险，勇于拼搏，最终才能到达理想的港湾。要达到目标，必须付出艰苦劳动，要不怕困难，带着一颗善良的心，与同伴团结友爱、互相帮助，那么，你心中所想的美好的一天一定会到来。书中的道理让我们解决了这个问题，也让我们下定决心要演好每一个角色。

——五（2）班 汪祺

最令我印象深刻的是《狐假虎威》，那些表演者都完全融入剧情中，表演得十分逼真，仿佛这件事真的发生在自己身上，那个演"狐狸"的，真是假戏真做啊，我不由得暗暗佩服她高超的演技。有的前来观看课本剧的家长和嘉宾也都频频点头，拿着相机拍下这幸福欢乐的画面。教育戏剧不仅能提高个人素养，还能让我们更深刻地明白其中所蕴含的道理，例如《将相和》这篇课文告诉我们：要学习蔺相如对敌不畏强暴、机智勇敢，对友胸怀宽广、忍辱退让的高尚品质；学习廉颇知错就改、勇于改过的精神。《地毯下的尘土》这个故事告诉我们：人若诚实、正直，有时会有意想不到的惊喜……

——三（5）班 蒋佳晨

时光飞已逝,空山草木春;花开莫等闲,悦美有洞天。两年半的教育戏剧的实践探索,不仅让教育戏剧的种子在我校生根发芽,而且使"黑道"变成了光明大道。我们将在这条道路上砥砺前行,收获更多的感动和惊喜。

(王斌　北京市昌平区霍营中心小学)

多元合作促进教师教研组自主发展

——以成都高新新源学校语文学科实训基地建设为例

成都高新新源学校实训基地建设，是高新区多元化教研的创新举措，旨在通过校际学科教研组自由联合，形成学科教师成长共同体，开展适合校情、教情、学情的教学研究活动，优化教研模式，提升教师专业水平，提高教育教学质量。

根据高新区学科实训基地建设的指导思想，结合成都高新新源学校语文组近年来形成的教研传统及特色，我们从多元合作、双线并行、推广辐射等方面探索促进学校教师、教研组自主发展的路径。

一、多元合作，为自主发展搭建平台

（一）多元合作的内涵

"多元"首先指多个教研组参与，突破一个学校一个教研组建设的"一元"模式，形成多个教研组共同研究的局面。其次，是指教研方式的多元。"合作"就是个人与个人、群体与群体之间为达到共同目的，彼此相互配合的一种联合行动、方式。此处的合作是指实训基地校与友好校之间在为提高教育教学质量、提升教师专业素养、打造专业教师团队而进行的联合教研活动。

多元合作教研平台就是尊重各自学校的教研特色，搭建一个教学研究的平台，建设一个共同参与、共同学习、共同研究、共同创造、共同发展的教师成长共同体，以互联互通为着力点，促进教育各要素之间便利流动，实现共赢和共享发展。

学科实训基地聚合几个学校的教研组，形成多元格局，在研究方式上自由灵活、形式多样，充分调动各校教研组、教师的积极性和创造性，形成多元合作的教研模式，实现共建共享的良好局面。

（二）多元合作的路径

◎调查研究，规划先行

多元合作应根据学校办学目标、管理模式、教师结构、生源特点等实际情况，选择同质学校。成都高新新源学校是一所九年一贯制学校，学生绝大多数为外来务工人员子女，教师队伍中以新进大学生、教龄不足五年的年轻教师居多。鉴于这样的校情，调查校情，筛选同质学校，选择校情相似的学校，是打造多元合作教研平台的第一步。

新源、大源、新城、新华四个学校同为九年一贯制学校，在办学目标、管理模式、教师结构、生源特点等方面都有许多相似的地方。因此，成都高新新源学校，从语文学科入

手,建立了此四校初中语文老师实训基地,四校初中语文老师携手共同面对教育教学中的各种挑战,享受碰撞、发现、提升的幸福。

有效的实训工作离不开未雨绸缪的先行规划。研究了同盟学校的校情、学情、教师发展需求,指定相应的实训基地的实训工作方案是工作顺利开展的前提。成都高新新源学校,在充分调查了四校的校情、学情、教师发展需求的前提下,制定了《成都高新新源学校中学语文学科教学实训基地培训方案》。此外,每学期开学,均会制定《高新区学科实训基地校专题研究任务表》,目标明确,思路清晰,能解决学校发展过程中的实际问题。

◎ **深入一线,优化设计**

教师是教学研究的主体,实训基地建设,首先要研究教师成长路径。教师专业成长的大致路径是:在日常工作中的自然积累;有计划地进行业务学习(听和读);着眼于教育问题解决的探索性实践(研究性教学)。老师们最想解决的是在学校教学中遇到的现实问题,最想研究的是课堂,研究教师如何教、学生如何学,这种专业发展的途径更能为教师所接受,成效也更显著。

顾泠沅、王洁在《促进教师专业发展的校本教学研修》中调查过两个问题:

第一,哪种教研方式更有效?老师们认可同事之间对教学实际问题的切磋交流,也认可身边经验丰富的教师在教材教法方面的指导,但更认可课改专家与经验丰富的教师共同指导课堂教学。因此,教研要保持同事间的互助指导,还需注重纵向的理念引领。

第二,哪种听课、评课方式对教师帮助最大?老师们一直认为应该听优秀教师执教的课并听专家点评,认可专家和优秀教师听自己的课并点评,但更认可听优秀教师的课,参加讨论并结合自己的教学实际加以应用,最认可专家、优秀教师和自己合作备课,再听课、评课,指导改进。因此,教师更喜欢讨论点评后又有与自己教学实际相结合的行为跟进。

本着以上调查研究,我们以"学校为本、合作为本、行动为本"为宗旨,设计了丰富的课程,如理论学习、专家讲座、课堂实践、专题研究、教学沙龙等形式,重点研究七年级的文本解读、教学内容的选择、学习兴趣的教法、学习习惯的培养,八年级思维品质的培养、群文阅读的尝试,九年级新课与复习课的融合、专题复习的研讨等主题。

◎ **巧妙镶嵌,一举多得**

将实训基地的活动与学校教研工作有效结合,把教师从繁杂的事务中解放出来,切实有效地促进教师专业成长,则需要本着化繁为简的原则,把学科实训基地活动镶嵌在教研活动中,随堂课、转转课、献赛课渗透其中,把学校工作分解下去,不增加老师的负担,真实有效地帮助老师完成各项任务。通识性讲座,如先进教育理念、教师专业素养、现代教育技术,可以争取和学校部门工作相结合,借助部门力量,实现合作共赢。主动与教研室教研员沟通,把学科实训基地活动上升为区级活动,搭建更广阔的平台,展示老师的风采,获得更大的提升。注重研究过程,提炼研究成果,形成研究课题。

比如我们学校,为了凸显九年一贯制优势,我们一直致力于中小学衔接教学策略研究,目前,语文学科的研究通过文言文衔接点的突破,实现课程衔接、教师衔接、学生衔接、教材衔接、学法衔接，尝试、探索出一条中小学衔接之路，为学生的成长做好铺垫，搭好桥梁，顺利实现中小学角色转化，减少了学生刚入初中的不适应。

合作必须建立在学校教研组自主发展的基础上，在多元合作的平台上，各教研组要承担一定的项目，在研究专题上要深入，这样会促进教师专业发展与教研组研究的深入。

二、双线并行，促进教师教研组自主发展

（一）理论研究与实践研究双线并行

理论学习提升高度，增加学养厚度。成都高新新源学校用"推荐与自选相结合，个体研读与群体研讨相结合，学习与宣讲相结合"的方法，指导学科教师开展理论学习，着眼于培养教师善于思考与反思。教师在反复研读、理解、内化的基础上，勇于亮出心中的假设，将内隐的经验与想法完全浮现出来，他们将理论融入通俗易懂的教学案例、生动有趣的课件中，向全体老师宣讲，共享理论学习的成果。

实践阅读解决疑惑。自主阅读，给老师推荐书目，共读一本书《一化六教》。共同的话题往往激发教师的思维，学习所得就化用在教学实践中去，我们发现老师的教学行为在慢慢改变，教学效果在不断提高。

（二）专家引领与教师实践双线并行

◎**专家引领，打开思路**

"务求学不如务求师"，一线老师疲于应对日常教学的琐碎，理论学习非常有限，在专业化成长的路上需要专家的引领指导。成都高新新源学校语文学科实训基地建设专家库，从文本解读、语言运用、字词教学等多个点位，分别邀请相应专家，为老师们传经送宝，答疑解惑。老师们通过听讲学习，收获知识和方法。在教学上更能精准把握方向，调整方法，提升课堂效益。

◎**教师实践，锤炼功夫**

在专家引领下，教师对学科教学的认识有了新的变化，老师们跃跃欲试，但"纸上得来终觉浅，绝知此事要躬行"，课堂才是锤炼真功夫的阵地。为有效促进教师专业提升，成都高新新源学校语文学科实训基地在以下几个方面做了尝试。

1. 任务驱动，提升素养。

每一位教师根据个人专业所长，自主选取任务，以任务为驱动，提升个人专业素养。例如，成都高新新源学校付尧老师在《语文阅读教学中如何落实语法教学》中，交流了七年级备课组在随文教学中如何渗透语法教学，小妙招解读大问题；涂慧老师在《文本解读的一些思考》中展示了一个新教师在新课文面前的新见解，创新意识如一股清流，让老教师实现二次生长，为教学注入新的活力；王艳老师在《中小学文言文衔接教学策略研究》中提出的校本教材、教学方法多可以推广，惠及更多的老师和学生。

2. 课堂研究，解决问题。

课堂是教学的主阵地。如何让课堂活起来？要分步骤实施，首先每一个学校教研组讨论教育教学中的实际问题，形成研究专题。再根据专题，备课组集体研究，形成教学设

计，走进课堂，从不同的角度观察课程生成效果。关键是课后在深入反思、讨论中，寻找改进策略，重新设计教学方案，再一次上课。

（1）注重起始年级课堂教学研究。

按照这种模式，我们尝试在起始年级进行语文教学研究。语文教学低效的一个很大原因是该教的没教，不该教的倒教了不少。我们首先研究课程标准，把课程目标分解为教学目标，让每一堂课的目标明确起来。然后进行文本解读的研究，备课组充分研讨，拿出初步的方案，教研组深入研究，形成最终的教学设计，凝聚了全体语文备课组在文本解读上所花的心血。多一些思考，就能传承语文教学中优秀的传统。

例如，八年级备课组付尧、周骁两位老师发现学生学好语法知识对病句的判断、阅读时对内容的概括很有帮助，就着手用心研究如何在语文课堂教学中普及一些语法教学。通过备课组、教研组讨论，在随文学习中渗透、强化能让学生点滴浸润，感悟提升，于是深入研究教材，设计教法，最后尝试在《老王》新课教学中渗透语法教学。

（2）加强初中毕业年级专题复习研究。

九年级难啃的一块骨头是作文指导，我校语文组张锦老师勇挑重担，主动承担了学科实训基地展示课——九年级中考作文写作指导。张老师认真研读学生作文，发现学生作文中的闪光点，梳理学生作文中常见的问题，同时查阅资料，搜索作文教学案例和视频，在备课组里反复磨课，教研组全体成员共同参与，课堂上随机调拨，总结提升，学生豁然开朗，热爱动笔，学会了修改，找到了作文提升的路径，获得了满满的成就感。

3. 积极参与活动，在竞技中提升。

以成都高新区教育研究活动为依托，实训基地搭建平台，为老师们创造各种展示自我、竞技比拼的舞台。在活动中老师们逐渐转变了对竞技比拼的态度，从抗拒任务到踊跃报名，变被动为主动，这一切都源于老师在这种活动中获得的真实成长。

例如，成都高新新源学校林伟老师积极参与高新区群文阅读微课比赛，于是利用学科实训基地这一平台，给老师们展示了自己的设计。来自新城、大源的老师们纷纷给林老师出主意、说思路、谈见解，从不同的角度研究与思考这一新兴的语文教学形式，借助课例，讨论更有针对性，更具实效性，每一个老师都明白了群文阅读概念的内涵、选文选点的重要、实施路径的选择、课堂教学的评价等。

课堂要呈现老师的思考、探索，课前的准备当然至关重要。当确定一个专题，每个老师都会去学习、去思考。唯有学习，能更新我们的知识，拓宽我们的视野，唯有思考，方能深刻，才能独特。备课组集体磨课，思想交锋、观点碰撞，设计点的创新、实施点的独特，对每一堂课的课堂重建与提升，都让老师收获满满，迅速成长。之后再在学科实训基地展示，交换更多的想法，教师在一次一次的实践中成长起来，团队在完成共同的任务和目标中凝聚起来。

（三）实训方式线上线下双线并行

开展学科实训活动最难的地方莫过于时间紧张。把老师们从日常的教学工作中抽离出来，聚集在一起学习实在艰难。那么，如何突破这个困难呢？高新区新源学校语文学科实训基地以"线上线下双线并行"的方式突破了这一瓶颈。除了挤时间开展线下活动之外，还注重通过网络研修增加实训的广度。微信群、QQ 群、各种电子版本教学资源都是线上交流的最好途径。

这种线上与线下结合的方式，可以随时随地分享精神食粮。有想法随时记录，很多言语如投入心湖的石头，激起一片片美丽的涟漪，在点滴浸润中，教师的思想发芽，生长，开出一树繁花。

每一个教研组，在研究、展示、总结、反思的过程中，都发挥各自的主观能动性，独立思考、组内教研，形成教师风格、学校特色，推动了教师、教研组的自主发展。

三、推广辐射，展示自主发展成果

走出联盟学校，走向更广阔的平台，借他山之石，突破局限、打破瓶颈、精雕细琢既是宣传自我，又是提升自我的一个重要途径。成都高新新源学校语文实训基地特别重视这一途径。实训基地经常与很多非学科实训基地的学校进行合作，如高新滨河学校、高新新科学校，尤其是高新东区学校，把我们在教研过程中生成的思考及成果推广出去，展示教师、教研组自主发展成果。

在一次次的交流中，我们不断反思、提升自我，真正做到了推广好经验，辐射兄弟校，基地联盟学校与非基地学校在教师教学质量提升上都取得了明显成效，可谓"百般红紫共芳菲"。

总之，这种多元合作、双线并行的学科实训模式，激活了中青年教师的二次生长。可以说，每一个教师找到了自己的长处，找到自信，找到优势，很多老师在各级赛课中崭露头角，逐渐形成自己的教学风格，促进了自我生长和教研组的自主发展。

（黄中荣　王艳　成都高新新源学校）

参考文献

1. 鄢淑清.实训基地管理的思考与实践［J］.职业技术，2012（07）.
2. 蔡冬林.以职业能力为导向的实训基地文化建设［J］.教育与职业，2014（30）.
3. 贾文胜.关于建设高水平实训基地的思考［J］.中国职业技术教育，2019（07）.
4. 贺小燕.上海市地理学科研究德育实训基地［J］.地理教学，2018（14）.
5. 张强华，石莹莹，熊清平.整合资源，构建多学科综合工程实训基地［J］.广东化工，2012（14）.

促进学生品格自主发展的路径研究

我国经济社会高速发展,对整个社会及个体道德素质提出了更高的要求。因此,我们的教育需要更加关注学生品格的培养,并且注重培养学生的自主性,从而实现学生自主管理、自主学习、自主发展。我校在实践的基础上将自主化的品格教育融入教育、教学之中,提出品格发展的"目标序列化、内容具体化、路径多样化、评价多元化"的"四化"操作模式,探索出了"文化熏陶、主题推进、活动体验、学科渗透、榜样示范、齐抓共管"的品格发展六渠道,形成了自主"价值澄清、角色扮演、活动体验、辨析体认"四大策略,有力地引导学生美好品格的内在养成。

一、学生品格自主发展的必要性

品格教育是践行社会主义核心价值观的有效载体,系统化、序列化的品格教育将社会主义核心价值融入其中,使社会主义核心价值观内化于心,外化于行。品格教育也是学生个人成长的需要,能为学生的人生发展奠定坚实的基础。

品格教育是一种润物细无声的教育,在尊重每个学生生命个体的前提下,引导学生通过活动体验将良好的道德规范内化为自我品格,并引导其外化为品格行为,以实现其品格的自主建构,促进个体的自主发展。

纵观现状,学校的品格教育实施路径单一,无法对学生进行系统的品格培养。品格教育更多停留在口头说教之上,方法落后,学生被动接受道德知识,不能很好地转化为自我意识和自主行动。

二、学生品格自主发展路径

在研究中,我们紧扣"品格教育"和"自主发展"这两个关键词,形成了品格教育"目标序列化、内容具体化、路径多样化、评价多元化"的"四化"操作模式。

(一)品格发展的目标序列化

有了明确的目标,学生的品格自主发展才会有方向,学校课题组根据品格发展的要求,针对不同年级学生的身心特点,将24个品格进行分解,确立低段、中段、高段三个不同阶段的不同训练侧重点与训练目标,以品格教育为核心开展德育活动:

1. 每学期每个年级重点进行两个"品格"的实践,并将培训目标分解到每一周,同时有计划地复习已实践的"品格"。

2. 围绕"品格"主题,每月由一个中队承担,开展一次全校"品格"主题活动展示。

3. 结合"品格"教育的要求，德育处有计划有目的地将"品格"教育渗透到"社会实践""传统节日"等德育主题活动中，并及时进行资料的收集与整理。

4. 将"品格教育"系列活动常规化、制度化。如每月"家校联系"活动，每周"品格小明星"评选互动，"今天我主持"品格主题会（每周两次），每周"品格教育"朝会引领、周末小结，每周班级"品格星"评比，每月"品格教育"专栏评比。

5. 每一次"家长会"和"班主任工作会"，要适当渗透品格教育。

（二）品格发展的内容具体化

在广泛调研、认真分析的基础上，课题组根据小学生的品格形成规律，梳理出小学生急需的"爱国、友善、诚信、主动、明辨、勇敢、专注、坚持、担当、感恩、有序、节俭"等24项品格作为反映品格教育的内容，并将24项基本品格划分为四级：第一级为专注、有序、友善、诚实、感恩、真诚；第二级为责任、坚持、主动、守时、忠诚、宽容；第三级为勤奋、创意、热情、明辨、谨慎、勇敢；第四级为守信、节俭、尊重、怜悯、勤劳、智慧。之后，对每一种品格的内涵进行了比较精准的界定，对品格对应的行为进行了具体的诠释。例如，我们将"友善"的内涵界定为"尊重他人、关爱他人、善待自然、悦纳自我"四个维度（见下表），每个维度再从四个方面诠释行为的具体要求。

表1 "友善"内涵及诠释

内涵\诠释	1	2	3	4
尊重他人	言行有礼 举止得当	善解人意 体谅他人	换位思考 理解包容	面对矛盾 首先自省
关爱他人	亲近和睦 关心他人	常施善举 温暖他人	帮助他人 快乐自己	团结友爱 携手共进
善待自然	爱护环境 和谐共处	珍惜资源 物尽其用	节能减排 保护环境	科技创新 变废为宝
悦纳自我	相信自己 独一无二	扬长补短 完善自己	增强实力 发展自己	懂得放弃 善待自己

（三）品格发展的路径多样化

在促进学生品格自主发展的过程中，我们不断想办法拓宽品格教育的渠道，采取有针对性的推进策略，形成了"六渠道、四策略"的推进模式：

◎**品格发展的"六种渠道"**

1. 文化熏陶：学生的品格发展需要文化环境的熏陶，针对小学生对新鲜事物充满好奇心和探究欲强的特点，每个班级都加强校园文化建设与班级文化建设，将品格教育的因子渗透其间，让学生潜移默化地受到教育与影响：教室外面的展板上，我们以品格小精灵作为主题，设计了具有童真的"品格花园"；教室后面的展板上，我们将品格的元素融入学生的作品展示栏中；我们把黑板左面的品格墙设计成了品格小明星展示墙，将"我们的约定"和品格小明星的照片张贴其间……正是在耳濡目染中，孩子们的品格才不断得以培植。

2. 主题推进：品格活动的开展，离不开鲜明的主题。我们主要通过主题班会、主题小报与主题活动来展开：一是品格主题班会。每周五的班会课，是每个班进行品格教育的固定时间。在班会课上，老师会根据每月的品格主题，将品格故事、游戏、儿歌等方式结合在一起，通过活动参与帮助孩子们逐步内化品格。二是品格主题小报。以班级中的品格故事为素材，孩子们自己分工合作，绘制班级品格小报。三是品格主题活动。每次活动聚焦一个品格主题，如在"诚实"品格日主题中，"红领巾共享展台""诚实商店"等让孩子们知道即使在没人监督的情况下也要做一个诚实的孩子。

3. 活动体验：要想将品格内化于心外显于行，就需要让学生在各种社会实践活动中体验，如组织学生编写和表演"情景剧"、小品等，开展班级小型"戏剧节""原创情景剧表演"，选择影视剧中的片段或根据教师提供的素材进行再创作。学生利用课余时间排练，在班会课或综合实践课上表演。在活动中，学生通过参与、体验、讨论，达成共识。

4. 学科渗透：教师要抓住中小学生求知欲强的学习特点，充分发挥课堂主渠道的作用，挖掘文本中的品格教育因子，把品格教育自然地渗透到各个学科课程的教学活动之中，培养小学生健康的情感和积极向上的追求。

5. 榜样示范：教师、班干部在日常管理中，要起到模范带头作用，给学生以榜样与示范；利用学生身边的先进人物、典型事件、好人好事进行大力宣扬，用身边的榜样教育身边的人；此外，还可以发挥社会公众人物的榜样示范作用，形成效仿先进典型的榜样，为处于模仿时期的小学生创造良好的社会风尚，有力地促进小学生美好品格的形成。

6. 齐抓共管：品格教育不只是学校的事情，而是一项系统工程，需要聚集社会各界的合力来营造有利于品格教育形成的社会舆论氛围，形成有效的社会协调工作机制，最大限度地调动社会各界来协调资源，构建校家社"三位一体"的共育机制。构建校家社的"三位一体"共育机制，把品格教育融入生活细节，把教育过程与生活过程融为一体，让学生在这一过程中潜移默化地实现品格的自我构建和自主生成。

◎ 品格发展的"四种策略"

学生品格的养成不是一蹴而就的，需要系统推进，全面着力，更需要诸多推进策略。在促进学生品格发展的实践中，我们形成了"自主价值澄清、自主角色扮演、自主活动体验、自主辨析体认"四大策略，有力地推进了学生美好品格的内在养成。

1. 自主价值澄清策略：价值观是一种认知，更是一种行为准则。认知上灌输容易，践行时难免有困惑犹疑。我们选择贴近学生生活实际的主题，创设有意义的教育情境，选取社会热点争议，引导学生正视现实冲突，自主思考，积极探究、体验、辩论，在不断判断、选择中理清认知头绪，完成对价值观的选择、认同，实现基于现实生活的价值澄清，促进德性品质的内在生成。同时，我们还关注师生平等对话，在突出学生自我理解、自我陶冶的过程中，坚持教育者必要的价值引导，提高学生的价值判断、选择能力，激发学生在可能的视界中不断超越自我，追求人生更高的价值和理想。

2. 自主角色扮演策略：我们引导学生搜集、选取生活中已发生或正在发生的事件，组织学生自编、自导、自演"品格情节剧"，开展班级小型"戏剧节"活动，使学生在角色扮演中更加直观形象地感知某种品格的重要性，并习得在现实生活中践行这种品格的方式方法。"戏剧节"活动前，教师指导学生通过海报向班级学生征集"品格"主题的原创情景剧、小话剧、小品等，或是学生通过讨论达成共识，选择电影、电视、话剧中的一个片段；可以是学生自愿的表演，也可以是分小组进行的PK大赛。学生可以利用午间及下午放学的时间排练。

3. 自主活动体验策略：我们着力关注学生的自主生活体验，以学生的生活经验为基础，开展形式多样的实践活动以丰富学生生活，鼓励学生独立思考，做出自己的判断与选择，并在生活实践中验证和巩固，真正做到"让学生在热爱生活、了解生活、亲自去生活的过程中培养德性，学会过一种道德的生活，而不是在现实生活之外的另外一个世界里去培养人的道德"，使学生在活动过程中实现积极的品格自我建构和自主生成。

以"有序"为例，我们结合学校传统项目，诸如"运动会""徒步励志行""拓展活动"等，向学生征集活动安全预案。作为方案的拟订者，学生的思维立场和角度发生了改变，从过去被动的"预案受益者"变成当下主动的"预案制定者"。这种改变增强了学生的"参与度"，使学生能更好地观察、反思自己的行为，从而发现自己日常行为中的不安全因素，理解每一项安全措施的出发点，使学生不仅有效提高了安全意识，而且深刻认识到了井然有序的意义，培养了积极参与的公民意识与能力。

4. 自主辨析体认策略：在品格教育推进过程中，教师通过抛出一些观点、创设一定的情境，让学生在角色转换中去体验，在讨论、交流、争辩、对比中听取对方的意见，形成自己的看法，促进其对品格有更加深刻的认知。

以"勇敢"为例，教师提供了两则素材，分别表现了"勇敢"面临的两难选择。每一则素材对应一个辨析话题，引出一个认知导向。

素材1：小鹏放学后，骑车走到一个街口，被几个社会青年截住，要抢他新买的自行车和随身带的钱。这时，他看到远处走来一对中年夫妻，便大声叫道："爸爸妈妈，你们怎么才来接我啊，我等得好辛苦啊！"在那对中年夫妻的帮助下，他成功地摆脱那几个人的纠缠，还顺利地报了警。

素材2：李华和张虎下课后在教室里打闹，张虎一不小心将李华推倒，跌在讲桌角上，李华后脑勺被撞出了一个大口子，鲜血直流。同学们见了，马上想向班主任汇报，李华却一把拉住同学，大大咧咧地说："男子汉大丈夫，必须得勇敢啊，一点小伤，没有必要告诉老师。"可是一节课后，他却趴在课桌上昏迷了过去。

讨论话题：素材1、2里的行为是真正的勇敢吗？你赞成他们的做法吗？为什么？

认知导向：帮助学生初步树立对"勇敢"的正确认识，引导学生明确"任何时候有勇有谋都是值得肯定和赞赏的""大大咧咧、争强好胜、莽撞不是勇敢，身体是基础，受伤生病的时候选择去看医生才是正确的"。

◎ **品格发展的评价多元化**

自主化的品格发展也需要有评价措施的促进。在研究中，我们对应品格内涵，分"在学校、在家庭、在社会"三个维度对品格行为进行量化评价，将品格评价与班规相结合，积极倡导用"品格银行"对品格行为进行学生自评、同伴互评、集体反思评价等。以正向评价为主，同时强调学生的自评和生生互评，以体现自主教育的思想。

"友善"品格三维评价如下：

1."友善品格银行存单"（由学生自评和互评）。

信条：友善是阳光，温暖人心。

表2 友善品格银行存单

项目维度	友善行为	储值（以币计算）				
		1	2	3	4	合计
在学校	同学中，我有三位以上的好朋友。					
	我和同学相互关心，遇到学习难题会一起讨论。					
	我能理解老师为照顾学业水平较低的同学放慢讲课的速度。					
	不给同学取侮辱性的绰号和喊人绰号。					
	不蔑视成绩差、行为暂时较差的同学，不嫉妒成绩好的同学。					
	对生病的同学，我总会想办法帮助他。					
	如果我遇到困难，估计会有人愿意帮助我。					
在家庭	离开或者回家的时候我能主动跟家人打招呼。					
	就算家人做了我不喜欢的决定，我还是理解他们、爱他们。					
	常陪长辈聊天。					
	父母、亲人生病，我尽自己所能照顾他们。					
	和亲人有矛盾的时候，我总能和颜悦色地表达自己的意见。					
	能做力所能及的事情，很少给父母添麻烦。					
在社会	我不占用盲道，我上下扶梯时总是靠右给他人留出通道。					
	对于陌生人问路，我总是友好地指路。					
	公交车上我经常给需要的人让座。					
	贴吧里、论坛中，我不会不问青红皂白就批评他人。					
	别人有困难时，我总能解囊相助。					
	在大街上遇到熟人，我会主动打招呼。					
	我一直对动物和大自然充满了热爱之情，努力帮助残疾动物。					
合计						

2.说说我的优缺点（可以是学生自己在读本上填写，也可以是课堂交流）：

我的优点：_____。

我的缺点：_____。

3. 我的友善计划书。

> 通过反思自己以前的行为及测试，我发现自己的友善度还可从以下方面得到提高：
> （1）
> （2）
> （3）
> （4）

值得注意的是，在对品格进行评价时，不必照搬上面的评价维度和评价内容，应根据班级学生实际确定评价内容；评价内容直指学校中的具体行为；可用 LOGO 图案作为评价标志；分数计算不必太精细，着重引导学生反思和相互促进。

三、品格自主发展教育实施效果及改进方向

通过四年的品格教育，我们欣喜地看到学生的不良行为得到明显改善，养成了良好习惯，反思能力和自我管理能力也得到提升。

在学校，孩子们能自觉做到认真听讲、有序排队；友善对待同学、礼貌对待老师；会主动大胆地表达自己的观点，表现自己的才能。在家里，孩子们也能专注地写作业、看书，有序整理自己的物品，会主动关心父母，尊重长辈，做力所能及的家务。在社会生活中，我们的孩子也得到了认可和赞誉，在书店和图书馆安静有序，在公共场所注意卫生。对待为自己提供服务的人，他们也表现出友好和尊重。

面对品格教育新常态，虽然我们的研究取得了不俗的成绩，但这仅仅是一个良好的开端，后面还有很长的路要走，还有一些问题亟待破解：如何构建起家校社齐抓共管？如何兼顾重点品格和其他品格？如何能让更多孩子实现自主发展？这是一个长期的探索过程，也是一门艺术。

学习是永恒的，研究也是无止境的。我们会继续将促进学生品格自主发展的研究坚持下去，为学生的自主发展、终身发展奠定坚实的基础！

（陈宗荣　成都教科院附属学校西区）

参考文献

1. 苏霍姆林斯基. 给教师的建议［M］. 武汉：长江文艺出版社，2014.
2. 郑杰. 给教师的一百条新建议［M］. 北京：中国人民大学出版社，2015.
3. 蒙台梭利. 蒙台梭利教育［M］. 北京：北京工艺美术出版社，2017.
4. 李群锋. 儿童行为心理学［M］. 苏州：古吴轩出版社，2017.

让常态课堂更加"实·慧"

当今时代，无论是国外还是国内，对于教育的要求，都落在"人"这一发展主体上，《中国学生发展核心素养》总体框架明确提出了自主发展重在有效管理自己，认识发现自我；发掘自身潜力，成就精彩人生。而课堂是教育的主阵地，培养自主发展的学生就要从课堂教学入手，我校对于自主教育的立体构建从打造灵动的"实·慧"自主课堂开始。

一、我们的追求："实·慧"课堂

我校把常态课的追求目标确立为"实·慧"，基于三点考虑和认识：

第一，基于我校"实文化引领、慧服务践行"的特色工作品牌。

"实"：身体结实，精神求实，为人朴实，处事务实，底蕴厚实，成果丰实。"慧"包含拥有"慧"、践行"慧"、涵养"慧"三层深意。针对每一节常态课，我们想让教学过程流淌着师生的智慧，使我们的学生实实在在地获得成长。

第二，基于目前教育教学改革的需要。

在课程改革不断推进的今天，我们更应该关注学生在课堂中的获得感，优化育人过程，增强育人效益，提升学生的学科素养，让学生拥有"经得住回味的获得感"。

第三，基于属地居民发展的需要。

目前我校有学生946人，其中进京务工人员子女占据较大比例，这些家长更希望孩子能通过学习改变命运，但家庭教育相对苍白，因此把全部希望寄托于学校和老师，这更要求我们要充分抓住课堂的生命时光，给予孩子最扎实的学习过程。

基于以上原因，我们制定了常态课的追求目标"实"：就是要让每一个学生在每一节常态课上有实实在在的获得感；"慧"则是让师生在教与学的过程中处处彰显智慧。

二、我们的行动：扎实、智慧

（一）扎实的管理

◎课前：厚实理解教材

面对学校青年教师占多数的实际情况，我们在青年教师对教材的理解上下了很多功夫，以三年级数学为例：

今天一共摘了182个菠萝，每箱装8个。一共有18个纸箱，够装吗？

这道题不少于5种算法，第一次教的老师很难在了解命题方向的基础上细致揣摩，我校的主要做法是：关键课由教学干部亲自去给教师把关，如果时间来不及就让老师们在讲课之前找主管逐个过知识点，说清楚了再去讲课，因为只有老师清楚了才有可能准确地去辅导学生。这种做法给予老师的辅导非常扎实，但前提是教学干部要吃准、吃透每一个关键点，背后付出的时间和心血可想而知。

◎课中：扎实管理课堂

我校教学班有 29 个，为了对每天的课堂能够监控到位，我校采取了"重点听课＋走班听课"的形式来严格管理，教学干部不是在去听课就是在去听课的路上。我校的亮点做法是，利用微信这一先进信息平台每天进行常态课点评。都说好学生是夸出来的，其实好老师也是夸出来的。如果采用周点评或者月点评的话，因为时间长，把控的效果可能会大打折扣，所以我们每日的走班数学听课都会在第一时间反馈到位。

以 9 月份为例，三言两语的累积点评也有 5431 字。这种不间断的对全体青年教师教学全过程的细化辅导和管理，给予老师最直接的指导和帮助，使得很多问题化繁为简、化难为易，也使得我们的课堂管理扎实有效。

◎课后：夯实掌握知识

对于各学科的教学监控，我校有三套管理体系：学区月赛＋双单元监控＋学科特色比赛，通过学科丰富多彩的特色活动不断内化学生核心素养的提升。

此外，我校对学生的每一个知识点进行了全程追踪，让学生对于知识的掌握夯实在每一个节点上，日积月累，助力学生核心素养的扎实养成。

（二）智慧的课堂

我校追求一个"实"字，但是仅仅有"实"字还不够，要想卓越，还必须有智慧的引领。

◎课前：明慧把握教材

教师对教材要有正确的理解，此外还要有高瞻远瞩的站位，这样才能从容把握方向。我校的主要做法是新、旧教材对比，试题与教材对比等，在对比中把握新课改的理念，让课堂真正助力孩子的思维提升。

以数学课堂为例，数学新课标中由"两能变四能"，但是老师们不知道如何在课堂实践中去落实学生能力的培养。我校引领老师们务本求源，一手新教材一手旧教材，逐一对比分析，找寻新、旧教材的变化点，引领教师将关注点切实放在"善发现、会提问"上，从而有目的地在课堂上予以关注，把"后两能"的练习落在实处。

另一方面，通过朝阳区评价试题与教材的对比，引领老师对于教材的高位掌握也是有效的方法。一般老师对于教材缺少深入挖掘，常常是在课堂上对于知识点的掌握走马观花，而把希望寄托于课后的大量练习中，殊不知，把每一个知识点砸实、理清、弄透，不单单是提质减负，这也与朝阳区评价题目是完全吻合的，题目正是撬动老师们转变观念最有利的工具，为了说明这个问题，我校会让老师们把评价题目与教材一一对号入座。

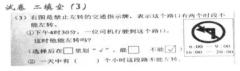

通过对比可以很清楚地看出，几乎每一道题都可以在数学书中找到出处，所以对于教材的理解不仅要准，而且还要"宽、广、活"，高站位，明确把握教材才能少走弯路，才能精准服务学生。

◎课中：智慧点亮课堂

着眼未来就必须立足当下。我们充分培养和激发学生的内驱力，使学生具有自主教育发展的能力，让其成为持续学习的源泉和动力。若网在纲，有条不紊。我校立足于核心素养，借"两关注三还给夯实四hua"打造灵动的自主课堂。

1. 关注思维习惯，让学生会学善思。

我们通过"五步走"的模式引领教师对学生思维习惯进行整体培养：第一步，利用好奇心理，引导学生发问；第二步，鼓励大胆实践，探寻问题本源；第三步，引发独立思考，自己解决问题；第四步，肯定求异思维，训练应变能力；第五步，展开思维两翼，开发学生心智。

在整体培养模式的基础上，我们又结合各学科特点构建了具体的教学模式，包括分学段给出的审题思考模式等，目的就是让老师引导学生独立、理性地思考问题，避免人云亦云，真正会学善思。

表1 数学"审题画批"学生操作流程和教师语言示范

年级目标		学生操作流程	教师语言范式
一、二年级	看清题目要求，标出相关数量。	六步走 1. 读——自己读题，看清题目内容； 2. 划——划去多余信息； 3. 标——标出信息个数，画出问题及单位名称； 4. 圈——圈画关键词和数字信息； 5. 解——画模型或建模型或用模型解决问题（数形结合）； 6. 查——检查信息、方法、结果。	1. 指一指，你是怎么知道这些信息的； 2. 圈一圈，老师把你们指出的信息圈出来； 3. 议一议，圈画的这些信息你同意吗？两人互相再说说，还有补充吗？ 4. 说一说，把大家找到的有效信息再完整地说一说； 5. 画一画，请你也像老师一样圈画出知道的信息； 6. 查一查，圈完的同学与同伴互查，看同伴圈的对不对。

续 表

年级目标	学生操作流程	教师语言范式
三、四年级 读懂题目要求，找准重点词句。	五步走 1. 读——自己读题，读懂题目内容； 2. 圈——筛选信息，圈画关键词句及问题； 3. 思——用数形结合的方法理解关键词句。 ……	1. 默读题目，看清有几个要求，请你标出序号； 2. 默读题目，画出你认为关键的信息； 3. 大声朗读题目，说一说你画的重点词语或句子是什么？ ……

2. 关注口语表达，让学生能言善道。

表达分为多种形式，我们重点关注的是学生的口语表达，因为孩子们在课堂上往往不知从何说起，不知道发言的大致模式，更难有条理地表达自己的思维过程，因此，我们先从抓好口语表达的"外壳"开始：

（1）抓好口语表达的"外壳"。

"能言"：激励全校学生做到"三大"（大方站、大声说、大胆问）。在每个班的黑板上方的醒目位置都对"三大"做了提示，每位老师也会针对习惯培养的重点带领学生课始温习，课中指导，课末反馈，对表现好的学生给予"工大附中十八里店分校闪亮星"的奖励。

"善道"：第二步落实跟进的举措是"三亮"（亮观点、亮理由、亮结论）。这主要是在"说"的模式上做文章，训练孩子们用"三段论"有理有据、完整地表达自己的观点。

（2）夯实口语表达的"内涵"。

如果说"三大""三亮"都是在稳步推进口语表达的外壳，那么如何使用准确、科学的语言阐述理由则是发言的内涵。我们引领教师按照课堂教学的一般程序，在课前、课中和课后进行相应策略的研究和实施，逐步构建了比较清晰的研究模式。课前老师反复研读教材，解决"说什么"的内涵问题；课中除了要求的"三大""三亮"，更要在兴趣上做文章，通过丰富多样的形式让孩子们敢说、会说，也就是解决"怎么说"的问题；课后则围绕"说的怎么样"进行拓展和延伸。

对口语表达和思维习惯培养的重点关注使得我们的学生能够在课上做到我口言我心，真正成为课堂的主人，通过语言表达彰显了思维的智慧。

3. 落实"三还给"。

一是把时间还给学生，让学生焕发活力。

一堂课只有40分钟，老师如果不放手，学生参与的时间就非常有限，真正自主获取的知识也就难以保证。我校借助同课异构的方式引导老师对比课堂中师生所用时间，让老师们大胆放手，把时间更多地留给学生。通过对比，老师们发现：特级教师、区级骨干教师、新教师同样上一节课，学生参与的时间是完全不一样的。这正看出我们着手需要改变的方向。我们就是用这样的方式一点一点地引领老师、规范老师，让老师们把应有的课堂时间还给学生，在逐步计算时间分配、不断缩减教师讲授时间的过程中，使孩子的主体地位逐步得到保证。

我们引领学生做到"五能"：能看懂的自己看，能学会的自己学，能探索的自己寻，能动手的自己做，能讲理的自己说。我们借助这样的方式一点点地引领和规范师生，让教师把应有的课堂时间还给学生。

二是把过程还给学生，让学生凸显智慧。

"只是告诉我，我会忘记；只是演示给我，我会记住；如果让我自己参与其中，我就会真明白。"这充分说明引导学生参与教学全过程的重要性，"磨刀不误砍柴工"，如果让学生经历探究新知的整个环节，让他们通过动手操作、动脑思考、动嘴交流，弄清知识的来龙去脉，自己积累生活经验，自己获取一定的思考方法，学生就会在动态的参与中自主掌握知识。我们的主要做法是：挖掘每一节课中可以动手实践的知识点。同时我们将课堂进行拓展和延伸，在学生作业布置上进行了大胆的尝试，多彩内容、多彩形式、多方呈现。让学生在快乐探究中获得满足、彰显智慧！

三是把评价还给学生，让学生学会反思。

传统的教学模式一直以来都是老师来评判学生，这其实剥夺了学生的话语权。而把质疑和评价的权利还给学生，就是要让学生大胆表达自己的观点，勇敢地对问题进行批判性反思，从而为培养自身的创新能力奠基。我校所提倡的"三大"之一已经包含了"大胆问"，让学生有疑惑大胆表达出来；同时我校在课堂上引入更多评价方式：同学点评、小组评比、教师引导式评价等多元评价方式，让学生有了更大的参与自信心，课堂也由此变得更加活跃和富有灵气，学生的主体地位得以凸显。

4. 夯实"四hua"。

一"划"指重点圈画细审题，学校分学段给出审题策略，要求在作业中夯实。

二"画"指题题画图重训练，如数学低年级画示意图，中高年级画线段图，一个单元后再画梳理知识的思维导图；语文、英语等诗配画、画思维导图。

三"话"分为三层，逐层渐升，表现为：说、驳、论。说是指一个不落地说思路，明确解题的全过程，同时利用改错本夯实知识点的掌握；驳是指在指出别人发言的不妥不全的基础上，说出自己的观点和理由；论是指辩论，学生借助概念、观点、理由等与多人进行分辨争论，综合运用，化为能力。

四"化"也分三层：变化、转化、优化。变化是指学习外在形式的改变，如数量、人物、位置等，意在引领学生巩固熟悉掌握知识；转化是指量变到质变，适量练习将知识整合内化形成思想或是能力；优化是指针对多元的解决策略，学生依据自身实际选择改良，为我所用，促进自我发展。

我们在实践中逐步完善"四hua"，在九大学科中铺开深化，引领学生从想—说—做再到想，进一步培养和完善思维，使课堂学习成为学生自我运转、自我改进、自我完善的思想与行动的知行体系。

◎ **课后：聪慧启动延续**

此外，我们将课堂进行了拓展和延伸，在学生作业布置上进行了大胆的尝试。当学生带着兴趣以主人的身份参与学习的全过程时，就会把学习看作是一件乐事，当成一种享受，在快乐探究中获得满足，彰显智慧！

三、我们的实效：整装再发

杜威说"像过去一样教学，会剥夺孩子的未来"，的确如此，当我们改变教学方式，打造"实·慧"课堂时，你会发现：灵动有序、生机盎然的课堂已然在你眼前呈现，丰硕成果已经跃然纸上。

2016年，我校有两名教师被评为朝阳区数学学科拔尖人才，2017年又有一名教师被评为朝阳区数学学科拔尖人才。最近，我们仅入职一年的教师朱雅迪获得北京市启航杯数学说课一等奖，宋茜、王波等人也分别获得朝阳区数学教师基本功大赛一、二等奖，这些说明我校数学教师梯队已经初具规模，发展态势良好。在刚刚结束的2019年教学工作会上，我校获得"2019年朝阳区小学教育教学优秀奖"，这是我校第五次获此殊荣。

课堂改革的路道阻且长，但是如果真能让学生站到最中央，给予学生"实·慧"的课堂，相信一定会为学生一生的幸福奠基！

（陈春红　北京工业大学附属中学十八里店分校）

以自主为引领，推进学校的课程建设

2015 年，《北京市实施教育部〈义务教育课程设置实验方案〉的课程计划（修订）》正式下发。北京市新课改前瞻性地提出了学科实践的概念，进行跨学科整合教学，这就要求学校要给教师和学生提供更多的自主选择和实践的空间与时间，改变传统教与学的方式，最大限度地发挥教师的优势，激发学生的潜能。

北京市昌平区天通苑学校的文化建设立足于中国优秀传统文化，筑基于现今的教育教学理念。从办学追求、个性化教育、因材施教、多元发展四个维度开展。在文化寻根过程中，我们提出了"发现·成长"这一教育理念。蕴含其中的教育主张如下：

1. 儿童的天性，乃天赋之性，为性善，为良知。因此，教师需要呵护并顺应每一个儿童的天性。

2. 习性乃后天养成之习惯，行为决定习惯，习惯决定性格，性格决定命运。因此，我们需关注并引导每一个儿童的习性。

3. 个性为儿童之特质，是个体思想、情绪、价值观、信念、感知、行为与态度之总称，这就使唤醒并促进每一个儿童的个性具有充分意义。

一、构建师生自主发展和成长的课程体系

基于对《中国学生发展核心素养》的学习和理解，结合我校小、初九年一贯制的学校实际，学校对核心素养进行校本化理解和解读，以"聚焦核心素养，实现跨界衔接"为课程理念，以"学生主动成长的生命乐园"为办学目标，搭建多元平台，让每一个孩子在体验成功中幸福成长。

学校的三级课程建设将课程体系分为五个维度，对应的课程分布如图 1 所示。

（一）学科实践活动课程群

1. 小学学科拓展课程群 10%（占总比重 40%），小学学科拓展课程群表现公式：国家课程教材 + 学生对自我学习的负责 + 教师温暖的加工 = 学生全方位的生活。包含的课程有演讲与口才、思维导图、国学、课本剧、名著导读、经典诵读、思维与辩论、英文戏剧、高效阅读等课程。

2. 初中学科拓展课程群 10%（占总比重 40%），初中学科拓展课程群表现公式：更广阔的资源 + 学生的兴趣与理想 = 学生丰富性的生活。包含的课程有国际理解、古诗词、校本戏剧、微电影、职业生涯、散文写作、社会考察、模拟联合国、人文 PBL 课程等。

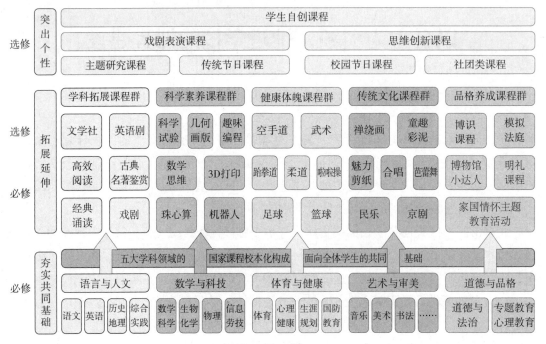

图 1　课程体系

3.融合性学科实践活动（占总比重20%），学科实践活动课程表现公式：丰富的知识与技能＋游戏活动的互动转化＝学生发展性的生活。包含的课程有研究性小课题、阅读人文嘉年华等。

（二）传统文化课程群

表 1　传统文化课程群的三个维度

	1—6 年级	7—8 年级
修身课程（必修）	魅力剪纸、羊毛毡、民族舞、毛猴、兔爷儿、面塑、糖人、抖空竹、皮影、风筝等课程	篆刻、陶艺、京剧、脸谱、皮影戏、中国结、木板画、茶艺、中医药、烙画、扎染等课程
治学主题课程（必修）	飞花令、吟诵古诗词、礼仪、诵读、弟子规、二十四孝故事	《西游记》《水浒》《朝花夕拾》《骆驼祥子》《鲁滨逊漂流记》及名人故事等
济世课程（选修）	自然鉴赏、博物馆课程	中华传统节日、中华传统小吃等课程

（三）STEM 课程群

机器人课程、3D 打印、python 编程、物联网农业、未来太空家园、自然语言识别课程、语音识别课程、图像识别课程、表情识别与教法创新课程。

（四）学生自创课程

学生自创课程包含军事讲坛、名著解读、演讲与口才、创意制作等。

二、探索科学合理的自主课堂模式

（一）夯实基础性课程，转变课堂模式，促进课程校本化实施

◎构建新的课堂结构模式

基础性课程的实施原则是：严格落实国家课程标准，促进学生掌握基本知识、基本技能、基本方法，从而促进每个孩子的均衡发展。在学校课程建设中，始终坚持以学生发展为中心，教师由学生学习的指导者变为学生学习的策划者、组织者、促进者、引导者。在课堂教学结构的改进中，抓当前课堂教学改革热点，将微课程设计和"翻转课堂"模式引入。突破课堂教学的固有模式，实施30+X+Y的课堂教学模式，即30分钟的基础学科课堂学习，X为我校全科阅读实验项目，每节课进行5分钟左右的全科阅读活动（内容由各任课教师确定），Y为灵活机动的时间设定，各学科自行确定，可进行学科实践活动，也可以以周、月为单元进行统一安排。

◎探索主题单元学习的研究

新课程改革关注课程的主题化、综合化发展趋势，强调课程整体育人的功能和价值。因此，我们也借鉴和学习了一些先进学校的经验，把课程进行了二次研发，在小学阶段以语文单元综合性学习或单元主题学习为切入点，梳理涉及的学科，对学科知识和设计内容进行整合，统一架构。一是合并学科间知识的重复内容，二是将学科知识碎片化进行整合，同时融入传统文化元素，融入主题阅读，重建育人文化，形成我校的课程特色。每个年级每学期围绕不同主题进行研究。

表2　2018—2019学年第一学期的主题单元学习

主体学科	年级	相辅学科	主题	资源单位	课时	上课时间
语文	1	美术、品社、音乐	10月美丽的秋天；11月我爱读书；12月我爱汉字。	太平郊野园、科技馆	10	10至12月
语文	2	美术、科学	10月美丽的秋天；11月我爱读书；12月我身边的小科学。	奥体公园、首都图书馆	10	10至12月
语文	3	数学、美术、品社、科学	10月享受童年，收获金秋；11月书香漫年华，悦读伴人生；12月走进童话世界，感悟童话魅力。	香山、石景山游乐园	10	10至12月

续表

主体学科	年级	相辅学科	主题	资源单位	课时	上课时间
语文	4	美术、劳动、写字、品社、音乐	10月走进童话世界；11月保护文物古迹；12月感受人间真情。	颐和园、七彩蝶园	10	10至12月
语文	5	美术、科学、品社	10月多姿多彩的世界；11月我爱汉字；12月我心中的伟人。	奥体公园、茅盾故居、宋庆龄故居等	10	10至12月
语文	6	品社、美术、音乐	10月拥抱大自然；11月登长城激荡豪情，颂长城歌以咏志；12月轻叩诗歌大门。	滨河公园、慕田峪长城	10	10至12月
成果呈现形式：手抄报，演讲比赛，故事比赛，征文，实践活动与心得感受的交流报告。						

表3 2018—2019学年第二学期的主题单元学习内容

主体学科	年级	相辅学科	主题	资源单位	课时	上课时间
语文	1	美术、品生、音乐	多彩的春天	奥林匹克森林公园	6	4月
语文	2	美术、科学	大自然的秘密	北京科技馆、天通苑小区	8	5月
语文	3	数学、美术、品社、科学	保护环境从我做起	社区、圆明园	8	4月
语文	4	美术、劳动、品社、音乐	走进田园，热爱乡村	乡居楼、十三陵	8	5月
语文	5	美术、科学、品社	异国风情	世界果园	8	5月
语文	6	品社、美术、音乐	中华民风民俗	中华民族园	10	4月
成果呈现形式：手抄报，演讲比赛，故事比赛，征文，实践活动与心得感受的交流报告。						

（二）拓展课程的实施，满足学生全面而富有个性的发展需求

◎开设拓展必修课程，开阔学生视野，培养学生综合素养

结合我校九年一贯制学校的特点，学校开设了经典诵读课程、阅读课程。

1—9年级学生每周一节课外阅读课，以整本书阅读为主，针对学生的年龄特征开展

不同主题的阅读活动。每学期教师根据实际不断完善现有书单。

一年级：看有趣的动物——塑造善良品德。

二年级：做更好的自己——培养良好习惯。

三年级：学融洽的相处——学会与人相处。

四年级：塑健康的人格——拥有阳光心态。

五年级：感人间的真情——懂得关爱他人。

六年级：爱美丽的自然——共筑和谐家园。

七年级：探科幻世界——拓创新思维。

八年级：品百态人生——树正确三观。

九年级：看古典名著——承传统文化。

表4 课外阅读课

形式	具体实施策略
教师导读	利用每周的阅读课，教师要做到专时专用，可以导读本年级的必读书目，也可以组织学生自主阅读。在导读过程中，要加入阅读绘本的指导，阅读方法的指导以及写作方面的指导。
家长讲堂	发挥家长的职业优势，为孩子推荐图书或讲述自己的阅读故事，形成别具特点的百家讲坛，完善学校、家庭、社会三位一体的教育体系。
作家讲座	邀请知名作家为老师、学生讲述自己的创作故事，激发学生阅读的兴趣和写作兴趣。
学生交流	学生之间的分享、交流更能激发同龄人的思想碰撞，开展学生好书推荐、好书交流活动，营造班级、年级学生的阅读氛围。

经典诵读课程每周一节，使用我校老师自己编辑的校本教材，按年级定教材内容，每个年级都学习适合本年龄段的唐诗、宋词、元曲和现代诗歌，同时每个年级再加上一些其他内容：一年级诵读《三字经》和《弟子规》，二年级诵读《千字文》，三年级诵读《笠翁对韵》，四年级诵读《诗经》，五、六年级诵读《论语》，形成了很好的国学教学体系和氛围。引入了吟诵的读书方式，辅助孩子们理解文意，更激发了孩子们对国学的兴趣。

学校目前在小学一至六年级每周开设一节戏剧课，戏剧老师们按照中央戏剧学院戏剧教育系出版的《小学戏剧课堂课程教材》施教，将戏剧课堂分为形体操、戏剧游戏、戏剧故事三个板块。形体操帮助学生激活身体，避免运动伤害，同时配合音乐、念唱的形体动作提高了学生的肢体和头脑的协调能力。戏剧游戏帮助学生释放能量，培养集体主义精神，对学生的专注力、反应速度、信念感的提升有极大的帮助。戏剧故事对学生的思想引导是毋庸置疑的，老师讲戏剧故事，学生复述故事，表演故事，创编新故事。故事里有真善美，承载着一个个少年的梦想，通过戏剧故事，孩子懂得表达自己的情绪，抒发自己的情感，学会了做人做事，学会了与他人沟通，懂得怎样做一个有价值的人。根据学生的年龄特点，三个板块的学习内容难度逐渐提高。每节课后，学生都要在戏剧课堂手册上填写对自己的评价，记录课堂上值得回忆的瞬间。学年末，学校组织孩子们进行汇报演出，将一年来的学习成果进行汇报交流，接受同学和老师们的检验。每个孩子都有角色，每个孩子都有机会走上舞台。评价孩子不再是一张试卷和一支笔，汇报的过程既是考试，更是学习的良机。

◎**开设丰富多彩的选修课程，尊重师生多元发展需求**

我校的拓展性课程是在原有兴趣班或兴趣小组的基础上延伸、拓展的，补充了基础课程，并以基础课程为核心拓展了多个课程。采取打破班级限制，实行走班制的策略，让学生在快乐走班中满足个性化的学习需求，充分体现了尊重，即尊重教师的特长与个性，又尊重学生的兴趣与选择。在我们充分尊重教师和学生的多元化需求的前提下，实行师生双向选择制。2015年开始，我校采取了网上选课的方式，教师网上开课，学生自主选择，教师根据学生报名再进行筛选。这样省去了统计课程人数的时间，同时能反馈哪些课程最受学生喜欢，是否有必要及时增加班额。我校的拓展性课程在"高参小"项目的带动下，不断完善。

（三）融合性课程的实施，强调整合，强化实践

融合性课程强调学生在实践体验中学习，在生活中运用所学的知识与技能，是对基础课程与拓展课程的深度延伸，在实践中获得感悟与收获，达到知行合一的教育目的。我校的融合性课程一方面是将学校原有的校园节日（科技节、艺术节、读书节）和常态的德育活动等进行整合梳理；另一方面是同一主题引领下多学科参与，包括校园节日课程、传统节日课程、戏剧表演课程、游学实践课程、主题研究课程、学科整合课程等。

表5　2018—2019学年开展三个主题的实践活动

年段	追寻历史的足迹		享受生活的情趣		品味经典的魅力	
	小主题名称	涉及学科和资源	小主题名称	涉及学科和资源	小主题名称	涉及学科和资源
低年级	我从哪里来	语文、品社 自然博物馆	美丽的大自然	奥林匹克森林公园	学国学诵经典	语文、音乐
中年级	聆听圆明园的心声，博物馆的秘密	圆明园（语文、英语、美术），国家博物馆（语文、品社、科学）	我是种植能手	科学、语文、劳技	诗韵飘香——诵读经典古诗	语文、音乐、美术
高年级	长城——无价的瑰宝	慕田峪长城 语文、品社、美术、音乐	走进24节气	语文、品社、美术、音乐	与诗同行	语文、品社、国子监
初中	感受历史的沧桑	故宫、语文、数学、历史	多彩的生活	香山	让经典浸润心灵	语文、历史

课程体系的实施使全体教师深入领会新课改的精神，进一步更新教学理念、优化教学手段，学会学习、学会反思、学会创新，成为自主课堂实践的研究者，促进教师专业化成长，使孩子们在天通苑学校的发现之旅和成长之途中收获精彩。

三、建立促进课程发展的自主评价方式

课程评价在课程实施过程中发挥着教育导向和质量监控的作用。课程评价应根据义务教育的性质和任务，重视学生个性健康发展和人格完善，我们以尊重学生为基本前提，符合客观公正原则、全面性原则和激励性原则。

（一）考核方式

基础性课程的考试，文科增加开放性命题、开卷答题、撰写小论文等能力考核的比重；理科增加学生自主实验，创新实验的内容，增加对学生的小发明、小创造、小制作、小论文等能力评定的比重；拓展性课程注重学生的学习过程、作品创作等综合评定，使学生有更大的自我发展空间；融合性课程关注学生的参与度与主动性。

（二）评价体系

改变只看学生基础知识和基本技能考试成绩的单一评价方法，尝试用形成性评价、过程性评价和终结性评价三部分来构建综合评价体系。

（三）激励机制

1. 星级少年和感动天通苑好学生的评选。每学年每个年级评选出一名感动天通苑的好学生，为学生树立身边可亲、可敬、可学的榜样。建立符合学校办学理念和学生发展的评价项目，建立年度评价机制，每学期末学校评选文明之星、学习之星、体育之星、艺术之星、科技之星等，每班各3人。学生受到表彰奖励，积极性、主动性更强，对学生综合素质的提升和持续发展起到了极大的促进作用。

2. 优秀毕业生的评选。

评价方式：结合评价手册，以自评、生评、师评、家长评价相结合的办法进行，以平时60%+创意展示40%的形式推进。

3. 专项特长的评选。

筹划各项主题活动，为学生搭建展示的舞台，让有特长的孩子能够自信地站在属于他们的舞台展现自己的才艺。例如：在"校园好声音"的展示中，一些孩子虽然学习上不是最优秀的，但在好声音的舞台上大放异彩。

在未来，我们将重点关注课程之间的彼此衔接和内在逻辑性。在戏剧课程的引领下，调动校内教师的积极性，发挥他们的特长，借助校外教育资源将传统文化课程群不断完善和创新，打造出自己的特色。在学生自创课程中唤醒每一个孩子的天性，为学生搭建平台，提供展示的机会，让他们在天通苑学校适性成长。

（崔小青　北京市昌平区天通苑学校）

构建质量分析平台，变革课堂形态

北京市朝阳区花家地实验小学在教学质量提升方面提出了向管理要质量、向常态课堂要质量、向尊重学生差异要质量的工作目标。为了将目标落在实处，学校针对大规模办学的实际，以"评价诊断、多元推进"为实施路径，确保学生的实际获得。现将实践探索中的做法及浅显认识与大家分享。

一、构建质量分析平台，通过诊断改进教学

借助技术，构建考试分析平台，进行数据分析，诊断并改进教学管理，有快捷高效的效果。

（一）初尝利用数据诊断来改进教学的甜头

两年前期阅读专项检测后，我们将三年级学生的各项阅读能力检测均得分率与区域学校平均得分率做对比，发现在"提取信息"方面学生占优势，而在"形成解释"方面却处于较明显的劣势。于是我们针对教材中"形成解释"的训练点——梳理，对照教研员的指导，进行专题教研，明确教法，改进复习训练，结果在期末考试"形成解释"这一考点的得分率有了明显提升。

初步品尝数据分析诊断带来的甜头后，我们将此方法用于年级平行班的阅读能力点分析诊断中，根据各班能力差异进行有的放矢的复习管理指导，再次取得了显著成效。于是，我们继续开发研究质量分析系统，将复习阶段的诊断分析用于日常单元检测与教学改进。

（二）发挥数据分析平台的诊察修正作用

完善后的考试数据分析平台，针对不同人群起到了不同作用。

1.学校教学管理者的"听诊器"，诊察干预薄弱，促进校区质量均衡。

对于学校教学总体管理来说，这个考试分析平台发挥了"听诊器"的作用。打开数据页面，校区、年级、班级同比与环比，看质量发展趋势，能直接锁定弱势班级，使管理者有的放矢地进行薄弱班级追踪指导，从而达到校区间的质量均衡。

2.校区教学干部（教研组长）学科能力的"筛查器"，提高教研质量。

数据分析平台中，有考试学科各知识点的得分数据呈现，教学干部（教研组长）一下子就能看到年级学科能力每项达标情况，再针对薄弱项展开集体教研，提高了教研的实效性。

3.教师教学的"透视镜"，尊重学生差异，实现个别指导。

学科教师可以根据环比看学生学业成绩的发展变化，还可以针对本班失分高的题目锁定学困生，进行失分情况分析，从而实现教师对这部分学生的个性化指导。

二、多元推进助力课堂，提升教学效益

技术实现的是快捷统计、精准分析，而更重要的是引导教师以课堂教学为主阵地，变革教与学的方式，多措并举，提升教学效益。

（一）重构课堂教学内容，改变教师教学观念

民主、创新是花家地实验小学的文化基因。几年来，学校将价值引领与项目研究双线并举，一方面形成共同的教育愿景，一方面更新教师教学观念，提升教师研修与创新能力。

在教育新名词频出的环境下，学校始终保持清醒的认识，坐立课堂，提高质量效益。例如我们在 2018 年 12 月 5 日举行了"评价诊断，多元推进，确保学生实际获得"的市级现场会，其中展示的三组课程就是内容重构、技术助力、资源统整的实践效果检验。

表 1　实践效果检验

组别	教师	学科	年级	内容
内容重构 （学科内重构）	学科教师	语文	三	文言文《司马光》
	学科教师	语文	三	《灰雀》
	学科教师	语文	五	第六单元 第一板块整体感知（说课）
	学科教师	语文	五	第六单元 第二板块精读感悟（说课）
	学科教师	语文	五	《父母之爱》第三板块迁移拓展
	学科教师	语文	五	《父母之爱》第四板块实践运用
	学科教师	数学	六	《数与形》
	学科教师	数学	四	《问题解决》
内容重构 （跨学科重构）	学科教师	美术	四	《动态之美》
	学科教师	科学		
	学科教师	体育		
资源统整 （戏剧、绘本、 课外阅读）	学科教师	英语	五	*Duck on a Bike*
	学科教师	英语	二	*It's Christmas Day*
	学科教师	语文	五	名家名篇下的《父母之爱》写法比较
	学科教师	语文	五	名家名篇下的《父母之爱》写法运用

续 表

组别	教师	学科	年级	内容
技术助力	学科教师	语文	二	《我要的是葫芦》
	学科教师	语文	三	《掌声》
	学科教师	数学	四	《对策问题——田忌赛马》
	学科教师	数学	二	《表内乘法（二）解决问题》
	学科教师	音乐	五	《花蛤蟆》

内容重构组既有学科内的内容重构，也有跨学科主题的内容重构。学科内的内容重构以语文单元整体教学的实践研究为主要内容。单元整体教学围绕单元教学核心目标，前后勾连，一以贯之，分成"单元整体感知—精读感悟—迁移拓展阅读—探究实践"四个板块。这样既注重基础能力，又实现深度学习，为语文学科核心素养奠基。技术助力运用"电子书包""点触笔"等技术增强教学过程的互动与反馈。资源统整，则是戏剧元素、绘本等资源在学科教学中的统整运用。

（二）注重高阶思维培养，夯实学科核心素养

学校还注重开阔教师的视野，进行合作学习范式、知识深度体系（DOK，Depth of Knowledge）等培训，引导教师在注重识记、理解、应用等基础思维能力培养的同时，注重分析、评价、创造等高阶能力的培养，切实夯实学科核心素养，为培养适应未来发展的社会建设者奠基。

（三）强化课堂教学评估，注重学生实际获得

课堂上，教师经常采取表现性评价，直接显现教学过程中的收获。不仅如此，在合作学习项目研究的过程中，教师们深切体会到学生在合作小组中的责任、向同伴学到的智慧等评价，对于学生实际获得有实证评价作用。因此，教师注重合作评价量表的制定，在此基础上，进行课堂教学评估，既评目标又评方法策略、学科特色，将评价的视角向学科素养评估转化（示例如下）。

表2 英语学科课堂教学评价

评价要素	评价对象	评价内容	自评	伙伴评
学习目标	学生	当堂能运用 How long does it take to get to...? It takes more than...by... 及以往相关知识简单介绍自己的出行计划。	☆☆☆	☆☆☆
合作	学生	1.努力为小组达成任务做出自己的贡献； 2.感受到了来自伙伴的帮助或帮助了同伴。	☆☆☆	☆☆☆
学科习惯（表达）	学生	1.声音洪亮，肢体、神态辅助表达，有目光交流； 2.持续、连贯地表达，具有一定的逻辑性。	☆☆☆	☆☆☆

续　表

评价要素	评价对象	评价内容	自评	伙伴评
学科特色（语言训练的有效性）	教师	1. 朗读功能句型语音正确、语调优美； 2. 运用功能句型恰当、得体。		☆☆☆

三、反思与改进问题，指向核心素养育人

针对这一阶段的探索，我们发现观念转变是前提，开阔视野是手段，定准目标是关键，反思改进促提升，强化评价保落实。

今后，我们还要进一步完善数据分析系统，使之能更精准地诊断问题，进一步提升教学管理效益。同时继续将课堂发展作为学生高阶思维的主阵地，将统整资源作为多层次供给的渠道，将过程诊断评估作为改进教学的依据，多元推进，切实保障学生的实际获得，为学生核心素养的养成奠基。

（安海霞　北京市朝阳区花家地实验小学）

学校课程一体化建设与自主课堂实践

2015年,《北京市实施教育部〈义务教育课程设置实验方案〉的课程计划》出台,指出:要关注课程的整体育人功能以及学科内、学科间的联系与整合,加强综合实践活动课程的开发与实施,大力培育和践行社会主义核心价值观。这要求我们要将冗杂、分散、孤立、脱节的课程要素,以合理的手段整合为关系密切、结构协调的有机整体,最终表现出课程理念的统一性、课程体系的有机性、课程实践的整体性的课程运行形式。那么,如何才能将学校课程一体化实施?这需要我们结合学校课程建设的实际,找准一体化整合实施的契合点,才能有效实施,才能引导教师在课堂上实现最大程度的自主教学。

一、进行"六三三"一体化课程构建,实现整体育人

北京市石景山区爱乐实验小学原有开发的"礼、乐、射、御、书、数"六艺校本课程就是想借助对传统教育思想的梳理,让学校课程有一种文化的韵味,从而实现文化育人。但是,我们觉得三级课程并没有真正打通融合,还没有形成课程的一体化。于是,我们在学校原有课程框架建构的基础上,基于"六艺",从这六个维度来重新建构学校课程,实现六艺课程的育人目标。

表1 六艺课程课程目标和核心点

领域	课程目标	核心点
礼	原指礼法,现指德育,"不学礼无以立",学礼使学生懂得符合社会整体利益的行为规范并进行内化,形成良好的礼仪习惯,开发他们的潜能,发展他们的个性特长,增强学生的道德意识,形成优良的道德品质,从而促进学生自身的健康发展,提高学生的综合素质。	行为规范 礼仪习惯 道德品质 身心健康
乐	原指乐舞,现指美育,指培养学生认识美、爱好美和创造美的能力。通过掌握艺术技能和各种有效的艺术实践活动,培养学生爱好艺术的情趣,发展学生的鉴赏能力、表现能力、观察能力、想象能力和创造能力等,提高学生的艺术素养,丰富情感体验,陶冶高尚情操,形成良好的审美情趣和审美观念,使学生热爱民族文化。	艺术技能 艺术修养 情感体验 学会审美
射	原指射箭,现指体育运动,强调身心健康发展,提高学生体育文化和健康素养,为学生终身锻炼身体和保持健康奠定基础。能够根据自身特点,掌握适应终身体育和健康生活需要的基础知识、基本技能和方法;提高自主学习体育与健康知识和方法的能力;形成敢于迎接挑战的积极态度和坚强的意志品质;具有适应未来发展需要的健康体魄;初步具备规划健康人生的能力。	基本技能 健康体魄 意志品质 珍爱生命

续表

领域	课程目标	核心点
御	原指驾车，现指动手实践能力与科技创新。通过科技教育的实施，使学生能够主动地探索发现，了解科学探究的过程与方法，养成善于思考、善于发现的好习惯。激发学生的好奇心和求知欲，敢于大胆想象与猜测，培养创新精神以及严谨的科学态度，使学生树立"热爱科学、相信科学、尊重科学和依靠科学"的思想，培养学生批判、怀疑和创新的主体精神。	动手操作 善于发现 勇于质疑 实践创新
书	原指书法，现指书写、识字、文字，是关于记述能力的学问与人文素养的提升，强调学识与精神的修养。在系列课程的学习中，使学生获得人类优秀的人文知识成果及其所蕴含的价值观念、审美情感和思维方式等，内化为受教育者良好的道德品格、气质修养，增强文化自信，培养家国情怀与国际视野。	人文积淀 人文情怀 国家认同 国际视野
数	原指算数，现指智育，是关于思维发展的学问。基本出发点是促进学生全面、持续、和谐的发展。学生从已有生活经验出发，结合数学自身特点，将亲身经历的实际问题抽象成数学模型，并能进行解释应用的能力，培养思维能力，表达能力，还要注重情感态度与价值观的培养。	数学技能 数学思想 思维表达 实际应用

基于对"六艺"的传统认识，我们结合当今社会对未来人才发展的需求，对"六艺"课程目标进行重新定位，赋予新的内涵，促进学生全面发展。我们还从国家课程、地方课程和校本课程三个层面按照"六艺"体系整体打通梳理，让文化的主线贯穿三级课程的整体，让文化育人贯穿教学的始终。我们希望通过丰富的课程将学生从全面发展引向尊重学生个性的自由发展，从而培养出求真、向善、至美的人。

二、穿越边界，推进学校课程一体化的深度实施，实现教学自主

穿越课程学科的边界，需要我们站在课程的制高点，为学生创设更开放、灵活、可选择的课程空间，并努力通过教与学的深度变革来实现，更好地推进学校课程的一体化实施。

（一）夯实国家课程，开展基础性学习，实现横向整合
◎创设生本文化，夯实国家课程

学校2009年与中央音乐学院合作开展"让音乐教育促进孩子全面健康发展"的课题研究，由此受到启发，开始构建"参与、体验、合作、创造"的生本课堂教学模式，将以学论教的教学思想贯穿在每节课中，并从四个维度进行细化，制定出了爱乐生本课堂补充评价标准。

表2　爱乐实验小学"以学论教"生本课堂教学评价标准（试行）

_____学校_____学科_____年级_____教师_____课题

评价方面	评价要点	分值			
		A 10—9	B 8—7	C 6—5	D 5分以下
参与 30分	1. 学生学习注意力集中，学习兴趣较浓厚。				
	2. 大多数学生认真思考，积极回答问题。				
	3. 积极参与讨论，善于发表见解。				
体验 20分	4. 学生在课堂中有角色体验的兴趣，并积极参与。				
	5. 有探究愿望，能带着问题去学习。				
合作 30分	6. 认真倾听他人见解。				
	7. 尽自己的努力做到最好，提出自己的意见。				
	8. 为同学鼓劲加油，对自己充满信心。				
创造 20分	9. 学生有自主学习的习惯。				
	10. 能够提出具有思考价值的问题，并创造性地解决。				
总分 合计 100分	A：85分以上　B：84—70分　C：60—69分 D：59分以下				
总体 评价					评价人：

在构建生本课堂的改进行动中，"爱乐教育"思想深入教师头脑。老师们的教学观念发生了根本性的转变——他们不再只关注自己该怎么教，而是更关注该采取什么样的方式引导学生高度地参与、密集地体验、有效地合作、灵动地创造。

◎调序合并内容，实现学科内部再创造

我们认为，学校作为落实课程的重要组织，不能只依照教材编排和上级安排进行课程实施，更应该结合现有的教材和学生实际，对照课程目标进行内容的调序合并，从而进行有效的改进和创造，创建实效课堂。

我们先期以语文学科为引领，开始进行摸索。我们通观小学阶段语文教材，按照文体进行整体梳理、分类，在进行相同文体教学时，就能统观小学各学段教学内容，实现教学的统整，不仅有效完成教学任务，突破难点，更增加了课堂的"含金量"。

其实，其他学科也是如此，都需要我们这样梳理、整合教材内容，真正将减负增效落实到位。

◎突破学科壁垒，达成横向整合

新课程的实施为学科间的整合提供了更为广阔的空间，我们就以学科知识的交汇点为突破口进行有效整合。

（二）灵活落实地方、校本课程，开展拓展性学习，实现纵向整合

学校采用专人专时，采用长短课、大小课、学科整合等方式落实（学时安排表），并借助课题研究深化学科整合。

◎围绕"六艺"开发教材，丰富课程资源

学校课程需要灵动创新，需要准确定位、突出特色，校本课程，我们从学生的兴趣出发，结合学校自身特色，围绕六艺构建校本课程体系，分为六艺必修课程、活动选修和限选课程。我们期望学生能够在文武兼备、知能兼求中达成求真、向善、至美的培养目标，以此促进爱乐学子德、智、体、美、劳的全面发展。

◎增补提效，跨越三级课程边界，进行拓展性学习

所谓的增补，就是针对新课标的要求在教学之中增补有效的教学内容，这就需要我们跨越三级课程的边界，将拓展性学习的内容有效地融入基础性学习中，进一步推进课程建设一体化的落实，实现纵向整合。

以语文学科为例，语文课标要求学生阅读文字总量不少于145万字，而在实践中，我们的学生还远远没有达到。阅读是语文学科承载的主要任务，于是我们分学段开发诵读系列校本教材，属于"书"一类。再结合区域经典诵读书目，与语文学科配合使用。其中，经典原文美文、唐诗宋词、中外诗歌都为学生提供了高品位的阅读材料，成为学生课内外阅读的重要读本。增补的这部分内容，既保障了国家课程的有效实施，也为学生的健康发展提供了充足的精神营养。

◎科研引领，课题带动，促进多角度整合

学校借助科研课题全面带动国家课程和地方课程的整合。学校已经立项的市级课题"古诗文教学有效策略的研究"和"国家课程与优秀传统文化一体化"研究就将国家课程与地方课程进行整合，老师们从方法的融合、内容的融合、精神的融合进行探索，找准基础课程和地方课程内在的统一性和融合的可能性，有序推进以文化为主线的三级课程建设。

（三）创新研究性学习，实现深度全方位融合

学校基于师生的兴趣与需要，在实践中逐渐形成"玩具文化""种植文化""中医药文化""桑蚕文化""建筑文化"和"西山文化"动手实践系列课程，本课程贯穿于学生小学六年的学习生活，成为学校"御"的一部分，是指导师生开展学科实践活动的主题性课程教材。每一套教材分为实践册和文化册：实践册重在记载学生实践过程中的研究记录与收获，培养学生科学探索精神与创新意识，重在体验、动手、探究；文化册则将学习范围延伸至与之相关联的其他领域，以丰厚学生的文化底蕴，并渗透传统文化教育。

三、创设无声课程，与显性课程相得益彰，最大限度发挥育人功能

让校园环境课程化，以实现学校课程育人的最大化。所以我们将校园文化作为一门课程来积极推进，让校园的每一块墙壁都"说话"，让每处环境都育人，体现"润物细无声"的"浸透式"教育。

基于环境育人的目的，学校开发了校本教材《爱乐文化志》，使得校园文化这本无声的教材有了依托，爱乐小使者通过学习，并为我们的家长、来宾宣讲，使得学校的办学思想得到认同。校园文化于无声处显功效，与显性课程相得益彰，让爱乐人在不经意驻足间也能获得文化的润泽。

《易经》中有这样一句话："观乎人文以化成天下。"人文精神乃立国之本，作为教育者应当本着"人本"理念，强化文化育人，在文化的滋养下，让我们的三级课程形成一个融合的整体，有序推进；让我们的课堂更为开放，实现课堂学习的高度自主；让我们的孩子成为求真、向善、至美的人。我们努力行走在路上！

（刘晓群　张洁　北京市石景山区爱乐实验小学）

改进在日常,自主促超越

北京市通州区后南仓小学始建于1903年,今年建校已经117年。2013年被北京市教委命名为"百年学校"。"一所学校是要有精神的,尤其是百年学校。要时刻清楚自己是谁,在哪儿,要到哪里去!"回眸学校百年发展历史,展望学校美好未来,我们采取研读资料、走访调研、教师座谈、集体确定等方式,挖掘提炼了"求真·务实·超越"的学校精神——百年精神。

表1 百年精神

要素	内涵
求真	品行端正,学做真人;立德树人,教人求真;尊重科学,追求真理。
务实	实事求是,诚实担当;严谨治学,脚踏实地;勤于实践,笃行致知。
超越	锐意进取,开拓创新;善于研究,精益求精;不断改进,追求卓越。

百年精神,是对过去工作的提炼总结,更是对未来工作的引领!

一、整体构建创新学校,促进学校教育高质量发展

提升学校发展的生长力,就是要借助专业引领,唤醒学校主体意识和精神,转变学校思维方式,增强学校变革能力,拓展学校的发展空间。近几年,我们的提升策略是——UDS(University 大学,District 地方,school 学校)伴飞引领生长,传承发扬续力生长,管理变革自觉生长,改进日常持续生长,开放办学激活生长,家校合力催动生长。

(一) UDS 伴飞引领生长

三年来,学校在UDS的引领下不断进步。项目组组织的工作坊研修、校长沙龙、主题培训、专题研讨、校园走访、案例故事评优等系列活动,激活了我校干部、教师尘封已久的心灵,他们学会了在相互参看中学习,在自我反思中成长。

(二) 传承发扬续力生长

百年后小的发展是历代干部、教师努力奋斗的结果。学校精神靠代代后小人来传承。今天的发展一定在传承的基础上进行。三代德高望重的老校长是后小的功臣,各级校友的建议是我们的财富,多位从后小走出的研修专家是学校发展的专业领航。在他们的助力下,今天的后小人定会将"求真·务实·超越"的百年精神发扬光大。

(三) 管理变革自觉生长

自上而下,管理先行。人人争做"成事、成人、成己"三位一体的好干部。成事,从

三划入手，所有工作按项目制管理，每位干部主动承责，人人主持策划，追求活动创新。策划活动让干部迅速成长，一直以来固有的思维模式被打破，一项项精彩的活动呈现给师生。干部的改变带来的是教师的改变，是学校的改变。

（四）改进日常持续生长

依托一些小而实的载体和抓手，致力于"三微"行动，重构与优化教师的日常生活。学校五节、升旗仪式、开学典礼、会议召开中的固化模式被打破，"教师走上前台的教师大会""今年我们这样做总结""人人都是后小星教师""学校三划中有我""让故事在校园流传"，每次活动精彩不同，精彩不断。

（五）开放办学激活生长

三年来，我们多次走进通州区域内、市级范围内伙伴校，走进京津冀共同体学校，走进成都全国自主教育主题峰会，参加全国课堂教学及说课比赛，走进重庆上桥南开小学感悟"万物启蒙课程"的魅力。我们把各级专家请进来，把知名学者请进来，把国际友人请进来，激活了我们的思维，拓宽了我们再度发展的视野。

（六）家校合力催动生长

家长的合力不可或缺，校门口护苗团的家长义工们风雨无阻地护送着孩子们，开放课堂上有家长们认真聆听的身影，校园"五节活动"中有家长们的精心策划与风采展示，历届家委会上家长代表们为促进学校工作出谋划策，独具特色的家长课程更是吸引着每一个孩子……变革在悄然发生。

多种策略的实施，促进了学校生长力的提升，学校发展有了方向，教师工作有了动力，学校办学质量不断提升。

二、打造特色"三我"教育体系

围绕科技教育的办学特色，我们提出"我发现·我实验·我创造"的科技教育"三我"核心理念，将我校科教特色发展推进到第三阶段。在"三我"理念引领下，以"为了每一个孩子的发展"为课程建构愿景建立3.0版"智慧"课程体系，再到建立2018年8月4.0版"三我"端蒙课程体系——秉承"以学生为中心"的办学理念，把每一个孩子放在学校的中央；以"蒙以养正"为宗旨，以创新精神为重点，以"我发现·我实验·我创造"为路径指导，以培养"三我"品质，全面发展，快乐成长的智慧少年为培养目标，开展"三我"端蒙课程的实践探索。可以说，我们的课程体系在不断生长。

（一）构建"三我"端蒙课程体系

"三我"端蒙课程体系，包含课程教学目标、教学内容、教学方法、教学评价四个维度。"三我"端蒙课程以"我善发现，我勤实验，我敢创造"为具体表现，以"尊天性，养德性；尊人性，养个性；尊本性，养本性，养习性；尊知性，养智性"为原则，以保护学生的好奇心为第一要义，设立低、中、高三学段的教学目标；以六条主线为教学内容；以课堂教学法、文化研学法、实践活动践行法为方法实施；以标准性评价、过程性评价、表现性评价来评价教学。如下图所示：

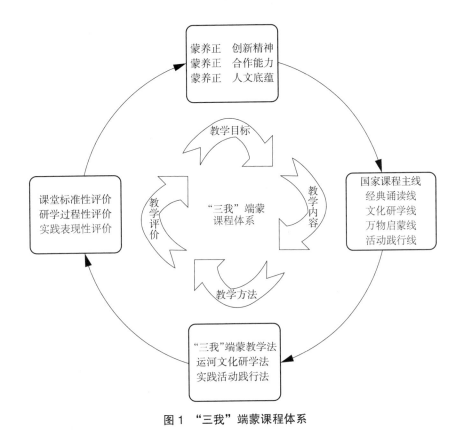

图1 "三我"端蒙课程体系

(二)构建"三我"端蒙课程体系的教学目标

"三我"端蒙课程体系以保护学生的好奇心为第一要义,设立低、中、高三个学段"启蒙—发蒙—开蒙"的教学目标。

低、中、高三个学段分别以"兴趣第一""实验探索""合作创新"为三学段的学生发展目标。三阶段目标呈现依次递进关系,学习过程中又呈现螺旋跃进式发展。低阶段目标是高一阶段的基础,高阶段又是低阶段的发展,三个学段相互依存,拾级而上。与此同时,每一阶段又以一个核心为基础,向外扩展发展。如下图所示:

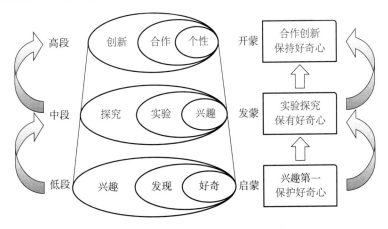

图2 "三我"端蒙课程教学目标递进图

低年级以好奇心为出发点，以"发现问题—形成情境兴趣"为落脚点，保护好奇心。

中年级以个人兴趣为起点，以"实践活动—主动探究"为着力点，保有好奇心。

高年级以个性发展为基础，以"合作研究—敢于创新"为发展点，保持好奇心。

（三）构建"三我"端蒙课程体系的教学内容

"三我"端蒙课程体系，以人的发展为核心，设立了明德、启智、健体、习劳、审美、育心六大类课程，六大类课程又由六线支撑，即国家课程为主线，同时设置经典诵读线、运河文化研学线、万物启蒙线、五大主题活动节日线、社团践行线等辅助线，六线成纲，构成"三我"端蒙课程内容体系。如下表所示：

表2 "三我"端蒙课程的内容体系

类别＼年段及项目	低年级段（侧重我发现）	中年级段（侧重我实验）	高年级段（侧重我创造）
	我发现·我实验·我创造		
明德类	《道德与法治》； 《弟子规》诵读课程； 美德节之习养课程； 讲运河故事系列。	《道德与法治》； 《三字经》《声律启蒙》诵读课程； 美德节之社区服务课程； 读《运河诗抄》。	《道德与法治》； 《论语》《中国古典诗词鉴赏》诵读课程； 美德节之美剧创编； 传运河精神系列。
启智类	国家课程； 24节气与民俗节日； 学校生物馆·植物考察； 家乡野菜品种与药用价值； 科技节之船模大赛； 跟着运河去看桥； 跟着运河去寻船； 万物启蒙·茶文化； 卡通科学社团。	国家课程； 24节气中的物候观察； 学校生物馆·动物探秘； 家乡野菜种植与市场开发； 科技节之车模大赛； 跟着运河访书院； 跟着运河走古镇； 万物启蒙·建筑文化； 创客社团课程。	国家课程； 24节气与历法探究； 科技工作坊·创作； 濒临灭绝野菜调查与拯救； 科技节之舰模大赛； 跟着运河去寻仓； 跟着运河寻漕运科技； 万物启蒙·玉文化； 机器人社团课程。
健体类	体育课程； 运河传统体育项目系列； 体育节之田径大赛； 舞蹈社团课程； 日日练健体系列课程（三个一）。	体育课程； 运河传统体育项目系列； 体育节之篮球大赛； 对弈社团课程； 日日练健体系列课程（三个一）。	体育课程； 运河传统体育项目系列； 体育节之足球比赛； 武术社团课程； 日日练健体系列课程（三个一）。
习劳类	《劳动与技术》； 运河研学·风车制作； 习劳日日做系列课程（"五个一"系列）： 整理一次书包， 检查一遍作业， 洗净一双袜子， 端上一杯茶， 问一次晚安。	《劳动与技术》； 运河研学·面人制作； 习劳日日做系列课程（"五个一"系列）： 清理一遍书桌， 墩一次地， 收拾一次餐桌， 倾倒一次垃圾， 诵读一篇经典。	《劳动与技术》； 运河研学·景泰蓝工艺； 习劳日日做系列课程（"五个一"系列）： 反思一天的学习内容， 承担一项家务劳动， 做一件帮助别人的好事， 做一次预习工作， 诵读一段经典。

续 表

年段及项目 类别	低年级段（侧重我发现）	中年级段（侧重我实验）	高年级段（侧重我创造）
	我发现·我实验·我创造		
审美类	美术、音乐课程； 运河研学·运河号子与运河美食； 日常礼仪； 万物课程·中国乐器之美。	美术、音乐课程； 运河研学·运河历史与运河名人； 中国古代服饰礼仪； 万物课程·礼器之美。	美术、音乐课程； 运河研学·运河革命烽火； 君子相交礼仪； 万物课程·传统建筑之美。
育心类	心理辅导课程； 读书节之绘本阅读； 万物课程·汉字之美； 生命课程。	心理辅导课程； 读书节之经典阅读； 万物课程·书法之美； 生长课程。	心理辅导课程； 读书节之经典阅读； 万物课程·汉字大美； 乐群合作共享课程。

"三我"端蒙课程体系，分为"明德，启智，健体，习劳，审美，育心"六大领域的课程，它是国家基础类课程、地方拓展类课程和学校特色提升类课程的融通与整合。

课堂更是学校文化建设的核心、枢纽和载体。我校"三我"课堂文化的提出基于建构主义、多元智能、"做中学"等理论，基于"培养具有实践能力和创新精神的人"的课改核心理念，它的内核是促进学生全面发展与健康成长，由"教师的教为中心"转变为"学生的学为中心"，注重学生的实际获得。

在"求真·务实·超越"百年精神的引领下，我们立足本校原有基础，不断丰富"三我课堂的内涵"，我们的理解也在不断生长，从"基础性、情感性、灵动性、启迪性、共生性"的三我智慧课堂特征的明确，到"学前自主探究发现—课中小组互动交流—人人参与多元实践—反馈巩固引导点拨—适度拓展不断提升"课堂教学模式的建构，再到每个环节中采用相应的教学策略和方法的提倡，以突出让课堂成为学生自主探究、多元实践、合作创新的主阵地，我们不断探讨着。

2017年始，我校将"三我"智慧课堂要求更为具象化，提出"五每三转化"要求，即课堂上让"每一个学生都有学习兴趣，每一个学生都有学习活动，每一个学生都受到关注，每一个学生都有机会，每一个学生都得到发展"的教学理念，实现"将内容转化为问题，将讲授转化为探究，将结果转化为共识"的教学路径，突出"三我"理念，从而实现"三我"智慧课堂教学的转型增效。

而后总结出"三我"端蒙课堂教学法。具体如图3所示。

通过"共研教学策略、融通教学内容、拓展课堂外延、赛课展现活力和干部切实做好课堂观察"等策略有效组织课堂实施，促进课堂教学品质不断提升。

三、注重获得，创设学生喜欢的人文校园

小学六年，是孩子们人生中一段非常重要的时光，如何让孩子们喜欢学校，喜欢学习，让他们在这里度过六年愉快而有意义的童年生活，"建设以学生为中心的学校"的项

目理念给予我们深刻的启发。

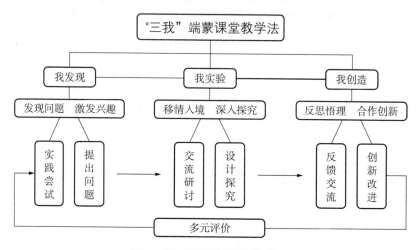

图3 "三我"端蒙课堂教学法

"致力于改变，改进在日常""学校因规划而长远，工作因计划而扎实，生活因策划而精彩"的发展理念让我们真正行走在改进之路上。学校所有活动均体现"注重策划，寻求创新，突出整合，保证实效"原则，精彩的策划不仅助推计划的落实，更是激活干部管理智慧的源泉。

（一）主动认领，激发干部、教师的策划热情

学校要有丰富的校本课程体系，如五大节日课程，入学季、毕业季课程，社团课程与万物启蒙系列课程等等，每项活动、课程，要想开展得有效果，学生受益，都需要精彩的策划。学期初，学校罗列出各项活动课程，各部门领导主动请缨，遵循"让策划走基层"原则，组织本部门教师参与学校工作策划，从而释放教师的能量，提升策划力和执行力，使学校教学及整体工作达到最佳水平。经过精心策划的活动打破了传统形式，不断创新、超越，师生同在多彩的活动中成长。

（二）以学生为中心，让每一个孩子都能获得

"为每一个孩子的智慧人生奠基"是一种科学的办学思想。教育教学活动中，要遵循"为了每一个，成长每一个，绽放每一个"的原则，尊重每一个孩子，给每一个孩子机会，让每个孩子都得到发展。课堂上学校践行"五每三转化"要求；学生活动中，要求人人参与、个个上台。学校的所有活动都做到尊重学生主体性，力求体现"学校大事我建言，我的课程我做主"，确保每一个孩子的实际获得，让学生在充满人文氛围的快乐环境中成长。

（崔淑仙　北京市通州区后南仓小学）

教育即指引

福南小学是一个由143位教师组成的大家庭。他们担负着全校2575名学生的教学及管理工作。在邱坤彬校长的领导下,全校教师一直致力于"指南针"课程体系的探讨与构建。尤其在近一年来,课程体系框架得以完善,取得了一些更具创造性的成果。

学校提出,课程体系的构建要从"培养什么样的人"这一根本问题出发。福南小学一直秉承"自主学习,创新意识,幸福成长"的培养理念,致力于培养一批"会学习,懂生活,具有创新意识"的新时代少年。

基于这一培养目标,学校提出学生发展的六大核心素养,分别是:人文素养,身心素养,艺术素养,国际素养,道德素养,科学素养。提出核心素养的最终目的是指引学生的未来发展。

人文素养	身心素养	艺术素养
具备语文、历史及经济的基本素养,并将同理心应用在生活与人际沟通中。	具备良好的生活习惯,促进身心全面发展,并认识自我,发展生命潜能。	具备艺术创作与欣赏的基本能力,促进多元感官的发展,培养生活中的美感体验。
国际素养	道德素养	科学素养
具备国际意识,关注全球信息,并认识与包容文化的多元性。	具备生活道德知识,判断是非能力,理解遵守社会道德规范,培养公民意识。	具备数学、科技与信息应用的素养,并理解各类媒体内容的意义与影响。

图1 六大核心素养解析概要

教育即指引,基于六大核心素养,学校积极搭建"指南针"课程体系框架。联系"指南针"这一中国传统文化符号,给予"指南针"课程体系更加生动鲜明的描述,同时也为课程评价系统的建立奠定了坚实的基础。整个指南针课程体系框架分为四个板块:课程结构、课程开发、课程实施与课程评价。

一、课程结构

"指南针"课程的结构划分,仍然遵循以国家(地方)课程为主体,校本化课程辅助建设的基本原则。其基本可分为三个部分：国家（地方）课程，拓展选修课程与天赋优势课程。

（一）国家（地方）课程

在国家（地方）课程的开设方面，福南小学严格按照国家教育部的要求，做到开全开足，在师资配备与硬件资源方面都给予最大力度的支持。福南小学基于"学生人数多，硬件设施紧张"的实际情况，本着让更多学生受益的原则，以"学科主题月实践活动"作为国家课程校本化的开展模式。

图2　国家（地方）课程

（二）拓展选修课程

近80门拓展选修课程，覆盖六大核心素养，面向六个年级所有学生开设。学生们可以自由选择、参加自己喜欢的课程。其中，道德素养方面，学校遵循德育培养原则，把升旗仪式、主题班会、道德讲座等活动作为道德素养培养课程。

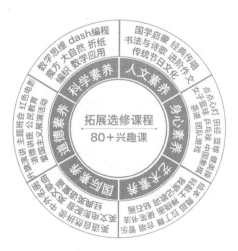

图3　拓展选修课程

（三）天赋优势课程

由于社团课程往往是几种素养培养相结合，又考虑到学生的特长发展需要，因此将"天赋优势课程"重新划分为四大类社团课程：运动与竞技、语言与交流、艺术与审美、科学与智造。

图 4　天赋优势课程

根据教育部发布的《2019年度面向中小学生的全国性竞赛活动的通知》，明显看出国家对小学阶段科技素养与艺术素养的重视程度，以及对创新意识提高的迫切需要，我校的校本课程开设也着重向这两个方面发展。

总之，"指南针"课程结构的建立，为六大素养课程做出了预期规划，为福南小学的未来课程发展起到了指引作用。

二、课程开发

我校的课程开发与设计基于三个原则：符合学生发展的需要，最大限度地利用学校课程资源；整合学校的课程资源，对学校的所有资源进行重新评估；依据六大课程素养，均衡发展六大课程素养。

（一）学生发展需要

"指南针"课程的开发与设计，一定要基于学生的发展需要，一定以"学生期盼并需要"为开发原则。采用"课程前期宣传＋选课调查问卷"的形式，对学生需求进行全面的调查访谈。

调查问卷主要针对个体学习愿望，如：希望掌握哪方面的知识或技能；喜欢通过什么样的形式学习；愿意以什么样的考核形式来检测学习效果等。具体见图5。

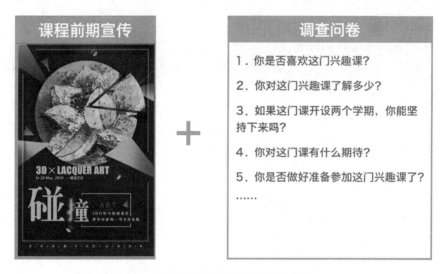

图 5　课程前期宣传与选课调查问卷

（二）学校课程资源

学校课程资源分为校内资源和校外资源。校内资源主要是从教师知识技能和学校硬件资源两部分考虑，目的是达到课程开发可行性条件。校外资源主要是借助社会和学生家长，目的是营造"学校—家庭—社会"三位一体的课程开发环境。

按规定，开发设计完成的课程，要提交课程申报材料，其中包括：学科主题月实践活动方案，学校教师自主开发的课程以及校外购买课程服务。具体见图6。

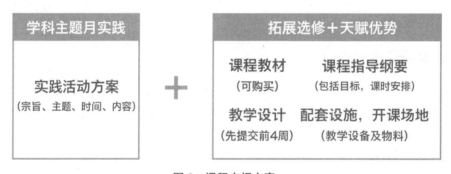

图 6　课程申报方案

（三）均衡六大素养课程比重

课程开发的过程中，也要考虑六大素养课程的比重问题。一般来说，在校教师通常都会根据自己熟悉的技能开设活动类课程，如手工编织课、马克笔绘画……往往会忽视从学生发展需要的智能角度开发课程，如空间想象力、逻辑思维能力等。因此，课程开发的均衡性尤为重要，这样才能让"指南针"课程得以全面均衡发展。

三、课程实施

课程实施分为两个部分：课程实施管理与课程实施保障。

图 7　课程实施方案

（一）课程实施管理

学校针对"课程实施管理"建立三级管理模式。首先，校长作为课程领导的主体，提出课程的顶端设计理念；其次，课程开发管理中心负责组织实施；最后，年级及学科组承担更为具体的教学工作。

图 8　课程实施管理方案

（二）课程实施保障

课程实施保障方面主要分为两部分：提高教师课程意识和能力；建立"专家—教师"学习共同体，提高教师课程专业能力。

四、课程评价

课程评价是整个课程体系性最为关键的部分，因为这部分直接关系着培养目标与办学理念的提出。课程评价分为两部分：对课程的评价，对学生的评价。

（一）对课程的评价

课程评价方面，学校建立了三大课程实施评价模块：

（1）开发方案评价模块；

（2）实施过程评价模块；

（3）实施效果评价模块。

三大模块对课程从开发到实施做出整体把握与评价。

开发方案评价	实施过程评价	实施效果评价
课程开发方案审核表	实施过程评价表	实施效果调查表
1．符合学校的培养目标 2．符合师生需求及兴趣 ……	1．教学实施前的准备工作 2．教学实施中的观察反思 ……	1．学生学习成效 2．教师专业成长 ……

图 9　课程实施评价模块

（二）对学生的评价

对学生的评价是整个课程体系建设最为关键的部分，包括三部分：

（1）确立表现性评价方式；

（2）规范学生评价层级；

（3）建立学生核心素养评价分析系统。

表 1　学生评价层级标准

层级	体验性目标达成	知识学习水平达成	技能学习水平达成
良好	经历	了解	模仿
优秀	反应	理解	独立操作
卓越	领悟	应用	迁移

学校确立"表现性评价方式"为主要评价方式，其重在考查学生将知识、理解转化为实际行动的能力或使用知识解决问题的能力。

学校计划建立学生评价层级标准，分为良好、优秀、卓越三个层级，而这一层级的划分，应当从课程开发设计阶段就要制定完成。进而依据学生的课程评价结果汇总数据，建立"学生核心素养评价分析报告"，为学生六年来的品格与智能培养提出量化的指引建议，这才是"指南针"课程体系的核心目标。

表 2　学生核心素养评价分析报告（示例）

年级	主题活动&选课	评价
二年级	数学周活动	卓越
三年级	英语活动周	优秀
三年级	初级魔方课程	卓越
四年级	高级魔方课程	优秀
四年级	科技周活动	优秀
……	……	……

未来三年，"指南针"课程体系将更加完善，我们着眼于现有情况，已经提出近十条改进建议，而且将结合"智慧校园"建设，组建一个完整的"学生—课程—教师—学校"四位一体的智能系统构架，力求让"指南针"课程指引学生全面发展。

（邱坤彬　周轶　邓映红　深圳市福田区福南小学）

一路阳光，一路绽放

——成都高新新源学校"向阳花课程"的建设与实施

成都高新新源学校在"立德树人"根本任务的指导下，依托办学十年来所积累的教育资源优势，在"养正日新，厚源致远"的学校核心理念的指引下，指向"培养'品学兼修、尚美乐创'的向阳花学生"的育人目标和"创建品质优秀，活力绽放的九年一贯制创新型学校"的办学目标，基于培育向阳花学生，发展向阳花教师，打造学校向阳花教育特色的课程愿景。以课程统筹建设为突破口，以课程深度引领为立足点，以课程科学评价作保障机制，积极开展基于学生核心素养的校本课程规划、国家课程校本化实施和课程评价活动，不断深化课程改革，倾力打造具有高新特色的"向阳花教育"。

一、加强课程统筹建设，确立课程建设新格局

推进学校课程建设是落实立德树人根本任务的重要举措，也是实现教育高质量发展的必然途径。为实现课程建设的转型与升级，我校将"课程领导力"放在学校发展的第一位，逐步推进学校课程的整体优化。

（一）整体规划，统筹推进

◎梳理成果，聚合资源

经过八年的发展，我校积累了丰富的课程研究经验，课程建设经历了两个阶段：一是开发了大量的校本课程，二是在此基础上形成了多个特色课程。这些课程都有机地渗透在学校教育之中。

我校在聚合已有课程门类的基础上，开发整合学校教育资源，优化完善课程实施途径，深度挖掘自身办学潜能，充分发挥社会优质教育资源的效用，并借鉴区内外课程改革先进学校的经验，规划设计、统整建构学校课程体系。

◎聚焦核心，明确任务

我校从教育整体层面，立足把课程建设与特色培育、队伍建设、文化发展有机统筹融合，提升学校发展内涵，满足学生个性化、多元化发展的需求，真正体现"养正日新、厚源致远"的学校核心理念。明确了"向阳花课程建设"的主要任务：致力课程理论学习，提升学校的课程领导力；发挥专业人员作用，加强课程建设的指导力；统筹利用课程资源，夯实课程建设的基础力；有效推行课程评价，提升课程建设的发展力。

◎设计路径，绘制蓝图

我校研制出《"向阳花课程"规划与实施方案》，确立了统筹国家、地方、学校三级课程，探索向阳花课程"花之根——国家基础课程""花之干——校本课程：校本德育课程、校本拓展课程、校本实践课程"建设的路径。

（二）校本实施，多元呈现

我校在逐步建立和完善"向阳花课程"体系的基础上，不断引领课程建设向纵深推进，学校建构起设计完整、门类丰富、目标明确的国家课程校本化实施体系，实践出丰富多彩、形式各异、指向核心素养的国家课程校本化实施内容，探索出遵循规律、提高效率、行之有效的国家课程校本化实施策略。

我校根据"品质优秀、活力绽放"的办学目标和"尚美乐创、阳光成长"的育人目标，对国家课程进行创造性的改编和二度开发，在教学目标、教学内容、教学方法、教学评价、教学策略五个方面进行校本化研究实施。

在教学目标的调适上，我校1—6年级"玩出来的作文"习作教学，语文教研组通过对语文国家课程标准关于习作教学内容校本化的调适和细化，将1—2年级习作目标定为"乐说乐写"，内容设为"看图说话写话"，形式为"编绘本，创作儿童歌谣"；3—4年级的目标定为"会说会写"，内容设为"片段描写（随文、主题）"，形式为"创编故事、微型小说、诗歌"；5—6年级的目标定为"畅说畅写"，内容设为"篇章创作（选材立意、文体形式）"，形式为"鉴赏、衔接、作品集"。以上将国家课程标准中习作部分内容做出校本化注释，适应了学校具体实情，贴近学生实际，有效促进了我校中低段习作教学的高效开展，而学生习作兴趣和能力的整体提升与教师习作教学的专业技能的提升发挥了重要的作用和功效，并顺利完成了我校语文习作课程校本化的重要一环。

（三）专业保障，智慧求索

◎挖掘"专家组"力量，建立学校课程建设智囊团

我校采用专家的介入式指导作为课程建设最重要的支撑。一方面，邀请教科研专家对课程研究把脉指明方向；另一方面，邀请学科专家对课程研究及课堂教学进行手把手的指导。双管齐下，从课程体系、学科统整、课例研究等方面做深入的探索与实践。

◎发挥"课建组"优势，培优课程建设的领头雁

"向阳花课程"建设领导小组由校长杨芳任组长，小组内聚集了学校行政班子、教研组长、备课组长及骨干教师。小组不仅是项目研究的领导小组，还是学术引领和业务指导小组，更是一支结合学校实际、积极转化理论成果、规划研究思路的先行队伍。

◎借鉴"名特优"成果，健全课程建设的资源库

我校组织教师赴北京、上海、杭州、南京等地培训学习，名校、名特教师的教学理念、课堂实践从不同方面对我校的课程建设研究给予了新的思考。我校鼓励教师们积极尝试、转化学习所得，并建立课程建设资源库，通过各种展示平台，推进受训教师把学习成果与全校教师共享。

据统计，建校至今，我校参加各级各类培训累计达4000余人次，其中涉及党建引领、

课程建设、德育管理、课堂教学、教育科研等各个方面，老师培训返校后，将学习成果通过校级刊物《新源教研》进行推送发布，利用"新源讲坛"10分钟主题演讲活动进行传播，《新源教研》建刊至今约有500余名教师发表文章，"新源讲坛"约有百余名教师登台演讲，共享学习成果。

◎**重视经验性交流，拓宽课程建设的新思路**

我们既注重基于本校实际进行的原创性课程统整研究，更关注汲取不同学校的课程建设经验，在各类不同级别的课程建设分享中传播和完善"向阳花课程"建设文化。通过与其他学校的互动交流，基于"众筹、共享、协作"理念，不断在自身课程建设发展中汲取其他学校的优势和特色，不断丰富我校自身的课程体系和内容。

二、凸显课程深度引领，形成教育改革新常态

我校从课程发展的长远角度着眼，认真做好课程建设的深度引领，充分发挥科研作用，将课程改革与立德树人这一根本任务有效整合。

（一）强化科研先导立场

◎**厘清思路，科研赋能**

我校按照"五有"教育科研工作思路，做到学校教育科研工作有文化浸润，有课题研究，有专业指导，有制度保障，有成果转化，推动"向阳花课程"建设研究来自实践、通过实践、为了实践，充分发挥教育科研对课程建设的先导作用。

◎**课题引领，探索提炼**

通过申报区级课题"向阳花校本课程实践研究"，对"向阳花课程"在建设实施中存在的问题提供有针对性的解决策略与案例，不断丰富拓展"向阳花课程"建设实施的实践理论，大力助推学校课程的实施和改进，探索符合学校校情的课程开发实施途径、方法和模式。

除此之外，各教研组、备课组也基于学生核心素养，结合向阳花课程体系，进行向阳花课程的实施研究，先后有"三年级随文片段描写的指导策略研究""小学数学图形与几何概念学习的策略研究"等6项区级课题成功立项，有"利用画图策略解决问题""一年级拼音教学的策略研究"等27项校级课题成功立项，各教研组、备课组针对国家课程校本化实施的实践研究有效助推了我校国家课程校本化实施工作的平稳、快速发展。

◎**研培一体，打造团队**

在课题研究过程中，培养建立起了一支科研骨干团队和课程研发团队，并辐射产生出"名师工作坊""青蓝成长共同体""教育科研先锋队"等一批学习型组织。

（二）发挥区域联动作用

我校作为高新区九义校联盟成员，在"众筹、共享、协作"理念指引下，以"分享合作，均衡发展"为目标，整合学校优质课程资源，主动与区内兄弟学校互动、合作、分享，在课程建设、教师研培、学生活动等领域多方联动，实现教育资源共建共享。

（三）指向教师专业成长

学校将"向阳花课程"建设实施作为教师专业成长与发展的重要平台，鼓励引导教师在课程研究、建设、实施的指导下对课题和课堂聚焦关注，让学习充满研究，让研究充满思想，让教学充满智慧，让课堂充满活力。

1. 目标导向机制。学校成立课题领导小组，要求教师人人成为"课题中人"，结合学科教学内容及校园文化内容开展行为研究。

2. 活动运行机制。学校课题组通过建立活动运行机制，让全员"动"起来，让骨干"亮"起来。

我校语文教学特色项目"随课微写"围绕"根扎课堂"这一基础，通过说课比赛、专题赛课、展示课、常态课等形式，提高了语文组老师们整体习作指导能力。四川新创教育研究院主办的第二届"儿童文学作品随课微写微型课"教学展评活动，康琼仙、谭琳、江雨洪老师精彩亮相，受到评委和听课老师们的一致好评，荣获一等奖。随课微写专题赛课中，唐开华老师参加省级随课微写课堂教学比赛，荣获一等奖。

同时，语文组以随课微写为依托，构建了备课组校级课题和教研组区级课题的两级联动课题研究机制。六个备课组都以随课微写进行校级课题研究，如三年级备课组的课题为"小学中段随课微写的指导策略"，教研组的区级课题为2019年4月开题的"随课微写互动评改策略的实践研究"，并且充分发挥课题研究聚合功能，引入高新东区的对口帮扶学校福田九义校加盟，两校联合，强强联手，共同研究，老师们在群里交流思想、碰撞智慧，共同推进课题研究。

三、打造课程科学评价，持续生长新活力得以保证

评价是课程建设的重要一环。我校通过开展对多元课程评价机制的创新，充分发挥评价对学生发展的"服务、引领、评估、指导"作用，在课程评价的绿色生态上着重进行了思考探索，形成了"向阳花课程评价"的理念科学性、内容全面化、标准多维度、工具丰富性、路径多样性、策略序列化、保障制度化七个方面的实践研究成果。

（一）探索学生学业评价路径

我校以项目研究带动学生学业评价改革，扎实推进高新区基于核心素养的中小学课程评价实践研究，通过架构学生核心素养评价要点、开发评价工具、引领教学跟进改革，助推学校教学管理改进，推动教师教学行动的转变，将量化评价与质性评价综合起来使用，强化常态化、过程性的资料收集，全面评价学生在各种目标领域中的学习与发展，倡导构建促进学生个性自由、全面发展的适切性评价方法体系，帮助不同学生、教师开展自我比对、自我诊断、自我剖析，提升了学校课程的实施效益。

我校对学生学业水平的考查评价立足优化原有标准化纸笔测试等量化评价的基础上，不断开发质性评价，尤其是表现性评价的途径和方法，如开展"1—6年级'小练笔'作文竞赛""中华传统文化知识竞赛""向阳花学子美术画展""3—6年级的口风琴展演"等评价活动对学生阶段性学科表现性成果进行评价，展现学生在学习过程中所形成的学科素

养和技能并进行评价。

（二）有效开展课堂"精准改薄"

围绕"问题导向、精准改薄、定点突破、整体提升"的工作要求，依据学业评价采集得到的数据，学校行政部门会同教研组、备课组研制课程实施改进措施，定期交流探讨，强化过程管理，突出过程监控，及时提炼有效经验、探索解决方案，为后续课程实施更具适切性搭桥铺路，切实提高课程实施质量。

（三）多元展示体现课程特色

在校级各项活动中，学生课程学习成果是家长眼中一道美丽的风景线，发掘学校优质教育资源，拓宽学校课程影响力，提升学校服务社会的能力，开展体现学校课程特色的校园行、社区展、学校汇报等活动，让更多的孩子享受素质教育的新成果，丰富孩子们的学习生活，这本身是对课程的评价过程，也展现了学生的个性风采。重定性而不是定量，重展示而不是考核，让课程与生活相融，让评价关注实效，淡化结论，为课程的深化改革提供了柔性支撑。

我校一年级"葵园学艺"学业综合素质测评中，一年级"葵花宝宝"们每人都手持通关卡，欢呼雀跃地涌入一楼大厅，参加"葵园学艺"的闯关活动。闯关现场，孩子们在老师和家长志愿者的引导下，在各个精心布置好的测评处玩起了闯关答题。语文学科的考查综合了听、说、读、写四项语文基本能力，对应设计了认读小能手、诵读百灵鸟、口语交际等板块，综合考查学生的语文素养。数学学科则将口算技能、解决问题、空间概念等融入其中，对应设计了速算小精灵、慧眼、巧手学数学以及思维小大人等板块。通过有趣的闯关游戏完成了孩子对知识的考查，让枯燥乏味的考试变得灵动活泼，孩子们远离考试的紧张和焦虑，在轻松愉悦的气氛中凸显个性，展现自我，体验到了不一样的快乐。

四、课程建设智慧花香，学校发展新成果日渐凸显

"向阳花课程"不仅全面深化了学校的课程改革，更凸显了学校的文化内涵，同时也收获了丰硕的成果。

（一）凸显学生学习的自主性

在课程统整实践研究中，学生们变得主动起来。他们通过不断参与、实践、体验向阳花校本德育课程、学科拓展课程、综合实践课程，学科素养与综合实践能力得到不断提升。

（二）推动教师内驱发展潜能

教师在课程实施过程中，学会把自己的专长、兴趣、文化知识、理想与信念全部编织进学校文化和日常的教学工作中，形成了高屋建瓴的课程观，从一个课程执行者逐步转变为一个课程领导者。"向阳花课程"的实施让学校形成了一个价值认同、经验分享、成就激励、勇于实践的优秀教师文化共同体。

（三）吸引家长共同营造学习乐园

课程建设过程中，家长也是积极的参与者。他们不仅参与课程的建构，还承担着课

程实施的调研与评价。所以,在一定意义上铸就了一个志同道合、与时俱进的家长文化共同体。

(四)全面改善学校教育样态

"向阳花课程"的建构,为学校的可持续发展奠定了坚实的基础,助推了学校的内涵发展与特色打造。新源学校也因此在学校发展中更有深度、更有文化、更有底气。学校教育做到了学生喜爱、家长放心、社会认可。

"向阳花课程"体系的构建虽历经五年的建设发展,但仍面临着课程管理队伍的建设、课程体系的优质化与特色化、课程体系效能的最大化等诸多问题,需要不断改进与完善,而回答这些问题的过程,既是课程建设的过程,也是不断推进学校发展的过程。我们将继续在"向阳花教育"的建设道路上砥砺奋进,一路向阳,一路绽放。

(杨芳　陈晓川　成都高新新源学校)

第三部分

学生自主课堂样例篇

"好问题坊"之文化解密

> 课程单元：文化探究
> 探究话题：文化解密
> 学习主题：系统性思维

一、课前准备

1. 资料查找，课前研究。
2. 自主学习课后案例资料。
3. 团队分工，讨论研究方向及思路。

二、课中活动（40分钟）

（一）启动好问题（3分钟）

话题：文化解密	
思思提出的问题	你提出的问题
为什么每个节日都有不同的节日庆典活动？	
为什么会有春节回家大潮？	
中国人祭祖文化的由来？	
乐乐提示：邀请观察员加入研究团队，共同展开探究、分享。	

请写下研究问题：

_____
_____
_____
_____
_____

> **乐乐提示**：本课时侧重于文化解密话题，关键在于运用系统性思维看待一些传统文化中出现的问题，唤起大家的文化传承与创新意识。同时综合运用思维知识，分析问题，探究问题，提出解决方法。

（二）自主探究（13分钟）

1. 独立思考。

我的观点：＿＿＿＿＿＿＿＿＿＿＿＿＿＿＿＿＿＿＿＿＿＿＿＿＿＿＿＿＿＿

2. 团队内交流。

发言 1：＿＿＿＿＿＿＿＿＿＿＿＿＿＿＿＿＿＿＿＿＿＿＿＿＿＿＿＿＿＿＿

发言 2：＿＿＿＿＿＿＿＿＿＿＿＿＿＿＿＿＿＿＿＿＿＿＿＿＿＿＿＿＿＿＿

发言 3：＿＿＿＿＿＿＿＿＿＿＿＿＿＿＿＿＿＿＿＿＿＿＿＿＿＿＿＿＿＿＿

其他：＿＿＿＿＿＿＿＿＿＿＿＿＿＿＿＿＿＿＿＿＿＿＿＿＿＿＿＿＿＿＿＿

3. 绘制思维树：

（三）思辨分享（13分钟）

1. 观点呈现。

观点 1：＿＿＿＿＿＿＿＿＿＿＿＿＿＿＿＿＿＿＿＿＿＿＿＿＿＿＿＿＿＿＿

观点 2：＿＿＿＿＿＿＿＿＿＿＿＿＿＿＿＿＿＿＿＿＿＿＿＿＿＿＿＿＿＿＿

观点 3：＿＿＿＿＿＿＿＿＿＿＿＿＿＿＿＿＿＿＿＿＿＿＿＿＿＿＿＿＿＿＿

其他：＿＿＿＿＿＿＿＿＿＿＿＿＿＿＿＿＿＿＿＿＿＿＿＿＿＿＿＿＿＿＿＿

2. 对话交锋。

论证观点 1：＿＿＿＿＿＿＿＿＿＿＿＿＿＿＿＿＿＿＿＿＿＿＿＿＿＿＿＿

回应 a：	回应 b：

论证观点 2：＿＿＿＿＿＿＿＿＿＿＿＿＿＿＿＿＿＿＿＿＿＿＿＿＿＿＿＿

回应 a:	回应 b:

3. 总结提升。

观点发展 1：_____

观点发展 2：_____

行动实践：_____

（**乐乐提示**：观点及行动方案既不唯一也不僵化，随发展而变化。）

（四）多元评价（3分钟）

表 1　分享感悟

幸运者的分享	观察员的分享	辅导员分享

乐乐提示：1. 随机抽取幸运者，分享自己的思考过程；2. 幸运者、观察员、辅导员每人分享一分钟，观察员写一份观察报告，提交辅导员并发送照片或电子档到15726658639@163.com。

表 2　自主评价

评价视角	提出问题	分析问题	解决问题或找到新的研究方向
思维自主性			
思维技能			
情感、价值观			

乐乐提示：请从思维自主性、思维技能、价值观方面对自己的表现给予评价说明。

（五）新一轮好问题竞选（3分钟）

第8课时话题：社会现象	
自主提问	民主投票

乐乐提示：你提出的问题是好问题吗？
如何通过自主提问、民主投票环节竞选出下一课时的好问题，你有什么建议？

（六）思维加油站（5分钟）

乐乐提示：思维加油站的知识点可由辅导员讲解。

学：系统性思维策略

系统性思维策略要求我们一分为二地看待事物，全面系统地分析事物。

1. 找联系。找出整体与部分之间的关系和联系；找出部分之间的关系和联系。
2. 找区别。找出各部分、整体之间的区别，既要看到个别，又要看到一般。
3. 双向看事物，既要看到事物的正面又要看到事物的反面。
4. 相对看事物。既要看到事物运动的绝对性，又要看到事物的相对静止。

写一写 请写下自己对系统性思维策略的理解和在分析问题中的应用。

思：思维故事

元宵节的传说

汉高祖刘邦死后，吕后之子刘盈登基成为汉惠帝。惠帝生性懦弱，优柔寡断，大权渐渐落在吕后手中。汉惠帝病死后，吕后独揽朝政，把刘氏天下变成了吕氏天下，朝中老臣，刘氏宗室深感愤慨，但都惧怕吕后残暴而敢怒不敢言。吕后病死后，诸吕惶惶不安，害怕遭到伤害和排挤。于是，在上将军吕禄家中秘密集合，共谋作乱之事，以便彻底夺取刘氏江山。此事传至刘氏宗室齐王刘囊耳中，刘囊为保刘氏江山，决定起兵讨伐诸吕，随后与开国老臣周勃、陈平取得联系，设计除掉了吕禄，"诸吕之乱"终于被彻底平定。平乱之后，众臣拥立刘邦的第二个儿子刘恒登基，称汉文帝。文帝深感太平盛世来之不易，便把平息"诸吕之乱"的正月十五，定为与民同乐日，京城家家张灯结彩，以示庆祝。从此，正月十五便成了一个普天同庆的民间节日——"闹元宵"。

> **想一想** 同学们还知道哪些节日的来历呢？

请把想法发到 izxjszx@163.com 参与最佳系统性思维故事评奖活动。

> **行：每日三问**

围绕"系统性思维策略"提出三个问题。
问题1：
问题2：
问题3：

三、课后延展

独立思考，积极探究：

围绕第8课时话题"社会现象"进一步思考所提出的问题是否为好问题，并针对所提出的问题进行独立思考，积极探究。通过资料查找、问卷调查、访谈交流、收集筛选信息对问题进行分析，以找到解决方法或新的研究方向。

> **案例参考**

（一）确定研究问题

示例：为什么每个节日都有不同的节日庆典活动？

（二）自主探究

1. 团队内交流，示例如下：

（1）节日庆典活动是利用盛大节日举行的表示快乐或纪念的庆祝活动，不同节日有不同的庆典活动。

（2）中国一共有 55 个少数民族，各民族的节日丰富多彩，著名的有蒙古族的那达慕、傣族的泼水节、傈僳族的刀杆节、彝族的火把节、白族的三月街、哈尼族的扎勒特、藏族的酥油花灯节、景颇族的目脑纵歌、拉祜族的月亮节、苗族的花山节等等。

（3）不同的节日，不同的地区，节日庆典活动也各有不同。

2. 绘制思维树，示例如下：

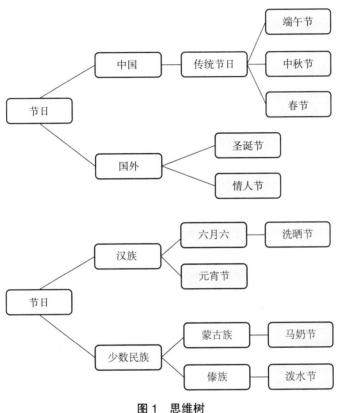

图 1　思维树

（三）思辨分享

1. 观点呈现，示例如下。

观点 1：汉族的节日庆典和少数民族的节日庆典有很大的不同。

观点 2：不同的习俗就有不同的节日庆典活动。

观点 3：同一民族不同时间的节日庆典也是不同的。

观点 4：这些多种多样的节日和庆典活动丰富着我们的文化，尊重差异及包容的文化心态使中华文化更加多姿多彩。

2. 对话交锋，示例如下。

论证观点 4 的理由：随着世界各民族文化的不断交融，各地区独特的民俗风情也在他乡传承发展，因为各地的文化差异，形成了不同的节日民俗；也因各国文化的不同，融入了当地独特的地域特色。

回应1：节日代表了一种文化因素，一种节日传播到世界各地后，融入了当地人的文化生活，能够让这些地方的人与我们拥有同样的文化概念，让大家达成一种文化共识，促进各地域间的文化交流与往来。

回应2：民众参与是保护和传承传统节日文化的重要途径。要让群众自觉、积极地过传统节日，了解不同的节日庆典活动。

3. 总结提升，示例如下。

观点发展：要挖掘节日文化资源、建构新型节日形态，展示节日文化中的民族精神；在旅游方面，把节俗当作一种地方旅游项目来开发，拓展和发掘新的内涵；弘扬传统文化，与时俱进，把传统节日的文化基因同现代生活相结合。

行动实践：让每一个公民以切实行动参与到节日文化中去，在参与中保护和传承我们的节日。

（四）多元评价

表3　分享感悟

幸运者的分享	观察员的分享	辅导员的分享
节日 — 中国 — 传统节日 — 端午节／中秋节／春节；国外 — 圣诞节／情人节	同学们从不同方面分析了各地节日庆典不同的原因，能够系统地看待节日和习俗的不同。思想开放，能够包容和接纳多种文化，尊重不同地区的节日庆典活动。	相较于形式的继承，弘扬节日的文化精神内涵更为重要。传统节日是劳动人民对社会生活和文化的创造，多具有丰富多彩的形式，是对幸福的美好期盼，鲜明地体现了中华民族的精神寄望。

表4　自主评价

评价视角	提出问题	分析问题	解决问题或找到新的研究方向
思维自主性	独立思考	主动分析	在生活中多观察
思维技能	系统性思维	发散思维	了解不同节日习俗
情感、价值观	科学求真	理性分析	追求美好

乐乐提示：请从思维自主性、思维技能、价值观养成方面对自己在各个环节的表现给予评价说明。

"好问题坊"之宇宙探秘

> 课程单元：探索发现
> 探究话题：宇宙探秘
> 学习主题：创造性思维

一、课前准备

1. 资料查找，课前研究。
2. 自主学习课后案例资料。
3. 团队分工，讨论研究方向及思路。

二、课中活动（40分钟）

（一）启动好问题（3分钟）

话题：宇宙探秘	
思思提出的问题	你提出的问题
除地球外，其他星球是否有其他的生物或者生命？	
星际穿越真的存在吗？	
宇宙有尽头吗？	
乐乐提示：邀请观察员加入研究团队，共同展开探究、分享。	

请写下研究问题：

_____
_____
_____
_____

> **乐乐提示**：本课时侧重于创造性思维在分析太空技术问题中的应用实践，请以创造性思维为主，综合运用思维知识，分析问题，探究问题。创造性思维相关知识在 11 课时、12 课时、13 课时进行分段讲解，可结合思考。

（二）自主探究（13 分钟）

1. 独立思考。

我的观点：_____

2. 团队内交流。

发言 1：_____

发言 2：_____

发言 3：_____

其他：_____

3. 绘制思维树：

（三）思辨分享（13 分钟）

1. 观点呈现。

观点 1：_____

观点 2：_____

观点 3：_____

其他：_____

2. 对话交锋：

论证观点 1：_____

回应 a：	回应 b：

论证观点 2：_____

回应 a:	回应 b:

3. 总结提升。

观点发展 1：_____

观点发展 2：_____

行动实践：_____

（乐乐提示：观点及行动方案既不唯一也不僵化，随发展而变化。）

（四）多元评价（3 分钟）

表 1　分享感悟

幸运者的分享	观察员的分享	辅导员的分享

乐乐提示：1.随机抽取幸运者，分享自己的思考过程；2.幸运者、观察员、辅导员每人分享一分钟，同时观察员写一份观察报告，提交辅导员并发送照片或电子档到15726658639@163.com。

表 2　自主评价

评价视角	提出问题	分析问题	解决问题或找到新的研究方向
思维自主性			
思维技能			
情感、价值观			

乐乐提示：请从思维自主性、思维技能、价值观方面对自己的表现给予评价说明。

（五）展示汇报总结（3分钟）

展示汇报总结		
学生代表总结	教师代表总结	家长代表总结

（六）思维加油站（5分钟）

> **乐乐提示：** 思维加油站的知识点可由辅导员讲解。

学：创造性思维策略

1. 整体法。在分析和处理问题的过程中，始终从整体考虑，把整体放在第一位，把思考问题的方向对准全局和整体，从全局和整体出发。

2. 结构法。进行系统思维时，注意系统内部结构的合理性。系统由各部分组成，部分与部分之间的组合是否合理，对系统有很大的影响。这就是系统中的结构问题。

3. 要素法。每一个系统都由各种各样的因素构成，其中相对具有重要意义的因素称为构成要素。要使整个系统正常运转并发挥最好的作用或处于最佳状态，必须对各要素进行周全和充分的考虑，充分发挥各要素的作用。

4. 功能法。为了使一个系统呈现出最佳态势，从大局出发来调整或改变系统内部各部分的功能与作用。在此过程中，可能是使所有部分都向更好的方面改变，从而使系统状态更佳，也可能为了求得系统的全局利益。

> **写一写** 请写下自己对创造性思维的理解和在分析问题中的应用。

思：思维故事

宇宙黑洞

在宇宙中，有很多个像太阳系一样的小家庭。行星们都围着各自的恒星不停地转动。他们看远处的星河，听听从别的星球上传来的新闻，日子过得倒也快活。但是，行星们平时的行动都有各自固定的轨道，就像太阳系的行星沿着自己的轨道围绕太阳转动一样，这也是宇宙中的行为规则。有一颗任性的行星逐渐对自己的这种生活不满起来，他"嗖"的一声飞离原来的轨道，在宇宙中随意游荡，而那些守在固定轨道上的各种星体都怕他会碰撞到自己，都在想尽办法躲避他。于是，在宇宙中引起了一连串反应，宇宙大乱。黑洞要吞了这颗不守规则的小行星，任性的行星后悔了："我要回到原先的星系中去，我要继续和伙伴们一起生活！"可是，他已经没有机会了。眨眼之间，他就被黑洞吞噬了，消失得无影无踪。宇宙又恢复了往日的平静。

想一想 同学们认识哪些星星呢？它们和地球有什么不同呢？

请把想法发送到 izxjszx@163.com 参与最佳创造性思维故事评奖活动。

行：每日三问

围绕"创造性思维策略"提出三个问题。

序号	内容
问题1：	
问题2：	
问题3：	

三、课后延展

独立思考，积极探究：

围绕本学期好问题坊活动总结提升，撰写本学期研究报告，研究报告交辅导员，同时把照片或电子档发至 15726658639@163.com。

案例参考

（一）确定研究问题

示例：除地球外，其他星球是否有其他的生物或者生命？

（二）自主探究

1.团队内交流，示例如下：

（1）生命在宇宙中应该是一种较为普遍的现象，甚至在太阳系，其他的星球就可能有生命。

（2）科学家发现的越来越多的证据表明火星可能存在生命，至少曾经存在生命。这些证据包括含有生物化石的火星陨石，火星液态水存在的痕迹，甚至在火星发现了复杂的有机化合物。

（3）一些较大的卫星也可能存在生命，例如木星的卫星泰坦。科学家相信，在泰坦厚厚的水冰层之下有液态海洋，而液态海洋正是生命的摇篮。

（4）宇宙很大，没被人类探知的区域还很多，肯定存在另一个星球，物质构成和环境因素也符合生命诞生的条件。

2.绘制思维树，示例如下：

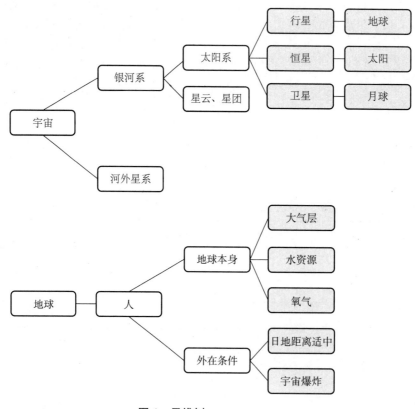

图1 思维树

（三）思辨分享

1.观点呈现，示例如下：

观点1：其他星球上肯定是有生命的，只是还没被我们人类发现。

观点2：浩瀚宇宙中比地球古老的且适合生命进化的星球可以说有很多很多。

观点3：没有比地球再适合生命生长的星球了，应该没有外星人。

观点4：科学还在发展，宇宙之大，有没有外星人还不能妄下定论。

2.对话交锋，示例如下：

论证观点 4：科学还在发展，宇宙之大，有没有外星人还不能妄下定论。

理由：随着科学技术的发展，人类遨游太空成为可能，并且已经踏足很多星球，期待科技文明的进一步发展，为我们解答疑惑。

回应 a：外星人是人类对地球以外智慧生物的统称，现在人类还不确定外星人或外星生物是否存在。

回应 b：恒星演化和行星形成生命只能出现在能发出光和热的恒星周围的行星上，有部分行星没有生命存在的条件。

3. 总结提升，示例如下：

观点发展：随着科学技术的进步，人们的眼界开阔了，懂得宇宙的广大无边远远超越了我们的想象，外星生命有可能存在于我们还没有探索到的星球，期待科学技术的进一步发展。

行动实践：今后在日常生活中多关注天文信息，对科技进步有深入的了解，培养自己的想象力。

（四）多元评价

表3　分享感悟

幸运者的分享	观察员的分享	辅导员的分享
地球—人—地球本身（大气层、水资源、氧气）、外在条件（日地距离适中、宇宙爆炸）	同学们从不同角度分析了外星生命存在的可能性，以及社会和技术进步产生的便利性。思想开放，涉及的领域较广，研究方法多样，有助于促进我们思维的发展。	对宇宙，对着浩瀚的星空，抱有一种深沉、敬畏之情。地球具有作为生命存在的必要条件——水和氧等物质，为了人类的可持续发展，我们应该爱护地球。

表4　自主评价

评价视角	提出问题	分析问题	解决问题或找到新的研究方向
思维自主性	独立思考	主动分析	开拓思维，发挥想象
思维技能	创造性思维	发散思维	了解宇宙知识
情感、价值观	科学求真	理性分析	追求美好

乐乐提示：请从思维自主性、思维技能、价值观养成方面对自己在各个环节的表现给予评价说明。

"好问题坊"之生活思考

> 课程单元：生活探究
> 探究话题：生活思考
> 学习主题：研究方法

一、课前准备

1. 资料查找，课前研究。
2. 自主学习课后案例资料。
3. 团队分工，讨论研究方向及思路。

二、课中活动（40分钟）

（一）启动好问题（3分钟）

话题：生活思考	
思思提出的问题	你提出的问题
团结合作可以帮助我们解决哪些问题？	
人在成长的过程中会发生什么样的变化？	
同样作为人类，不同国家的人为什么会有明显差别？	
乐乐提示：邀请观察员加入研究团队，共同展开探究、分享。	

请写下研究问题：

_____
_____
_____
_____

> **乐乐提示**：研究方法有多种，一般包括调查法、观察法、思辨法、行为研究法、历史研究法、概念分析法、比较研究法等。除了上述方法外，还可以根据自己的思考和实际情况，提出自己的研究方法。

（二）自主探究（13分钟）

1. 独立思考。

我的观点：_____

2. 团队内交流。

发言1：_____

发言2：_____

发言3：_____

其他：_____

3. 绘制思维树：

（三）思辨分享（13分钟）

1. 观点呈现。

观点1：_____

观点2：_____

观点3：_____

其他：_____

2. 对话交锋。

论证观点1：_____

回应 a：	回应 b：

论证观点2：_____

回应 a:	回应 b:

3. 总结提升。

观点发展 1: _____

观点发展 2: _____

行动实践: _____

（乐乐提示：观点及行动方案既不唯一也不僵化，随发展而变化。）

（四）多元评价（3 分钟）

表 1　分享感悟

幸运者的分享	观察员的分享	辅导员的分享

乐乐提示：1. 随机抽取幸运者，分享自己的思考过程；2. 幸运者、观察员、辅导员每人分享一分钟，同时观察员写一份观察报告，提交辅导员并发送照片或电子档到 15726658639@163.com。

表 2　自主评价

评价视角	提出问题	分析问题	解决问题或找到新的研究方向
思维自主性			
思维技能			
情感、价值观			

乐乐提示：请从思维自主性、思维技能、价值观方面对自己的表现给予评价说明。

（五）新一轮好问题竞选（3分钟）

第5课时话题：课程应用	
自主提问	民主投票

乐乐提示：1. 你提出的问题是好问题吗？
2. 通过自主提问和民主投票环节能竞选出下一课时的好问题吗？你还有什么建议？

（六）思维加油站（5分钟）

> **乐乐提示**：思维加油站的知识点可由辅导员讲解。

> **学：研究方法**

问题分析与探究可采取问卷调查法、采访法、资料查找、实验研究法等方法。

1. 问卷调查，根据所需信息设计开放性的问题或封闭式的问题，针对答题人的年龄和知识选择适合的问题设计问卷，通过线上或线下方式进行调查。

2. 采访法（interview），从问题出发，采访不同行业的相关人员，在采访中收集相关素材，提炼信息，完善观点。

3. 资料查找法是在综合性或分类资料库（线上或线下）中查询所需信息的方法。

4. 实验研究法是针对某一问题，根据一定的理论或假设进行有计划的实验，从而得出一定的科学结论的方法。

不论哪种研究方法，其得出的结论都要基于数据，基于证据，基于实证，否则都是不科学、不可靠的。

写一写 请写写自己对研究方法的认知和理解。

> **思：思维故事**

维勒和李比希

维勒和李比希都是19世纪德国的杰出化学家。他们两人的性格迥异，李比希激烈，爽朗，像一团烈火；维勒平和、沉稳，像一盆冷水。他们在化学研究方面既相互分工，又密切配合，致力于科学研究，为无机化学、有机化学的研究作出了贡献，共同成为有机化学的创始者。

李比希在自传中写道："我的最好运气，就是有位志同道合的朋友。多年来我和这位朋友真诚合作，毫无隔阂……手携手地向前，这一位行动时，那一位已经准备好。"正是由于两人的和谐合作，才创造出化学研究上的辉煌。

想一想 你有没有其他关于团结合作、共同创造的故事呢？

请把想法发到 izxjszx@163.com 参与最佳团结合作故事评奖活动。

行：每日三问

序号	内容
问题1	
问题2	
问题3	

三、课后延展

独立思考，积极探究：

围绕第5课时话题"课程应用"进一步思考所提出的问题是否为好问题，并针对所提出的问题进行独立思考，积极探究。通过资料查找、问卷调查、访谈交流、收集筛选信息对问题进行分析，以找到解决方法或新的研究方向。

案例参考

（一）确定研究问题

示例：团结合作可以帮助我们解决哪些问题？

（二）自主探究

1. 团队内交流，示例如下：

a. 团结合作可以帮助我们完成一个人无法完成的复杂工作。

b. 众人合作，不同分工可以提高工作效率，节省工作时间。

c. 团结合作能够促进团队交流，培养个体的合作精神。

d. 每个人都有自己擅长的方面和薄弱的方面，一项复杂的工作可能同时需要多种技能来完成，此时需要不同的人分工合作，各自负责自己擅长的方面，把工作做好，提高工作效率。

2. 绘制思维树，示例如下：

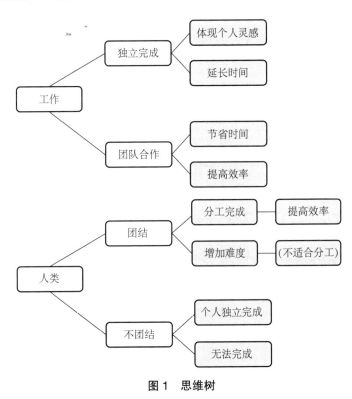

图1　思维树

（三）思辨分享

1. 观点呈现，示例如下：

观点1：团结合作可以完成复杂的工作，提高工作效率，节省时间。

观点2：有的工作不能够分工合作，必须个人独立完成。

观点3：有的工作必须团结合作才能完成，有的工作个人独立完成才能做得更好。

2. 对话交锋，示例如下：

论证观点1：团结合作可以完成复杂的工作，提高工作效率，节省时间。

理由：团结合作是一项重要的技能，很多复杂的工作个人是无法完成的，如做手术。手术过程中医生之间必须互相配合，节省手术时间，减少风险。

回应 a：复杂的工作需要多个人共同来完成，把相应的工作交给团队内擅长的人去做，可以提高工作效率。

回应 b：有的工作即使很复杂也必须由个人独立完成。例如设计工作，设计作品体现了设计师的品位和才华，每个人的灵感不同，设计思路也不同，如果团队合作的话，可能无法达到预期的效果。

3.总结提升，示例如下。

观点发展：团结合作精神是人类发展过程中很重要的精神，但是并不是人类独有的，其他物种也会进行团结合作，如大雁飞行、狼群捕食等。如果不发挥团结合作精神，人类的很多工作就无法完成或者花费的时间就会更长。但是工作也有不同的属性，有些工作是必须独立完成的，比如个人作业等。

行动实践：今后在日常生活中注意观察什么工作必须由团结合作完成，什么工作必须独立完成，理解团结合作精神的意义。

（四）多元评价

表3 分享感悟

幸运者的分享	观察员的分享	辅导员的分享
人类—团结—分工完成—提高效率／增加难度—(不适合分工)；不团结—个人独立完成／无法完成	同学们从不同角度探讨了团结合作精神可以帮助我们解决什么问题。并且举例说明什么样的工作需要发挥合作精神，什么样的工作必须个人独立完成，对生活和人生有了进一步的理解。	通过对团结合作精神的探讨，理解不同工作的属性和完成方式，学会用合作精神解决生活中更多的难题。

表4 自主评价

评价视角	提出问题	分析问题	解决问题或找到新的研究方向
思维自主性	独立研究	主动研究	在研究中多观察
思维技能	研究方法	综合探究	了解合作精神
情感、价值观	科学求真	理性分析	追求美好
乐乐提示：请从思维自主性、思维技能、价值观养成方面对自己在各个环节的表现给予评价说明。			

"好问题坊"之社会现象

> 课程单元：社会责任
> 探究话题：社会现象
> 学习主题：批判性思维

一、课前准备

1. 资料查找，课前研究。
2. 自主学习课后案例资料。
3. 团队分工，讨论研究方向及思路。

二、课中活动（40分钟）

（一）启动好问题（3分钟）

话题：社会现象	
思思提出的问题	你提出的问题
小黄车带给我们哪些思考？	
对"娱乐致死"有哪些思考？	
公共停车有什么解决办法？	
乐乐提示：邀请观察员加入研究团队，共同展开探究、分享。	

请写下研究问题：

_____
_____
_____
_____

> **乐乐提示**：本课时侧重于对社会现象进行探究，主要还是运用批判性思维，探究某些社会现象呈现出来的问题。关于批判性思维模式，之前已经有所介绍，本课时更加深入了解批判性思维的应用。

（二）自主探究（13分钟）

1. 团队内交流。

发言1：_____

发言2：_____

发言3：_____

其他：_____

2. 绘制思维树。

（三）思辨分享（13分钟）

1. 观点呈现。

观点1：_____

观点2：_____

观点3：_____

其他：_____

2. 对话交锋。

论证观点1：_____

回应a：	回应b：

论证观点2：_____

回应 a:	回应 b:

3. 总结提升。

观点发展 1：_____

观点发展 2：_____

行动实践：_____

（乐乐提示：观点及行动方案既不唯一也不僵化，随发展而变化。）

（四）多元评价（3分钟）

表1 分享感悟

幸运者的分享	观察员的分享	辅导员的分享

乐乐提示：1.随机抽取幸运者，分享自己的思考过程；2.幸运者、观察员、辅导员每人分享一分钟，同时观察员写一份观察报告，提交辅导员并发送照片或电子文档到15201036856@163.com。

表2 自主评价

评价视角	提出问题	分析问题	解决问题或找到新的研究方向
思维自主性			
思维技能			
情感、价值观			

乐乐提示：请对自己的表现从思维自主性、思维技能、价值观方面给予评价说明。

（五）新一轮好问题竞选（3分钟）

第10课时话题：环境保护	
自主提问	民主投票

乐乐提示：1. 你提出的问题是好问题吗？
2. 通过自主提问、民主投票等环节如何竞选出下一课时好问题，你有什么建议？

（六）思维加油站（5分钟）

乐乐提示：思维加油站知识点可由辅导员讲解。

学：批判性思维（二）

批判性思维有以下六个特征：认知勇气、换位思考、认知正直、认知坚毅、信赖推理、独立思考。

写一写 请写下自己对批判性思维的理解和在分析问题中的应用。

思：思维故事

垃圾分类

人们在生产生活中会制造很多垃圾，而且这些垃圾多种多样。比如吃剩的食物，食物的包装，用过的金属制品，废弃的纸张等。1972年之前人们在扔垃圾时都会将各种各样的垃圾放在一起，最终一起丢弃。当时街头的垃圾桶每一处也只有一个，人们把随手携带的垃圾都放进这一个垃圾桶里，最后再由政府有关部门统一处理。随着垃圾越来越多，垃圾处理处有人发现有的垃圾是可以循环使用的，比如塑料和金属制品。但是这些垃圾又和其他不能循环使用的垃圾混在一起很难分类。为了减轻环境负担，他们开始推行垃圾分类运动，告诉人们将不同垃圾放在一起的行为是不正确的，会给社会环境造成压力，并且普及了垃圾分类的好处。在这一基础上，1972年西德政府颁布了《废弃物处理法》，推动了垃圾分类的进程，让人们形成了正确的垃圾分类观念。

想一想　人们对垃圾分类行为的认识属于什么思维？

请把想法发到 izxjszx@163.com 参与最佳批判性思维故事评奖活动。

行：每日三问

围绕"批判性思维特征"提出三个问题。
问题1：
问题2：
问题3：

三、课后延展

独立思考，积极探究：

围绕第10课时话题"环境保护"进一步思考所提出的问题是否为好问题，并针对所提出的问题进行独立思考，积极探究。通过资料查找、问卷调查、访谈交流、收集筛选信息对问题进行分析，以找到解决方法或新的研究方向。

案例参考

（一）确定研究问题

示例：小黄车带给我们哪些思考？

（二）自主探究

1.团队内交流，示例如下：

（1）小黄车的出现缓解了交通压力，减少了交通拥堵。

（2）小黄车可以随时使用，代替步行，缩短出行时间，方便人们出行。

（3）小黄车在路边的混乱摆放影响了城市形象。

2.制思维树，示例如下：

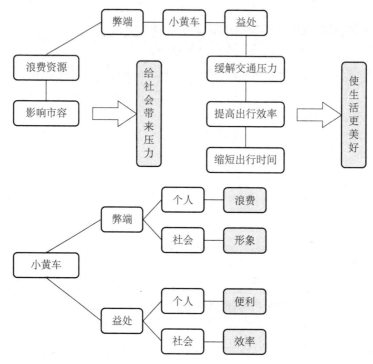

（三）思辨分享

1.观点呈现，示例如下：

观点1：小黄车的出现弊大于利。

观点2：小黄车的出现利大于弊。

观点3：要合理管制小黄车，合理规划小黄车的使用，减少混乱和浪费。

观点4：小黄车本身没有问题，是供大于求造成了问题。

2.话交锋，示例如下：

论证观点1：小黄车的出现弊大于利。

理由：小黄车最初方便了人们出行，缓解了私家车拥堵的压力。但是随着各种样式的小黄车的出现，街头放满了自行车，不利于人们出行，也不利于城市形象建设。同时，小黄车供大于求，旧的小黄车大量废弃也造成了浪费。

回应a：小黄车便于出行，极大地方便了上班族和学生，缓解了交通压力，提高了出行效率。

回应b：对小黄车的摆放和使用进行合理管制，就会减少浪费和混乱的现象，从而发挥其有利的一面。

3.示例如下：

观点发展：小黄车在给人们出行带来便利的同时也带来了很多弊端。我们要用批判性的思维去分析它的两方面，利用其有利的一面，克服其不利的一面。

行动实践：今后在日常生活中注意观察，注意分析社会现象的利弊，用不同的眼光看待问题。

（四）多元评价

表3　分享感悟

幸运者的分享	观察员的分享	辅导员的分享
小黄车 → 弊端 → 个人 → 浪费；社会 → 形象；益处 → 个人 → 便利；社会 → 效率	针对普遍的社会现象，同学们分析了其中的益处和弊端，并思考了这两方面的原因，学会正确地看待事物，认知事物的错误。	在对某些问题的分析中，既要认识其中的正确之处，同时也要看到其中的错误，对其进行全面准确地认知，勇于批判错误并找到解决方法。

表4　自主评价

评价视角	提出问题	分析问题	解决问题或找到新的研究方向
思维自主性	独立思考	主动分析	在生活中多观察
思维技能	批判性思维	认知问题	了解社会问题原因
情感、价值观	科学求真	理性分析	追求美好

乐乐提示：请从思维自主性、思维技能、价值观养成方面对自己在各个环节的表现给予评价说明。

"自主讲坛"之专注与效率

一、讲坛活动

【专注与效率】宗旨：通过训练专注力提高学习效率。

（一）独立想想

想一想：上课有时走神，注意力不集中，记忆力不佳，是什么原因造成的呢？

思思认为可能是孩子的听知觉与视知觉能力不足。视知觉与听知觉是人类产生注意力与记忆力的两个重要渠道，也是决定孩子注意力和学习效果的重要因素。

我认为：
_____
_____
_____

（二）团队活动

试一试：

游戏1：视知觉。利用课余活动时间，团队分工自制字母或文字卡片，设定捕捉字母和文字游戏的规则，课堂中团队内开展活动，体会视知觉对学习效果的影响。

游戏2：听知觉。团队合作，快速朗读一段文字，提取并记录关键字词，开展捕捉关键字词并说出文字段落大意的比赛。文字内容自选。

请结合实践分析视知觉和听知觉对学习的影响与帮助。
_____
_____
_____

聊一聊：

与团队成员分享自己在游戏过程中的体验，感受自己的视知觉和听知觉能力的优势与差异。
_____
_____
_____

讲一讲：团队内分享各自提升专注力的有效方法。

_____
_____

赛一赛：团队间分享各自专注力的方法，选出最佳方法并做总结。

_____
_____
_____

二、讲坛加油站

（一）金言金句
思思分享：读书欲精不欲博，用心欲专不欲贪。——培根

我说：_____。

（二）故事两则
故事一：波兰有个叫玛妮雅的小姑娘，学习非常专心，不管周围怎么吵闹，都分散不了她的注意力。一次，玛妮雅的姐姐和同学在她面前唱歌、跳舞、做游戏，玛妮雅就像没看见一样，在一旁专心地看书。姐姐和同学想试探她一下，她们悄悄地在玛妮雅身后搭起几张凳子，只要玛妮雅一动，凳子就会倒下来。时间一分一秒地过去了，玛妮雅读完了一本书，凳子仍然竖在那儿。

从此，姐姐和同学再也不逗她了，而是像玛妮雅一样专心读书，认真学习。玛妮雅长大以后，成为一个伟大的科学家。她就是居里夫人。

故事二：我的故事。

_____
_____

（三）讲坛智库
将观点提炼成口号更有助于吸引听众的注意力，激发听众的兴趣，提升演讲的整体效果。问题是应该怎样提炼口号呢？好的口号应当具备以下特点：首先，要短小精悍，给大家留下深刻印象；其次，口号应当以行动为中心，明确发出一个行动信号，号召大家去行动；最后，口号要富有韵律，便于记忆，有美感，可提升整体的演讲效果。

"自主讲坛"之综合学法（上）

一、讲坛活动

（一）独立想想

【提问法】勤动脑，爱提问；常思考、善提问是学习制胜的必备武器。提问能力、思考能力比记忆力更重要。

1. 常提问。日行一问，重塑大脑。

比如：记长单词有什么技巧呢？

书包里的作业本、书本怎么整理才能准确拿到呢？

同学之间如何相处才能不闹矛盾呢？

问一问：请提出自己感兴趣的三个问题。

_____
_____
_____

2. 深度问。多问几个为什么，就更能接近问题的本质。在专注、深入、不断地提问中接近问题本质，从而产生豁然开朗、眼前一亮的惊喜。

比如：为什么我自己没有考虑到这一步呢？为什么这一步是解题的关键呢？这个关键点为什么隐藏得这么深呢？

同样，不断地追问是在寻找自己欠缺的内容，不断地提炼，是独立解决问题的前提。

问一问：请围绕一个话题提出相互关联的一串问题。

_____
_____
_____

（二）思考法

解决不懂的问题，给大脑做体操训练，提升智力水平。

1. 深思熟虑。

对问题进行深度系统的思考，在深思过程中确立观点、提炼观点、发表观点。未经深度思考及时抢答不如深思熟虑对大脑的锻炼大。

2. 给大脑施加压力。

要总觉得"不懂……"，总想"在不懂中去探索"，这样才能变得更加聪明。如果遇到不懂的问题，马上去看答案，就相当于你本来打算爬斜坡锻炼身体，却坐上了车。并不是说你在斜坡上就能达到锻炼的目的，而是咬紧牙关靠自己爬上去才能锻炼身体。不费力气就爬上高坡，根本起不到锻炼的作用，同样，大脑只有在自己独立思考的过程中，靠自己的脑力劳动去解决问题，才能得到锻炼。

3. 与难题认真对峙。

敢于面对不懂，敢于挑战，常不懂常挑战。努力解决难题，虽然会感受到压力，但同时也会感受到柳暗花明的惊奇，探索过程充满刺激，解开难题的那一刻将会身心愉悦，甚至会终生难忘。即使没有解开难题，也能在思考的过程中收获颇多智慧。

（三）难题分享

_____
_____
_____

（四）难题对决

_____
_____
_____

（五）行动法

学习过程中总会有没干劲的时候，怎么办？行动刺激，先开始再说。

或整理书包或整理笔记，或坐到书桌前或读一段话，简单的行动能有效刺激大脑的"伏隔核"，也称作依伏神经核。它位于基底核与边缘系统交界处，对大脑的奖赏功能、快乐功能起着很重要的调节作用。

通过简单的行动刺激大脑，让人的心情变好。不管做什么，只要开始相关的活动就能慢慢找到状态，集中注意力，开始高效学习。

想一想：如何调动学习积极性，我的方法有哪些？

_____
_____

（六）目标法

1. 确定大目标。

大目标是方向，是指引人生的北极星。设定大目标，要用一周的时间去分析思考，从自己的实际出发，也可请家长、老师、同学给出建议，最终的选择要自己决定。

2. 小目标要灵活可操作。

小目标是执行目标中不断完成的一个个具体的任务，要根据实际，主动修改并完善小目标。小目标的特点是，能在短时间内看到结果，不管是好是坏，都能及时做出调整。正如老子所言：合抱之木，起于累土；九层之台，起于垒土；千里之行，始于足下。

3. 小目标要有价值。

制定有努力价值的定额定量小目标，即根据学习内容而非学习时间去制定目标。要有具体的任务量。

比如"一天做 2 小时习题集"就是根据时间来定目标，这样难以完成真正的目标。"反正只要拿着习题集 2 个小时就行，做多少没有量的规定"，"一天做 5 页习题集"就是根据学习内容来设定目标，越努力就越能在短时间内做完，结果不仅集中力会变强，学习效果也会有所提高。

（七）辨一辨

下面的表述哪种方式更有助于目标的完成?

1. 每天记一个小时的单词与每天记 10 个单词。
2. 每天锻炼半小时和每天做 30 个仰卧起坐，跳绳 500 次，做俯卧撑 30 个。
3. 每天写 1 个小时的小说，和每天写 500 字的小说。

【我的目标】分享自己制定目标、完成目标的过程。

【团队活动】

想一想：自己用过什么学习方法，高效而独特，以及有什么收获。

讲一讲：团队内分享各自的学习方法、学习效果及收获。

赛一赛：赛赛各团队的学习方法、收获及经验。

二、讲坛加油站

（一）金言金句

思思分享：读书不得要领，劳而无功。——张之洞

我说：_____。

（二）故事两则

故事一：杨振宁谈学习。

（1）读书是手段。

杨教授说：中国的小学、中学、大学和研究生院的教育一直都在把学生变成念死书的人，"以分数论学生"对特殊天才的压抑就更可怕。如爱因斯坦、爱迪生这些伟人，他们根本就不可能通过中学一级的考试。在中国，这样的学生就不能被当作优秀生送去接受高等教育。读书仅是手段，在读书中要能发现真理，而不仅仅是为了考试。

（2）辩论中的求知。

美国的教师鼓励学生提问，鼓励向最了不起的权威提出怀疑。美国的学生在学习中热衷于吸收各学科的成就；热衷于辩论，从而获得迅速的进步。而中国的学生在学习中往往是全盘接受，学生们习惯接受而不习惯怀疑和考证，他们以拥有丰富的知识而自豪。因此，杨教授主张，美国的学生应该学一点中国的传统，中国的学生应该学习美国学生那种敢于怀疑，敢于创新的精神，以兼收并蓄为主的学习方式，勤于辩论，把辩论放在与学习同等重要的地位上去。

故事二：我的故事。

_____

_____

（三）讲坛智库：灵活应对

在演讲的过程中，除了注重开场白之外，还应当学会根据现场氛围随机应变，灵活应对。没有哪个演讲是固定不变的，总会发生一些小的插曲，对这些小插曲的灵活应对，更能体现发言者的演讲魅力。所以，发言人在演讲过程中要关注现场的氛围，注意观众的情绪。根据现场氛围、观众调整自己的演讲节奏，适时处理一些突发的小状况。一定要做到不急不躁，稳步推进。可以根据情况选择一些幽默的话语化解尴尬，调动气氛，促进交流。

"自主讲坛"之综合学法（下）

一、讲坛活动

（一）独立想想

1. 概要学习法：从整体出发，纵观全局。

从更高更远的层次去考虑知识点，能将各部分内容进行统筹安排，相互关联，提升抽象能力。即使常见题型发生了变化，也可追根溯源。难题通过抽象概括更便于找到突破口。

想一想：我的理解是什么，有什么案例。

_____
_____
_____

2. 回想法：常常回想、随时回想。

"这堂课学了什么""今天学了什么""这本书讲了什么""这部分讲了什么"，旨在梳理储存在大脑的知识，将输入到大脑的内容分门别类地进行整理储存，时时激活，唤醒输入内容，便于今后便捷、及时地提取应用。

想一想：我经常回想吗？对学习有什么帮助呢？

_____
_____
_____

3. 讲授法：输入—储存—输出。

孔子的理想学习方法是"默而识之，学而不厌，诲人不倦"。讲的是学习的三个阶段，即输入—储存—输出。讲授法重在输出，把储存在大脑中的知识，通过讲授的方式进行运用、转化。通过不断思考，不断地讲，把难于理解的理解到位，把表达不清的表达明了。理解清楚、表达到位，外在知识就可转化为内在智慧。讲授对象可以是自己，也可以是别人，通过多讲多悟，提升学习能力。

想一想：我做过小老师吗？给谁讲过课吗？我能经常给自己讲课吗？

_____
_____

4. 自主书写：做到三个坚持。

在做笔记的过程中，要做到三个坚持：一是坚持用自己的话记笔记；二是坚持课上用快速、简洁的方式记笔记，尽量多思考，少记笔记；三是坚持课后用自己的语言来完善重点、难点。自主书写，一是理清思路，寻找解决方案；二是转化智慧，总结提升。不断地书写是知识的输出，不断地输出是知识应用的更高层次。

想一想：我能用自己的话记笔记，课后能完善笔记吗？总结中产生过新想法吗？

_____
_____
_____

（二）团队活动

想一想：自己用过什么学习方法高效而独特，又有什么收获。

_____
_____
_____

讲一讲：团队内分享各自的学习方法、学习效果及收获。

_____
_____
_____

赛一赛：赛赛各团队的学习方法、收获及经验。

_____
_____
_____

二、讲坛加油站

（一）金言金句

思思分享：人的天才只是火花，要想使它成熊熊火焰，那就只有学习。——高尔基

我说：_____。

（二）故事两则

曾国藩读书，生平力主一"耐"字诀，一"专"字诀。他说："一书未完，断断不读别书。""用功譬若掘井，与其多掘数井而皆不及泉，何若老守一井，力求及泉，而用之不竭乎！"穷经必专一经，不可泛骛。读经必守"耐"字诀，一句不通，不看下句。今日不通，明日再读。今年不精，明年再读。此所谓耐也。

经则专守一经，史则专熟一代，读经则专主义理，此皆守约之道，确乎不可易。若

经史之外，诸子百家，汗牛充栋，或欲阅之，但当读一人之专集，不当东翻西阅。如读《昌黎集》，则目之所见，耳之所闻，无非昌黎，以为天地间，除《昌黎集》而外，更别无书也。此一集未读完，断断不换他集，亦"专"字诀也。

故事二：我的故事。

_____

_____

_____

（三）讲坛智库：调动听众的情绪

演讲的过程中一定要调动听众的情绪，最容易被记住的演讲者都是会充分调动听众情绪的人。调动听众的情绪，听众才能与你进行深刻互动，注意力才能集中在演讲内容上，才能达到内容的分享与传递的目的。

调动听众情绪的方法有以下几种：一是充分激发听众的想象，启发想象可以把听众带入你的故事，同理你的情绪，理解你的感受，认同你的观点；二是分享与听众相近的真实的案例，这些案例能精准传递自己的观点，引起听众的认同或产生竟然是这样、万万想不到的深刻印象；三是总结一些可用的、能产生意想不到效果的窍门或案例。这些都是吸引听众注意力的重要方法，当然根据不同的演讲，还有更多方法可调动听众的情绪。

"自主讲坛"之小小错题本

一、讲坛活动

（一）独立想想

尝试错误：

  不断地尝试失败是生命进行学习最基本的方法。科学家曾经做过一个实验，教蚯蚓学习走迷宫。对科学家来说，最大的难题是：蚯蚓没有眼睛，怎么才能走出迷宫呢？为了解决这个问题，科学家们在迷宫的墙壁上设置了电线，如果蚯蚓走错了就会受到轻微的电击，这样蚯蚓就能通过避免电击进行学习，从而慢慢找到走出迷宫的路。科学家们发现，在走"T"形迷宫实验中，蚯蚓大约要经过200次的尝试和错误，才能学会直接爬向目标。

你是怎样看待错误的呢？

_____

_____

你生活中最容易犯的错误是什么？

_____

_____

要怎样做才能从错误中成长呢？

_____

_____

（二）团队活动

1. "侦探"游戏。

  预备一些A4纸，由每个团队写出一个名字（班里同学），指定另一个团队来猜。每个团队都参与猜游戏的活动。

游戏步骤：

（1）抽签。每个团队派出代表抽签，决定游戏顺序。

（2）猜名字。

抽到"1"的团队，优先写出一个同学的名字，指定另一个团队去猜；

被指定的团队全部上台，面朝黑板；

主持人展示名字给大家看，之后名字被收起来；

被指定猜的团队转过来面朝大家，向大家提问，猜是哪位同学，大家要如实回答。每个团队提的问题数不超过10个，用时不超过3分钟。团队成员可以协商提问哪些问题，以确保速度和准确度。

（3）比赛评分。哪个团队用时最少、提问最少就把名字猜出来即获胜。

（三）团队分享

1. 在这个游戏中错误带给你的是什么？

_____

_____

_____

2. 在学习时我们要怎样对待错题？

_____

_____

_____

（四）《错题本》

错题本，也叫"摘错本""纠错本"，是指在学习过程中，把自己做过的作业、习题、试卷中的错题整理成册，便于找出自己学习中的薄弱环节，使得学习重点突出、学习更加有针对性，进而提高学习效率和学习成绩的作业本。

下面是错题本的一个样例，你能找找一个好的错题本包含了哪些部分吗？

_____

_____

_____

样例：

小马虎错题本（三年级上）

第三单元　测量

错题：

2厘米=（　）

错误答案：200毫米。

正确答案：20毫米。

错误原因：忘记了厘米和毫米之间的进率是10，因为1厘米=10毫米，所以2厘米=20毫米。

二、讲坛加油站

（一）金言金句
思思分享：不会从失败中找寻教训的人，他们的成功之路是遥远的。——拿破仑

我说：_____。

（二）故事二则
故事一：沈从文知错能改。

有一天上午，沈从文从课堂里溜出来，一个人跑到村子里去看戏，那天木偶戏演的是"孙悟空过火焰山"。沈从文看得眉飞色舞，捧腹大笑。一直看到太阳落山，他才恋恋不舍地回到学校。这时，同学都已放学回家了。

第二天，沈从文刚进校门，老师就严厉地责问他为什么旷课。他羞红着脸，支支吾吾地答不上来。老师气得罚他跪在树下，并大声训斥道："你看，这楠木树天天往上长，而你却偏偏不思上进，甘愿做一个没出息的矮子。"第二天，老师又把他叫去，对他说："大家都在用功读书，你却偷偷溜去看戏。昨天我虽然羞辱了你，可这也是为了你好。一个人只有尊重自己，才能得到别人的尊重。"老师的一番话，使沈从文感动得流下了眼泪。

他暗暗发誓，一定要记住这次教训，做一个受人尊重的人。此后，沈从文一直严格要求自己，长大后成了著名的作家。

故事二：我的故事。

_____
_____
_____

（三）讲坛智库
错题本建立后怎么办？

将错题总结归纳，写入错题本后，我们需要做的事情远远没有结束。我们会发现即使有了错题本，同样的错误还是会犯。

那是因为归纳错题只是第一步，要避免犯同样的错误，要对错题本进行有规律的回顾，这样才能牢牢记住自己的错误。建立错题本后，按照一个星期、一个月、三个月的顺序进行回顾，这样能让再犯错的概率降到最低。

后 记

自主教育是一种不断完善和发展的，充分体现人的发展性和主体性的教育理念，顺应中国时代发展潮流和全球发展趋势。在自主教育理论研究和实践过程中，专家和学者们、校长和广大师生，以及媒体和各界朋友给予了大力支持，在此真挚感谢大家在自主教育理念研究和实践中做出的努力。

《自主课堂：理论探索与实践50例》是"自主之路"系列丛书中继《自主教育实证研究》和《自主教育理论与实践》之后的第三本理论与实践指导性著作，聚焦自主课堂构建理论和课堂案例分析。其中，自主课堂构建理论部分凝聚了教育专家和学者们的教育智慧、校长们的办学理念、学科专家的理论指导精髓；自主课堂案例分析部分则汇集了践行自主教育理念的广大一线教师的自主课堂构建策略和反思性实践感悟，极具课堂教学实践参考意义。理论来自实践，自主课堂作为中国基础教育课堂改革的一种实验模式，还需广大专家和学者以及一线教育工作者一起努力，不断实践和发展，以期为中国基础教育课堂改革贡献一份力量。